LA FRANCE
DANS L'AFRIQUE DU NORD
ALGÉRIE ET TUNISIE

OUVRAGE DU MÊME AUTEUR :

LES COLONIES FRANÇAISES

LEUR COMMERCE, LEUR SITUATION ÉCONOMIQUE, LEUR
UTILITÉ POUR LA MÉTROPOLE, LEUR AVENIR.

1 vol. in-8. Prix. . . . . 6 fr.

(Librairie Guillaumin.)

SAINT-DENIS. — IMPRIMERIE CH. LAMBERT, 17, RUE DE PARIS.

LA FRANCE
DANS L'AFRIQUE DU NORD

ALGÉRIE ET TUNISIE

PAR

LOUIS VIGNON

ANCIEN CHEF DU CABINET DU MINISTRE DU COMMERCE
ANCIEN SOUS-CHEF DU CABINET DU SOUS-SECRÉTAIRE D'ÉTAT AUX COLONIES.

AVEC UNE CARTE EN COULEURS HORS TEXTE

PARIS
LIBRAIRIE GUILLAUMIN ET Cie

Éditeurs du *Journal des Économistes*, de la *Collection des principaux Économistes*,
du *Dictionnaire de l'Économie politique*,
du *Dictionnaire du Commerce et de la Navigation*, etc.

RUE RICHELIEU, 14

—

1887

INTRODUCTION

Les colonies que possède la France dans quatre des parties du monde sont, même les plus éloignées, des prolongements de notre pays au delà des mers; elles présentent pour lui un intérêt commercial et un intérêt moral; quelques-unes sont, en outre, des positions stratégiques qui pourront nous être utiles dans les guerres de l'avenir. Mais plus que toutes nos autres colonies, les régions de l'Afrique du Nord placées sous notre autorité directe, — l'Algérie, — ou sous notre protectorat, — la Tunisie, — offrent ces différents avantages; on peut dire même que trois caractères principaux, qu'elles réunissent, les distinguent, leur donnent une valeur, une importance particulière : *la proximité de la Métropole, un climat favorable au développement de la race française, une grande utilité militaire.*

Les colonies britanniques les plus importantes, le

Canada, le Cap, l'Inde, l'Australie, sont situées à plusieurs jours ou à plusieurs semaines de la Métropole; il en est de même des Antilles françaises, du Sénégal, de la Cochinchine et du Tonkin. Tout au contraire, les colonies de la Russie, la Sibérie et le Turkestan tiennent à l'Empire lui-même, font corps avec lui; il suffit de franchir les monts Oural pour passer de la Russie d'Europe dans la Russie d'Asie, la mer Caspienne est un lac russe.

L'Algérie et la Tunisie ne sont ni aussi éloignées de la France que les premières, ni aussi proches que les secondes : situées dans l'Afrique septentrionale, sur le bassin de la Méditerranée, elles sont en face des côtes françaises, à moins de deux jours de la Métropole.

Cette proximité n'est pas sans présenter de multiples avantages, aussi bien pour le développement de la colonisation que pour la défense en temps de guerre. Ne retenons que les premiers. N'est-il pas évident que le Français hésitera beaucoup moins à aller s'établir dans une colonie située à deux jours de son pays que s'il s'agissait de se rendre dans une terre de l'Océan Pacifique? Alors ce serait une expatriation complète, presque un « adieu » au village et à la famille. L'Algérie, au contraire, est si proche, d'un climat si peu différent, surtout pour les populations du Midi, qu'il semble presque que l'on ne quitte pas la France en traversant la Méditerranée. Ce privilège de situation n'est pas, à la vérité, sans avoir un revers. Si l'Anglais qui s'est rendu en

Australie voit ses espérances détruites, rencontre des difficultés qui l'effrayent, la longueur du voyage de retour, la somme qu'il exige, l'empêchent maintes fois de céder à un mouvement de découragement : il reste, il lutte, il triomphe et l'Australie a gagné un colon, une famille. Les choses se passent différemment en Algérie : la terre de France est si proche, la traversée si courte, son prix si minime, que le nouveau venu se réembarque souvent aux premières épreuves, — c'est un colon de moins.

L'Afrique française — et nous indiquons ici le second de ses caractères, — est notre seule colonie de peuplement, c'est-à-dire la seule où nos compatriotes puissent se fixer sans esprit de retour et fonder une famille. La transportation pénale a perdu la Nouvelle-Calédonie pour la colonisation libre, Tahiti est terre trop lointaine, trop ignorée, Madagascar, acquise d'hier, est encore inconnue; la race française ne peut donc s'acclimater qu'en Algérie et en Tunisie. Si l'on songe que sur cette terre nouvelle les Français se reproduisent plus qu'en France même, que l'excédent des naissances sur les décès est annuellement en Algérie de 4.1 pour mille alors qu'il n'est chez nous que de 2.8, on jugera qu'il est permis d'espérer l'installation définitive et l'accroissement continu, dans ce pays et dans la Régence de Tunis, d'une nombreuse population créole. C'est ainsi que nous assistons déjà depuis un certain nombre d'années, au développement sur les rivages de l'Afrique du Nord, d'une petite France, image vivante de la grande patrie, parlant la même langue, régie par les mêmes lois et les mêmes coutumes, ayant les mêmes instincts, le même caractère et animée du même patriotisme.

Nous avons en dernier lieu indiqué, parmi les caractères principaux que présentent nos possessions africaines, leur utilité militaire. Elle est considérable. La Méditerranée est à la fois un « grand lac européen » et un « lieu de passage ». La longueur de notre ligne de côtes, s'étendant du cap Cerbère à la frontière italienne a, dès les siècles précédents, assuré à la France une situation privilégiée sur le « grand lac européen ». Cette situation, la conquête de l'Algérie en 1830 l'a une première fois augmentée: désormais nos flottes pouvaient croiser entre la côte française et la côte algérienne dans une mer où l'Angleterre possédait Gibraltar et Malte et qui est devenue, il y a une vingtaine d'années, par le percement de l'isthme de Suez, un « lieu de passage », la route de la Grande-Bretagne aux Indes. L'établissement de notre protectorat sur la Tunisie en 1881 a, pour une seconde fois, augmenté l'importance de notre situation : Bizerte réunit, en effet, — mieux qu'aucun des ports de l'Algérie, — toutes les conditions nécessaires pour la construction d'un grand port militaire qui pourrait faire échec aux positions stratégiques anglaises de Gibraltar et de Malte et intercepter entre elles la route directe de l'Angleterre aux Indes par la Méditerranée et le canal de Suez, au seul point où, pour nous, cette route est vulnérable.

Nous croyons avoir suffisamment montré, dans ces quelques lignes, l'intérêt tout particulier que présentent pour la France les établissements qu'elle possède dans l'Afrique du Nord. On verra dans les pages qui suivent les efforts qui ont été dépensés en Algérie et en Tunisie, les résultats qui ont été obtenus, les progrès et les problèmes dont il faut poursuivre la réalisation.

Notre ambition serait pleinement satisfaite si l'étude que l'on va lire avait la bonne fortune de faire aimer cette « France Nouvelle » et en même temps, d'appeler l'attention sur les importantes questions qui doivent encore être résolues pour que notre pays ait fait œuvre définitive de colonisation sur la terre africaine.

LA FRANCE
DANS L'AFRIQUE DU NORD
ALGÉRIE ET TUNISIE

I

L'ALGÉRIE

Doctrine.

Des différentes sortes de colonies. — Colonies de commerce, colonies de plantations et colonies de peuplement.

I. — Du développement de l'Algérie et de l'Australie.

L'Algérie est une *colonie mixte*. — Principales causes du rapide développement des colonies australiennes. — « L'Assignement ». — La vente des terres. — La découverte des mines d'or. — Difficultés rencontrées par la France en Algérie. — Vingt-sept années de guerres. — Erreurs administratives : l'immigration et les concessions. — Le climat de l'Australie et celui de l'Algérie.

II. — Le peuplement. — La naturalisation. — L'immigration.

Superficie de l'Algérie. — Le recensement de 1886. — Européens, Arabes et Kabyles.

La race française. — Difficultés d'acclimatation pendant les premières années. — L'augmentation de la population française a aujourd'hui une quadruple cause : l'excédent des naissances sur les décès ; — les croisements amenés par les mariages ; — la naturalisation ; nécessité de faire une loi pour naturaliser les étrangers ; — l'immigration. — L'immigration française est trop lente ; il faudrait la hâter. — Exemple donné par les colonies australasiennes. — Les espaces à peupler sont considérables.

III. — Le régime des terres. — Les concessions et la vente.

Importance du mode d'appropriation des terres. — Formes de la propriété arabe. — Biens *arch* et biens *melck*. — Nécessité qu'il y avait à constituer la propriété individuelle.

Le « cantonnement » et la « confiscation. » — Le Sénatus-Consulte de 1863.

La vente des terres ou les concessions gratuites. — Avantages du système de la vente. — On a abusé du système des concessions. — Conséquences de cette erreur ; le village officiel et le « cantonnement » des colons.

La colonisation officielle après 1870. — La législation en vigueur. — Ce que coûte la colonisation officielle. — Le projet des « 50 millions », son rejet.

Le système de la vente enfin adopté ; ses premiers résultats. — Le projet de loi sur l'aliénation des terres soumis aux Chambres. — La loi du 26 juillet 1873 sur la constitution de la propriété individuelle. — La loi du 23 mars 1882 dans la constitution de l'état civil des indigènes.

L'*act Torrens*. — Il assure la mobilisation du sol et le crédit agricole. — De l'urgence de son application en Algérie.

IV. — Les cultures. — Les richesses de l'Algérie.

Étendue des terres possédées par les Européens. — Population agricole.

La culture de la vigne. — Ses progrès. — Espérances qu'elle donne. — Le phylloxéra.

L'élevage.

La culture des céréales. — La production indigène. — Les forêts.

Multiplicité des productions agricoles de l'Algérie. — Les mines.

V. — Le régime douanier et le mouvement commercial.

Importance qu'une législation douanière libérale a pour une colonie. — Le régime de 1867 et celui de 1884.

Mouvement commercial de l'Algérie en 1885. — Excédent des importations sur les exportations.

Mouvement de la navigation.

VI. — Les travaux publics.

Les travaux publics dans une colonie de peuplement. — Il faut suivre en Algérie une « politique hydraulique ». — Les barrages. — Les puits de l'Oued-Righ.

Les routes et les chemins de fer.

Il faut poursuivre l'œuvre commencée.

VII. — Les institutions de crédit.

Le prix de l'argent est toujours plus élevé dans les pays neufs que dans les vieilles sociétés. — Raisons que l'on peut donner de ce phénomène économique.
Les principales sociétés financières établies en Algérie.
La Banque de l'Algérie. — Le taux de l'escompte.
Le Crédit foncier et agricole d'Algérie. — Les prêts hypothécaires.
La Compagnie algérienne.
Le Crédit Lyonnais.
Les Comptoirs d'escompte locaux.
Le prix de l'argent en Algérie et dans les provinces australasiennes.
Intérêt qu'il y aurait à voir baisser le prix de l'argent pour le commerce et l'agriculture. — La fusion de la Banque de France et de la Banque d'Algérie. — Les prêts hypothécaires sous le régime de l'*act Torrens*.

VIII. — Ce que l'Algérie a coûté à la France. — Le budget de la colonie.

De 1830 à 1886, la France a dépensé 4,764,336,754 fr. en Algérie. — Pendant cette même période les recettes du Trésor dans notre colonie ont été de 1,164,612,503 fr. — Comparaison entre les dépenses faites par la France en Algérie et les dépenses faites par l'Angleterre en Nouvelle-Zélande. — L'Angleterre n'a dépensé que 168,347,525 fr. dans sa colonie. — Les emprunts de la Nouvelle-Zélande. — Elle paye 40 millions par an en Angleterre. — L'Algérie coûte plus de 20 millions en 1886 pour ses seules dépenses civiles.
Étude du budget de l'Algérie. — Les impôts arabes et les impôts européens. — Les recettes du Trésor en Algérie en 1886 ont été de 40,284,123 fr. — Critique des impôts indigènes et européens. — L'état de prospérité de l'Algérie autorise l'établissement de nouveaux impôts. — Introduction de l'impôt foncier et d'une taxe spéciale personnelle dans notre colonie. — Les ressources nouvelles pourraient constituer la dotation des travaux publics.

IX. — L'administration de l'Algérie.

Le Gouverneur général. — Le Conseil supérieur de l'Algérie. — Le territoire civil et le territoire militaire. — Trois sortes de communes.

X. — Conclusions.

Il faut un siècle pour qu'une colonie de peuplement parvienne à son entier développement. — Sérieux et importants résultats acquis en Algérie dans les cinquante premières années. — Ce que l'on doit espérer du second demi siècle de notre colonie.

DOCTRINE.

L'étude de l'histoire coloniale a conduit depuis longtemps à remarquer que toutes les colonies fondées par les nations européennes en Afrique, en Amérique, en Asie, en Océanie, loin de présenter les mêmes caractères, se divisent en classes bien distinctes dont les traits sont si tranchés qu'il est impossible de ne point les reconnaître. Ces classes, l'observation permet de les ramener à trois principales : les colonies de commerce ou comptoirs, les colonies de plantations ou d'exploitation, les colonies agricoles ou de peuplement. Toute méprise, toute confusion entre ces trois types d'établissements coloniaux a pour conséquence d'égarer l'esprit jusqu'aux comparaisons ou aux jugements les moins exacts; c'est dans des erreurs de ce genre qu'il faut chercher l'origine de bien des critiques dirigées contre le développement de nos possessions d'outre-mer.

Les colonies de commerce sont des comptoirs, des factoreries, établies par les Européens au milieu de populations primitives dans le but d'échanger contre un petit nombre de marchandises le caoutchouc, l'ivoire, les graines oléagineuses et les autres produits du pays. La nation à qui appartiennent ces colonies n'est pas dans la nécessité de soumettre les indigènes à sa domination ; il suffit de maintenir la paix entre les tribus, de construire quelques forts, afin de donner au commerce la sécurité dont il a besoin. Les colons, d'ailleurs, sont peu nombreux et rarement ils s'établissent sans esprit de retour, mais il est nécessaire qu'ils disposent d'importants capitaux pour se livrer à leurs opérations commerciales et au transport des produits. Le Sénégal, le Gabon, les Établissements Anglais de la côte occidentale d'Afrique, sont des colonies de commerce.

Les colonies de plantations ou d'exploitation sont les terres des tropiques où l'on cultive presque exclusivement la canne, le café, le cacao. Des Européens y sont fixés depuis plusieurs générations, formant une population acclimatée, la population créole ; toutefois ils ne travaillent pas la terre ; ce sont les indigènes ou des immigrants qui remuent le sol sous la direction des « blancs ». Jusque dans la première partie de ce siècle, ceux-ci employaient sur leurs « habitations » des esclaves venus de la côte d'Afrique. Les cultures tropicales exigent une main-d'œuvre nombreuse et des capitaux importants. Les Antilles françaises, anglaises, espagnoles, les Indes néerlandaises appartiennent à cette seconde catégorie.

La troisième comprend les colonies agricoles ou de peuplement. Ce sont des pays vastes, peu habités, de climat tempéré, dans lesquels les émigrants de la nation colonisatrice peuvent se rendre en grand nombre, trouver des terres, les cultiver et fonder une nouvelle patrie. Tandis que les colonies d'exploitation exigent surtout des capitaux, les colonies de peuplement exigent avant toutes choses un courant d'émigration considérable. Le Canada, le Cap et plus encore l'Australie doivent être cités comme les premiers exemples de l'expansion des races européennes dans les pays d'outre-mer.

I

DU DÉVELOPPEMENT DE L'ALGÉRIE ET DE L'AUSTRALIE.

L'Algérie rentre-t-elle dans une des classes dont les traits généraux viennent d'être indiqués? Est-ce, ainsi qu'on l'a dit quelquefois, une colonie agricole et de peuplement comme l'Australie? Peut-on comparer l'une à l'autre? Peut-on prétendre enfin que l'on retrouve à leur origine les mêmes caractères et qu'elles devraient présenter les mêmes développements, les mêmes résultats? Non, assurément. L'Algérie est une *colonie mixte* qui tient à la fois de la colonie d'exploitation et de la colonie de peuplement.

Les conditions dans lesquelles ont grandi les possessions australiennes ont été singulièrement favorables.

Les premiers colons qui débarquèrent au commencement de ce siècle sur les côtes de la Nouvelle-Galles du Sud, à la suite des criminels transportés par le gouvernement britannique, trouvèrent à peine devant eux quelques tribus sauvages aussitôt dispersées. La terre était libre, sans maître, ce qui est la chose la plus désirable, la plus nécesssaire, dans une colonie de peuplement.

La présence des « convicts » devint une seconde cause de succès dans ces pays neufs. Les uns furent employés aux grands travaux publics des routes et des ports, à ce que les Anglais appellent « the preparation », c'est-à-dire l'ensemble de ces ouvrages indispensables à une colonie nouvelle; les autres, « *assignés* », furent livrés aux colons « presque comme des esclaves », suivant les termes d'un rapport officiel. Le colon leur devait la nourriture, le vêtement, le logement, des soins hygiéniques, des exhortations religieuses; eux devaient leur travail. On sait combien « *l'assignement* » a rendu de services à la population libre en lui assurant, pour un faible prix, une main-d'œuvre abondante [1].

D'autres causes ont encore contribué puissamment au rapide essor de l'Australie, parmi lesquelles il faut citer avant tout les encouragements et facilités donnés de bonne heure par la métropole à l'émigration et l'excellent mode d'appropriation des terres. A l'origine le gouvernement fit aux colons de nombreuses concessions gratuites, mais on reconnut en peu d'années les vices de ce régime, aussi les théories de Wakefield sur le mode d'aliénation des terres furent-elles accueillies avec faveur lorsqu'elles se produisirent. Dès 1831 le système de la vente aux enchères remplaça dans la Nouvelle-Galles du Sud le système des

---

[1] De 1787 à 1836, 75,000 condamnés ont été transportés à la Nouvelle-Galles et 27,000 à l'île de Van Diemen. Sur 40,000 condamnés que contenaient vers 1840 les colonies australiennes, on en comptait 26,000 donnés en « *assignement* » sur lesquels plus de 8,000 étaient bergers.

concessions; la plus grande partie du produit des ventes fut employée en subsides à l'immigration et ainsi, grâce à ces heureuses dispositions, l'Australie reçut en même temps des capitalistes, des agriculteurs et des ouvriers.

Enfin, on ne peut oublier que la découverte des mines d'or de la Nouvelle-Galles et de Victoria en 1851 hâta d'une façon extraordinaire le développement rationnel du continent australien. Les immigrants affluèrent au point que la bourgade de Melbourne devint en quinze ans une ville de 200,000 habitants, et que de 1851 à 1861, l'Australie reçut de la métropole seule 508,000 âmes.

Si l'on oppose à ces causes premières de la prospérité inouïe à laquelle sont arrivées en un siècle les colonies australiennes [1] les difficultés et les obstacles que nous rencontrons depuis plus de cinquante années en Algérie on jugera qu'il est impossible d'établir une comparaison entre ces deux exemples de la colonisation moderne.

La France s'est trouvée dès le premier jour sur les côtes africaines de la Méditerranée en présence de deux obstacles que ne connaissent point les véritables colonies de peuplement : d'abord une population de plus de deux millions d'Arabes et de Berbères, maîtresse du sol, jalouse de son indépendance, fanatisée par sa religion, puis, comme conséquence, l'obligation de conquérir chaque parcelle de cette terre possédée, de tailler sa part au colon et de le défendre contre les retours des anciens propriétaires. L'histoire de l'Algérie est, pendant vingt-sept années, pleine

[1] On désigne en Angleterre, sous le nom d'« Australasie » toutes les îles, tous les archipels britanniques de l'Océan Pacifique.

d'expéditions, de combats et de batailles. Alger se rend en 1830, Oran est occupé en 1831, mais aussitôt se lève notre ennemi le plus redoutable, Abd-el-Kader. En 1835, il bat le général Desmichels à la Macta et il n'est lui-même réduit, vaincu définitivement qu'après douze ans d'une lutte acharnée. C'est le 23 décembre 1847 qu'Abd-el-Kader se rend au général Lamoricière. A cette date Constantine est entre nos mains depuis 1837, mais la conquête n'est pas terminée. Il faut prendre Lagouat en 1852, faire l'expédition de Kabylie en 1856 et 1857. C'est seulement depuis 1857, c'est-à-dire depuis trente années à peine que la période militaire est close en Algérie, encore ne rappelle-t-on pas ici les insurrections de 1871 dans la province d'Alger et de 1881 dans la province d'Oran. De pareils faits ne sauraient être négligés dans une étude sur la marche de la colonisation en Algérie. Il convient au contraire de les mettre en pleine lumière afin de montrer le caractère propre, on pourrait dire le « vice originel » de notre grande possession africaine : l'Australie, colonie de peuplement, était libre; l'Algérie, occupée; l'Inde, Java, colonies d'exploitation, sont peuplées d'indigènes dociles et laborieux facilement dirigés par les Anglais et les Hollandais; l'Algérie est habitée par une race forte qu'on ne peut réduire et qu'il est difficile de pénétrer.

Mais il faut pousser plus avant ce parallèle et indiquer certaines mesures administratives qui, prises à tort ou du moins, mal et trop longtemps appliquées, n'ont pas été sans nuire au développement rationel de notre colonie.

Tandis que les « Commissaires pour l'émigration en

Australie » n'entravèrent jamais cette émigration et apportèrent toujours le plus grand soin dans le choix des individus auxquels des facilités de passage étaient accordées, le gouvernement français suivit dans cette importante question, dès les premiers jours de la conquête, les errements les plus contradictoires. Quelques faits suffiront pour en témoigner : en 1832 une décision ministérielle est prise « afin d'arrêter une immigration trop nombreuse et trop hâtive ». Dans les années qui suivent, les Français et les étrangers désireux de se fixer en Afrique doivent justifier d'un travail assuré d'avance en un lieu et chez un patron connu ou de la possession d'une somme de 400, 1,500 ou 3,000 francs, suivant les temps. Après 1848, des Espagnols qui se trouvaient alors en chômage momentané dans la province d'Oran sont renvoyés dans leur pays. A d'autres époques, au contraire, le gouvernement favorise dans le but de fonder des villages officiels et de grossir l'élément européen, ce qu'il avait appelé « une immigration trop nombreuse et trop hâtive »; c'est ainsi qu'en 1857, ayant accordé 80,000 passages, il doit rapatrier 70,000 individus [1].

Pendant que l'immigration était ainsi tantôt entravée, tantôt encouragée, on avait recours au système des concessions gratuites déjà condamné par les colonies australiennes. L'obtention de ces concessions facile pour les uns était pour les autres pleine de difficultés; des conditions ruineuses d'exploitation imposées aux concessionnaires

---

[1] Paul Leroy-Beaulieu : *De la colonisation chez les peuples modernes.* Guillaumin, éditeur, Paris. *Passim.*

provisoires. Il n'existait, en outre, aucun bureau de renseignements authentiques sur les territoires disponibles, et, par suite, les difficultés étaient extrêmes pour les émigrants désireux d'acheter des terres.

Ce sont là, il faut en convenir, des obstacles, des causes de défaveur, que les colonies australiennes n'ont pas connus.

A ces traits généraux qui indiquent les conditions par lesquelles est passée notre possession africaine,—difficultés de la conquête, erreurs administratives,—il faut ajouter deux remarques qui ne sont point sans importance.

D'abord l'acclimatation des Européens a été singulièrement plus difficile et plus lente en Afrique qu'en Australie. Les côtes de l'Algérie, les vallées du Tell, furent longtemps insalubres et les colons décimés par la fièvre des marais. La mortalité parmi les Européens fut si grande pendant les vingt ou vingt-cinq premières années, que l'on put douter de l'avenir de la colonisation. En 1836 on comptait encore parmi les Français 43 décès par 1,000 contre 41 naissances, et, depuis la conquête jusqu'au 31 décembre 1864, il y eut dans la population civile 62,768 décès contre 44,900 naissances. C'est seulement vers 1865 que l'on constata chez les Français un excédent des naissances sur les décès.

Les statistiques des colonies australiennes accusent des résultats bien différents. En 1825, dix ans après le débarquement des premiers colons, on constate dans la Nouvelle-Galles du Sud 13 naissances par 1,000 habitants contre 11 décès; en 1833, 25 naissances contre 18 décès; en 1842, 39 naissances contre 16 décès. Dans la colonie de

Victoria, qui date de 1835, l'acclimatation des Européens paraît avoir été encore plus facile et plus prompte ; en 1840, les naissances sont de 34 par 1,000, les décès de 19 ; en 1850, les naissances de 35, les décès de 10.

En second lieu, tandis que l'on ne rencontre dans l'histoire de l'Algérie aucun fait considérable de nature à provoquer un accroissement subit et extraordinaire de l'immigration, on constate que le développement des possessions australiennes fut singulièrement favorisé par la découverte des mines d'or. En 1850, l'Australie avait reçu en trente-cinq ans [1] 188,000 immigrants ; en 1864, après trente-quatre années d'occupation, la population européenne de l'Algérie atteignait 235,000 âmes. A cette époque, la comparaison était donc toute en faveur de notre possession africaine, mais la reconnaissance de gîtes aurifères dans la Nouvelle-Galles et Victoria en 1851, retourna cette proportion. Dix ans après, les provinces australiennes comptaient 1,112,000 habitants [2]. Aussi pourrait-on dire à ce point de vue que l'on est en présence, d'un côté, d'une progression régulière et de l'autre d'une progression anormale.

[1] Les premiers colons libres ont débarqué en 1815. — Les condamnés d'Angleterre étaient transportés en Australie depuis 1787.
[2] Sur lesquels environ 15,000 indigènes.

II

LE PEUPLEMENT. — LA NATURALISATION.
L'IMMIGRATION.

Si nous avons insisté sur la première période du développement de l'Australie et de l'Algérie, en relevant les conditions défavorables que la France a rencontrées en Afrique, ce n'est pas pour expliquer ou excuser à l'avance de maigres résultats. L'examen de l'état actuel de notre colonie montrera au contraire qu'elle est depuis quelques années sortie de l'époque difficile et que les récoltes d'aujourd'hui payent les efforts dépensés, les sacrifices consentis.

L'Algérie occupe sur le littoral de la Méditerranée, en face des côtes de France et d'Espagne, une étendue d'environ 1,100 kilomètres. On évalue sa superficie à 479,000 kilomètres carrés; c'est presque l'étendue de notre pays (529,000 kil. car.). Les limites sud de notre colonie se perdent d'ailleurs dans le grand désert. Les deux chaînes de l'Atlas qui parcourent la Berbérie, du sud-ouest au nord-est, divisent l'Algérie en trois régions bien distinctes : le Tell, région fertile, arrosée par des rivières, dont le cours se dirige vers la mer, jouissant d'un climat « méditerranéen » (136,000 k. c.), les Hauts Plateaux, sorte de grande terrasse, bassin fermé où se trouvent les « chott » (88,000 k. c.) et le Sahara algérien, chauffé par un soleil presque tropical, parsemé d'oasis, arrosé seulement par des « oued » souvent desséchés dont les eaux se perdent dans les sables [1] (255,000 k. c.).

Le recensement de 1886 accuse une population totale civile de 3,752,196 habitants (déduction faite de l'armée d'occupation, du régiment étranger, de la population dite « en bloc », soit 65,269 personnes) 219,627 Français; — 42,595 Israélites indigènes naturalisés; — 3,262,422 Musulmans sujets français; — 22,340 Marocains et Tunisiens; — 205,212 étrangers, Espagnols, Italiens, Maltais...[2].

[1] On a quelquefois attribué à l'Afrique française un climat torride. Il y a là beaucoup d'exagération. L'année se divise en deux saisons : l'humide et tempérée, de septembre à mai, la chaude et sèche, de juin à septembre. Dans le Tell, il ne fait guère plus chaud, au moins pendant dix mois sur douze, qu'en Provence, dans le bas Languedoc ou en Roussillon. Il neige l'hiver sur les Hauts Plateaux; la chaleur y est à la vérité accablante pendant quelques mois de l'été, mais des travaux hydrauliques rendraient cette région habitable; elle était très peuplée au temps de l'occupation romaine. On sait, d'ailleurs, que l'Algérie a nourri autrefois 15 à 20 millions d'hommes.

[2] Tableau présentant les résultats des trois derniers recensements, population *civile* seule :

	1876	1881	1886
Français.	155,727	195,418	219,627
Israélites indigènes.	33,287	35,665	42,595
Musulmans sujets français.	2,462,936	2,842,497	3,262,422
Marocains et Tunisiens.	»	»	22,340
Espagnols.	92,510	109,166	
Italiens.	25,759	32,237	
Maltais.	14,220	14,700	205,212
Allemands.	5,722	3,949	
Autres étrangers.	17,524	21,302	
Totaux.	2,807,685	3,254,934	3,752,196

Il résulte de ces chiffres, qu'en dix ans, la population *civile* de l'Algérie s'est accrue de 120,901 habitants, soit de 41 pour mille. C'est là une progres-

Il y a quelques années, le Dr Warnier établissant une classification entre les indigènes de notre colonie, distinguait 1,000,000 de Kabyles ou Berbères purs, habitants primitifs de la contrée suivant l'opinion reçue; 5 à 600,000 Arabes purs descendants des conquérants et 1,200,000 Berbères arabisants, c'est-à-dire ayant une autre origine que les Arabes, mais ayant pris leurs mœurs et leurs coutumes. Un fait très digne d'attention, c'est que la population musulmane n'est pas en décroissance, bien au contraire : le recensement de 1876 l'évaluait à 2,462,000 individus; celui de 1881 à 2,842,000, celui de 1886 la porte à 3,262,000[1]. C'est un accroissement de 420,000 âmes par rapport au recensement de 1881 et de 800,000 âmes relativement à celui de 1876. Ne voit-on pas dans ce fait seul une indication de la politique qu'il convient de suivre vis-à-vis des indigènes[2] ?

La question de la marche suivie sur la terre d'Afrique par la population européenne mérite plus encore d'attirer l'attention. S'il était vrai, comme on le disait au lendemain de la conquête, « que les cimetières sont les seules colonies toujours croissantes de l'Algérie », il faudrait désespérer de son avenir. Mais les tristes résultats constatés pendant les années qui suivirent l'occupation sont aujour-

sion formidable. — Au dernier recensement on a compté les étrangers « en bloc » et non par « nationalités »; ce fait est regrettable.

[1] Pour être exact, il faut ajouter, toutefois, qu'une partie de cet accroissement doit être attribuée à l'extension du territoire civil où le recensement est mieux fait qu'en territoire militaire, à exactitude supérieure de la statistique, à la disparition graduelle chez les Musulmans des craintes que leur peuvent inspirer les opérations du dénombrement.

[2] Toutes les questions relatives à cet important sujet, sont traitées dans le chapitre III : *La France en pays musulman. — La question religieuse et la question indigène.*

d'hui effacés. Les premières statistiques, favorables aux Espagnols, aux Italiens, aux Maltais, montraient les Allemands exterminés par le climat et les Français presque aussi éprouvés. Pendant une trentaine d'années, nos décès ont surpassé nos naissances ; l'immigration était indispensable pour combler le déficit ; la France paraissait coloniser pour les peuples de l'Europe méridionale. Vers 1865, la situation s'est retournée : les naissances des Français ont été supérieures à leurs décès.

Depuis cette époque, l'augmentation de la population française a une quadruple cause : l'excédent des naissances, les croisements amenés par les mariages, la naturalisation et enfin l'immigration.

L'excédent des naissances sur les décès était annuellement dans la période de 1873 à 1876 de 4.2 pour mille et dans celle de 1876 à 1881 de 4.1. Ce sont là des résultats satisfaisants si on les compare à ceux observés en France où les naissances n'ont dépassé les décès que de 3.5 pour mille dans la première des deux périodes et de 2.8 dans la seconde. On peut, en outre, conclure de ce fait très digne de remarque que la population française d'Algérie doublera dans un temps beaucoup plus court que la population de la Métropole. Il faut ajouter toutefois que pendant que les Français d'Afrique augmentaient par le fait des naissances de 4.2 et de 4.1 pour mille, les Espagnols établis à côté d'eux progressaient de 8.7 ; 9.6 ; les Italiens de 7.4 ; 5.5 ; les Maltais de 11.4 et 5.8[1].

[1] Ces chiffres, et quelques-uns de ceux qui suivent, sont empruntés à un

Cette dernière observation et la remarque très fondée que les immigrants espagnols, italiens, maltais se rendent chaque année en grand nombre dans notre colonie, peuvent-elles justifier les craintes de ceux qui prévoyent le jour où l'élément français sera débordé par l'élément étranger[1] ? Nous ne le pensons pas, mais on doit cependant noter avec regret que le dénombrement de 1886 n'est pas aussi favorable qu'on pouvait le souhaiter; deux remarques s'im-

travail du Dr Ricoux sur la *Population européenne en Algérie*, publié à l'occasion du recensement de 1881.

Pour les compléter, nous donnons ici un tableau de comparaison des naissances et des décès en 1885, extrait d'une brochure du Dr Ricoux : la *Population européenne en Algérie pendant l'année 1885* :

	Pour 100 décès combien de naissances.
Français.	122
Espagnols.	167
Italiens.	122
Maltais.	137
Allemands.	70
Autres.	118
Israélites.	182

On voit que, sauf les Allemands, tous les peuples ont un bénéfice sur leurs naissances : les Israélites au premier rang avec 182 naissances pour 100 décès; après eux, les Espagnols, 167; les Maltais, 137; les Français, déjà en progrès en 1884, atteignent les Italiens, 122. Les temps sont passés où nos compatriotes ne pouvaient par leurs naissances compenser leurs pertes.

Si les statistiques étaient plus complètes, elles permettraient certainement de constater que les Français du Midi s'acclimatent mieux et se reproduisent plus que ceux du Nord. On peut remarquer, à l'appui de cette opinion, que les Alsaciens-Lorrains ne prospèrent pas dans notre colonie et que les Allemands y meurent en grand nombre.

[1] Dans la province d'Oran, les étrangers sont plus nombreux que les Français (84,881, contre 58,085, recensement de 1881). Ce sont les immigrants espagnols qui font cette majorité.

Il n'est pas sans intérêt d'ajouter à ce propos que presque tous les capitaux apportés en Algérie le sont par des Français. Les immigrants espagnols, italiens et maltais ne disposent le plus souvent que de faibles ressources; la plupart s'engagent au service des colons français en qualité de terrassiers ou d'ouvriers agricoles; quelques-uns, notamment dans les environs d'Alger, se livrent à la culture des primeurs.

posent en effet : la première : de 1876 à 1881 l'accroissement de la population française a été de 39,700 âmes, il est tombé de 1881 à 1886 à 24,200 ; la seconde : en 1876, les deux groupes étaient égaux en nombre, les étrangers l'emportaient même de 8 unités ; — en 1881 les Français avaient gagné une avance de 14,064 individus ; — en 1886 ils conservent cette avance, mais ne progressent point (14,415).

Les Français d'Algérie se croisent avec les étrangers. De 1873 à 1884, on a relevé 15,804 mariages entre Français et Françaises; 3,925 entre Français et étrangères; 1,472 entre Françaises et étrangers.

Ces mariages mixtes ne sont point à regretter : en s'alliant avec les Espagnols, les Italiens, les Maltais, la race française, si elle perd de sa pureté, accroît sa force de résistance au climat. Les enfants issus de ces unions deviennent le plus souvent des Français. Ainsi naît et se développe sur la côte septentrionale d'Afrique une sorte de population créole dont une moitié a du sang français [1] et dont l'autre est sollicitée par le lieu même de sa naissance de venir à la France.

L'élément français d'Algérie gagne chaque année plusieurs centaines d'individus par la naturalisation des étrangers. D'après la loi métropolitaine, applicable dans notre colonie, tout individu né en France d'un étranger peut opter de plein droit pour la nationalité française [2]. En outre, le Sénatus-Consulte du 14 juillet 1865, est heu-

---

[1] Sur 1,000 naissances européennes, 493 ont du sang français.
[2] Code civil, art. 9 et loi du 22 mars 1849.

reusement intervenu pour rendre plus faciles les naturalisations en terre d'Afrique. Il dispose que l'étranger qui justifie de trois années de résidence en Algérie peut être admis à jouir de tous les droits de citoyen français[1]. Grâce à ces mesures le mouvement de la naturalisation très lent à l'origine s'accroît chaque année. Du 1er janvier au 31 décembre 1885, 92 étrangers d'une part et 798 de l'autre ont acquis la nationalité française par application de la loi métropolitaine ou du Sénatus-Consulte de 1865.

Toutefois, il est nécessaire, urgent même, de rendre plus active la naturalisation des étrangers dans un pays où ils sont si nombreux[2]. Le Gouverneur général l'a fort bien compris et il a songé à faire pour la première génération d'étrangers nés en Algérie, ce que la loi du 7 février 1851 fait en France pour la seconde, c'est-à-dire à déclarer Français de plein droit, sauf revendication contraire de leur part dans l'année qui suit leur majorité, tous les individus qui naissent sur le sol algérien de parents étrangers. C'est là un projet excellent. Il est d'ailleurs inspiré par la législation de plusieurs nations européennes et par celle des États des deux Amériques, — pays neufs où les immigrants s'établissent en grand nombre sans esprit de retour. On ne saurait, en effet, admettre plus longtemps

---

[1] Il faut aussi mentionner la convention de 1862, entre la France et l'Espagne : les jeunes Espagnols établis en Afrique doivent satisfaire au recrutement, soit d'après la loi espagnole, soit d'après la loi française. Ils ont sur ce sujet le droit d'option et ceux qui se soumettent au recrutement français peuvent réclamer de plein droit la naturalisation.

[2] La proportion des étrangers nés en Algérie est considérable. Ainsi, d'après le Dr Ricoux, sur 432 Espagnols, du sexe masculin, qui ont contracté mariage dans notre colonie en 1885, il s'en trouve 163 qui étaient nés en Algérie, contre 269 nés en Europe.

que les fils d'étrangers nés en Algérie, y possédant tous leurs intérêts personnels et familiaux, n'entretenant plus de relations suivies avec le pays d'origine de leurs parents puissent se soustraire aux charges que le pays dans lequel se sont fixés impose à ses véritables nationaux. Le Garde des Sceaux a repoussé le projet préparé par le Gouverneur général pour des raisons juridiques et politiques dont la valeur peut être contestée. Il est très désirable qu'un député le reprenne et obtienne du Parlement sa prompte discussion [1].

La naturalisation « légale » n'est pas la seule qu'il faille poursuivre; à côté d'elle et la préparant en quelque sorte, il y a la naturalisation « morale » par l'école qui propage notre langue et nos idées. Aussi, le décret du 13 février 1883 a-t-il rendu un grand service à notre colonie, en y introduisant les principes de la gratuité et de l'obligation de l'enseignement primaire, pour tous les enfants, étrangers d'origine européenne aussi bien que Français. Les écoles sont nombreuses, chaque année on en construit de nouvelles, c'est là un excellent moyen d'assimilation. Il en est un autre qu'il serait imprudent de négliger auprès d'hommes religieux comme les Espagnols, les Italiens et les Maltais : le culte. Les prêtres doivent être recrutés uniquement parmi les Français et se servir de notre langue.

La population française d'Afrique, avons-nous dit, n'aug-

---

[1] Ce vœu est déjà en partie réalisé. M. Letellier, député de la province d'Alger, a repris le projet du Gouverneur de l'Algérie et l'a déposé sur le bureau de la Chambre.

mente pas seulement par l'excédent des naissances sur les décès, les mariages mixtes, la naturalisation conférée aux étrangers. Elle est grossie chaque année par la venue des émigrants de la Métropole. Au début — à l'époque de la colonisation officielle intensive et des concessions, — l'émigration libre a été lente, effrayée par les guerres continuelles avec les Arabes ou contrariée par les règlements de l'administration ; mais depuis plusieurs années un courant régulier s'est établi. Le phylloxéra a même dans ces derniers temps servi l'Algérie en l'épargnant pendant qu'il dévastait la France. Des vignerons de la vallée du Rhône et des départements méditerranéens ont passé la mer, des capitalistes français ont acquis de vastes domaines. L'extension considérable de la culture de la vigne, le système de la vente des terres qu'on a enfin adopté[1], auront pour résultat, on peut l'espérer, d'augmenter dans une certaine mesure le mouvement de l'émigration. C'est là une chose bien désirable, car il faut reconnaître, — les chiffres indiquant la proportion entre les Français et les étrangers le prouvent, — que nos compatriotes viennent jusqu'ici en nombre insuffisant ; on ne saurait évaluer à plus de 4,000 ceux qui s'établissent chaque année dans la colonie. Il serait exagéré de réclamer une immigration considérable en Algérie, colonie de demi-peuplement, habitée déjà par plus de 3 millions d'indigènes, mais M. Leroy-Beaulieu a raison en demandant que 10 à 12,000 Français s'établissent chaque année en Afrique. Il désire en même temps la venue d'un nombre égal d'Européens étrangers ; c'est peut-

---

[1] Voir plus loin page 42.

être trop, si l'on songe que ceux-ci sont à l'heure actuelle dans notre colonie au nombre de 205,000 et que chez eux l'excédent des naissances sur les décès est plus important que chez les Français. Une bonne loi sur la naturalisation — elle est encore à faire d'ailleurs, — suffirait-elle pour assurer à l'élément français la supériorité qu'il doit toujours conserver? Il faudrait plutôt souhaiter que notre colonie reçût pendant quelques années un contingent d'environ 15,000 Français et 10,000 étrangers [1].

Ce serait là un résultat facile à atteindre si l'administration du Gouverneur général voulait employer pour faire connaître l'Algérie en France, les cultures qu'on peut y entreprendre et les bénéfices qu'elles permettent d'espérer, les salaires et les conditions de vie qu'on y trouve, pour provoquer enfin l'émigration des hommes disposés à passer la mer avec un certain capital, les moyens de publicité si pratiques, si simples dont usent avec succès les colonies Australasiennes. On sait que celles-ci possèdent en Angleterre de nombreuses agences d'immigration qui sollicitent par leurs brochures et leurs affiches, partout répandues, les prix modérés du transport, toutes les familles qui pourraient songer à s'expatrier. Grâce à elles les laboureurs, les fermiers, les artisans s'embarquent par milliers chaque année, sachant qu'ils ont chance de trouver en Australie une vie plus heureuse, des bénéfices plus élevés ou une existence moins misérable que dans leur patrie [2]. Certes, les Arabes et les Kabyles étant propres

---

[1] L'élément français ne représente encore que 51 pour 100 de la population européenne et à peine 6 pour 100 de la population totale de la colonie.

[2] Nous avons sous les yeux des affiches imprimées par les soins de l'Agent

aux travaux des champs, il n'y a point de place en Algérie, — et c'est là, il faut le noter en passant, une nouvelle différence existant entre notre colonie et l'Australie, — pour les ouvriers agricoles, les valets de ferme, ce que l'on pourrait appeler le prolétariat agricole. Mais l'Afrique française peut et doit recevoir, non seulement des capitalistes, des directeurs de domaines ruraux, des chefs de culture, des contre-maîtres, mais encore des hommes appartenant à la classe moyenne, disposés à entreprendre avec leur fortune des exploitations agricoles de 50, 100 ou 150 hectares ainsi que des familles de fermiers ou de paysans qui, établis sur quelques hectares de terre, forment cette classe si intéressante des petits colons.

Pourquoi l'administration algérienne n'entretiendrait-elle pas dans les principales villes de France et surtout dans nos provinces du Midi des agents d'émigration, des bureaux de renseignements? Les paysans et les petits propriétaires possédant ou pouvant réaliser un capital de 15, 20, à 30,000 francs, les artisans appartenant à des professions insuffisamment représentées dans notre colo-

---

Général de la Nouvelle-Zélande à Londres. Elles font connaître le prix d'achat de toutes les choses nécessaires à la vie, le salaire moyen des ouvriers dans les différentes professions, le prix de vente des divers produits agricoles, céréales et bestiaux dans toutes les provinces de la colonie... D'autres affiches ou prospectus donnent tous les renseignements utiles sur les conditions de location ou de vente des terres du Domaine colonial. Ce sont là des moyens de propagande très efficaces en même temps que très honnêtes.

En 1885, 28,000 Anglais, 4,000 Écossais, 6,000 Irlandais, ont quitté les ports du Royaume-Uni à destination de l'Australie et de la Nouvelle-Zélande. — Il est bon de rappeler en citant ces chiffres que l'augmentation annuelle considérable de la population de la Grande-Bretagne est pour beaucoup dans le mouvement de l'émigration. L'excédent des naissances sur les décès atteint environ 440,000 par an chez nos voisins alors qu'il ne dépasse pas 90,000 chez nous.

nie, pourraient recueillir dans ces bureaux toutes les informations nécessaires sur le prix et la nature des terres, le coût de la main-d'œuvre indigène, les conditions moyennes de la vente des produits, les salaires payés dans les principaux métiers. Il ne s'agirait point de pousser à l'émigration des malheureux sans ressources ou des individus qui ne pourraient réussir que par un coup de fortune, mais ce qui est bien différend, de rendre possible l'émigration des hommes qui ne répugnent point à l'idée d'abandonner leur village et qui possèdent les qualités, l'énergie nécessaires pour s'implanter dans une société nouvelle. 20,000 Français environ quittent chaque année leur pays, sur lesquels 4,000 se rendent en Algérie tandis que 10,000 au moins vont s'établir dans les deux Amériques. Une « propagande » habile ne pourrait-elle pas détourner une partie de ce courant sur notre colonie méditerranéenne ?

L'espace ne manque pas. Les colons possèdent déjà dans le Tell 1,245,490 hectares. Qu'ils s'appliquent à les cultiver et ce territoire pourra nourrir une nombreuse population européenne. En France, la population des campagnes est de plus de 20 millions d'âmes, pour une surface de 44 millions d'hectares cultivés, soit 2 hectares 20 par tête. Les 1,245,000 hectares qui dans le Tell appartiennent aux Européens pourraient donc entretenir s'ils étaient cultivés comme le sol français, une population rurale européenne de plus de 560,000 âmes, qui serait trois fois plus considérable que la population rurale actuellement établie en Algérie. Il faut ajouter encore que l'on rencontre sur les Hauts Plateaux où peu d'Européens sont établis aujourd'hui [1], de vastes espaces qui offrent à la colonisation le climat et le terrain favorables, ainsi qu'en témoignent, d'ailleurs, les ruines de villes et de fermes laissées par les Romains. Dans les hautes vallées de l'Aurès, l'acclimatement des Européens est facile et pendant les hivers ceux-ci ont même à souffrir de la rigueur du froid. La colonie de Tebessa (province de Constantine), qui se développe rapidement depuis la conquête de la Tunisie est un des premiers exemples de la constitution possible de centres européens sur les Hauts Plateaux.

Si 20 à 25,000 Européens — Français et étrangers — s'établissaient chaque année en Afrique, on aurait à la fin du siècle, en comptant l'excédent normal des naissances sur les décès, une population d'environ 800 à 900,000 hommes de race européenne et en outre 4 millions ou 4 millions et demi d'indigènes. En portant nos regards plus avant, il est permis de prévoir que l'Afrique française, c'est-à-dire l'Algérie et la Tunisie, pourrait contenir vers l'année 1930 environ 2,000,0000 d'hommes de race européenne et 7 ou 8,000,000 d'indigènes en partie francisés. Ce serait là une société trois ou quatre fois plus importante comme population et au moins aussi florissante que l'Australie actuelle, et l'Afrique française en 1930 serait à peine de deux ans plus vieille que l'est aujourd'hui l'Australie.

Mais ceci est l'avenir et il n'est pas sans intérêt, avant

[1] En 1881, on n'a recensé que 5,000 Européens dans la région des Hauts Plateaux, sur lesquels 3,580 Français.

En 1885, alors que les colons possédaient 1,245,490 hectares en territoire civil (c'est-à-dire dans le Tell, car le Tell était à peu près tout entier « territoire civil »), ils n'avaient que 3,519 hectares en territoire militaire.

d'abandonner cet ordre d'idées, de relever quelques chiffres desquels il ressort que les résultats obtenus par la France dans sa colonie en un demi-siècle peuvent être comparés à ceux obtenus par l'Angleterre dans deux grandes colonies de peuplement. On a vu plus haut que le développement de l'Australie a été moins rapide que celui de l'Algérie jusqu'au jour où la découverte des mines d'or a dirigé sur la première de ces colonies un courant d'émigration considérable. On peut ajouter que le nombre des Européens établis aujourd'hui dans l'ancienne Régence d'Alger (425,000 en dehors de l'armée d'occupation) dépasse de beaucoup le nombre de ceux recensés au Cap [1] que les Anglais possèdent cependant depuis 1815 et dont la colonisation par les Hollandais remonte à la seconde moitié du XVIIe siècle. Il est à la vérité une comparaison moins favorable : la Nouvelle-Zélande, située aux antipodes du vieux monde, annexée seulement depuis quarante-six ans, et dont les colons durent soutenir de longues guerres avec les Maoris, compte, en 1886, 600,000 habitants d'origine européenne [2]. Les progrès de cette colonie britannique qui possède un climat tempéré, un sol d'une extrême fertilité devaient être exceptionnellement rapides ; il importe toutefois de ne pas les oublier, et il faut souhaiter que le mouvement d'émigration pour notre colonie méditerranéenne devienne plus actif.

[1] Le recensement de 1880 donne pour la colonie du Cap proprement dite une population totale de 811,450 habitants, dans laquelle les Européens sont au nombre de 269,725.
[2] La population maorie que l'on évaluait en 1840 à 100,000 âmes ne dépasse pas aujourd'hui 40,000 individus.

III

LE RÉGIME DES TERRES. — LES CONCESSIONS ET LA VENTE.

Le mode d'appropriation des terres est une des questions les plus importantes qui se présentent dans une colonie de peuplement; du système adopté dépend en grande partie l'essor plus ou moins rapide de la colonisation.

La France a rencontré en Afrique une grosse difficulté : les terres n'y étaient point libres, sans maître, mais au contraire possédées par les indigènes, et, ce qui est plus, le régime de la propriété rendait presque impossible la vente aux colons. Il existait trois sortes de terres : les terres du *beylik,* les terres *arch* et les terres *melck.*

Les premières, qui appartenaient au Bey, constituèrent en nos mains le domaine de l'État. Les biens *arch* et les biens *melck* appartenaient aux indigènes. Ces deux formes capitales de la propriété existent encore aujourd'hui.

Les terres *arch* qui comprenaient plus de la moitié de la surface de l'Algérie, appartiennent aux tribus à titre indivis; en outre les biens *arch* ne peuvent être vendus;

ils « ne sont pas dans le commerce », peut-on dire en se servant d'une expression empruntée au droit français [1].

Les terres *melck,* au contraire, sont dans le commerce, mais possédées le plus souvent à l'état indivis par une sorte de *gens* ou famille. La propriété individuelle n'existe chez les Arabes d'Algérie qu'à l'état d'exception, car le principe du Code civil : « Nul ne peut être contraint à demeurer dans l'indivision » est inconnu des jurisconsultes musulmans : les successions s'ouvrent d'année en année, même de siècles en siècles ; les héritiers font constater la quotité de leur droit, mais restent dans l'indivision. Ainsi la famille des Ouled-Moussa est propriétaire d'un domaine *melck* compris entre telle et telle rivière, domaine sur lequel cinquante, cent, deux cents individus ont des droits indivis, mais de quotité déterminée. L'unité de ces sortes de calculs est le *drahem* ou $1/192^{me}$; tel individu possédera deux, trois drahem et tel autre un tiers, un quart de drahem. Il faut ajouter qu'un droit de retrait qu'on appelle le droit de *cheffaâ* est accordé à la *gens* ou famille contre tout étranger qui aurait acheté la part indivise de l'un de ses copossesseurs [2].

---

[1] Les biens *abbous* rentrent dans la catégorie des biens *arch* ; ce sont ceux qui ont une affectation spéciale à une œuvre religieuse ou de bienfaisance.

[2] Yves Guyot, *La Politique Coloniale*. Reinwald, éditeur, Paris. — Ces renseignements sur l'organisation de la propriété *melck*, sont empruntés par M. Yves Guyot à un travail de M. Sabatier, député de la province d'Alger. En vertu du droit de *cheffaâ*, un membre quelconque de la *gens* peut attaquer en justice toute vente qu'un de ses copropriétaires aurait faite de sa part à un étranger. Une pareille disposition oblige l'étranger acheteur à de nombreuses formalités. Il doit obtenir que la *gens* entière ratifie la vente consentie par un de ses membres, et cette formalité remplie, il n'est pas encore assuré de ne pas voir apparaître, après un certain temps de possession tranquille, un

L'existence d'un pareil régime se conçoit dans un pays où l'industrie pastorale est la première ressource des habitants, où la terre doit être à tous pour être ouverte aux troupeaux de tous. Mais il paraît singulièrement défectueux lorsque des colons arrivent et veulent entreprendre des cultures, car il rend l'acquisition de la propriété difficile et sa possession incertaine. L'administration de la Métropole, il faut bien le reconnaître, vit d'assez bonne heure l'intérêt qu'il y avait pour la colonisation à créer la propriété individuelle; des mesures furent prises dans ce but. On voulait *constater* la propriété *arch*, *constituer* la propriété *melck ;* malheureusement cette œuvre ne fut jamais sérieusement poursuivie de telle sorte que la propriété individuelle n'existe aujourd'hui encore que sur des points isolés.

Les colons ne pouvaient acheter des terres aux indigènes, l'administration leur en donna. Elles venaient soit du Domaine, soit des « confiscations » faites aux tribus. Chaque révolte, en effet, — et elles furent nombreuses, la répression d'une première étant souvent le germe d'une seconde, — servait de prétexte à la confiscation d'une partie ou même de toutes les terres de la tribu. C'est ainsi que l'on « refoula » les indigènes dans les trois provinces en leur enlevant leurs meilleures terres pour les distribuer aux colons.

Il ne paraît pas nécessaire de retracer ici avec détail la politique suivie dans cette question des terres par l'administration impériale. Le « cantonnement » régulier des

---

membre de la *gens* qui prétend ne pas avoir été appelé à la ratification et menace d'exercer le droit de *cheffaâ* ou même l'exerce.

tribus, imaginé vers 1860, dans le dessein de mettre des terres nouvelles à la disposition des colons, était en réalité le « refoulement » des indigènes. Le Sénatus-Consulte de 1863 peut être considéré comme la condamnation du système précédent : il déclarait les tribus propriétaires des territoires dont elles avaient la jouissance permanente et traditionnelle, ordonnait la délimitation des territoires des tribus et la constitution de la propriété individuelle « partout où cette mesure sera reconnue possible et opportune. » Les prescriptions du Sénatus-Consulte relatives à la constitution de la propriété individuelle furent malheureusement négligées; aussi peut-on dire qu'en 1870 bien peu avait été fait pour établir celle-ci parmi les indigènes[1].

La « confiscation » des terres, le « cantonnement » des tribus, la négligence que l'on apportait à la constitution de la propriété individuelle, mécontentaient les Arabes qu'il aurait fallu gagner, en même temps qu'elles éloignaient les véritables colons. Ce ne furent pas les seules erreurs commises. Au moment où les colonies australiennes adoptaient les théories de Wakefield sur le mode d'aliénation des terres, on préféra, en Algérie, celui des concessions gratuites. On déclara folle l'idée de mettre à un prix quel-

---

[1] L'idée de l'Empereur que « l'Algérie n'est pas une colonie proprement dite, mais un royaume arabe » (lettre impériale du 6 février 1863 au maréchal Pélissier), était loin d'être favorable à la colonisation. Il s'agissait, dans ce projet de « royaume arabe », de constituer de grands fiefs, confiés à une aristocratie indigène, ayant pour suzerains des généraux ou pour mieux dire, une aristocratie militaire française. Quant aux colons, déjà en possession de propriétés considérables, on avait proposé de les exproprier. — Si ce plan avait réussi, il aurait eu bientôt pour résultat notre expulsion d'Algérie. Le maréchal Pélissier en montra heureusement les impossibilités.

conque des terres incultes situées dans un pays nouveau, on pensa qu'il importait de ne faire aucun prélèvement sur le capital, ordinairement fort mince, des colons, on jugea que le système des concessions gratuites avait l'avantage de permettre de surveiller ceux-ci et de diriger leurs cultures. Ces raisons qui peuvent toucher un esprit superficiel sont depuis longtemps réfutées par l'histoire de la colonisation de l'Australie et des États-Unis.

Les hommes compétents n'hésitent pas à reconnaître, — et les faits témoignent de la justesse de leurs vues, — que le système des concessions met le plus souvent la terre entre les mains de favorisés, de solliciteurs heureux, généralement impropres à la vie rude et laborieuse du cultivateur, ne possédant pas les ressources indispensables pour entreprendre une exploitation agricole. Ce système a le grave inconvénient d'attirer, on pourrait dire de « dévoyer », beaucoup d'individus auxquels manquent les qualités nécessaires aux colons. A cette idée, que l'État donne gratuitement les terres, que sans bourse déliée on peut obtenir 40, 50 ou 100 hectares, combien s'empressent de solliciter une semblable faveur, pensant qu'ils pourront revendre le champ qui leur aura été donné ou se faisant l'illusion de croire, que sans grande peine et sans capitaux, ils deviendront rapidement les possesseurs d'un riche domaine? Tout au contraire, la vente des terres appelle les colons sérieux et n'appelle que ceux-ci. Les hommes capables de travail, d'efforts incessants, de persévérance, sont seuls disposés, en effet, à consacrer une partie de leur capital à l'achat d'un lot de terrain, et lorsqu'ils l'ont acheté, ils n'épargnent rien pour le faire produire. Ce sont de pareils colons qui assurent le développement d'une contrée nouvelle. Le rôle de l'État consiste seulement à les attirer, à favoriser leur établissement : dans ce but, il doit allotir les terres, construire des routes, aménager les eaux, entretenir des bureaux de renseignements où les immigrants peuvent recueillir les informations dont ils ont besoin. Suivant leur situation et leur valeur, les terres doivent être vendues aux enchères, — ce sont les meilleures, les plus proches des centres, — ou à prix fixe, — ce sont les moins fertiles, les plus éloignées. Il importe que les unes et les autres soient offertes à des prix peu élevés, d'abord, parce que les terres incultes, situées dans un pays neuf où les centres de population et les voies de communication sont peu nombreux, n'ont pas une grande valeur et ensuite, parce qu'il est nécessaire qu'elles soient à la portée des petits colons ne disposant que d'un faible capital. Il faut que l'immigrant paye de ses deniers la terre qu'il désire, afin de l'apprécier à sa juste valeur, mais il faut en même temps qu'il lui reste des ressources suffisantes pour en entreprendre l'exploitation.

Ces vues si exactes ont échappé au Gouvernement et le régime des concessions adopté au lendemain de la conquête a prévalu jusque dans ces dernières années. On se tromperait, on se laisserait entraîner par l'esprit de système, si l'on prétendait qu'aucune concession n'aurait jamais dû être faite en Algérie. Il faut songer, en effet, que nos compatriotes s'expatrient moins facilement que les anglo-saxons, que dans les vingt ou vingt-cinq années qui suivirent la prise d'Alger le bruit des combats et des insurrections devait nuire au développement de l'immigration libre, qu'il était nécessaire de faire naître de bonne heure un courant entre la France et sa nouvelle colonie, qu'enfin, la prompte création de quelques centres européens au milieu des populations conquises était une chose fort désirable. Ces raisons légitimaient l'adoption pendant une certaine période, d'un régime sous lequel on aurait donné des terres aux colons présentant des garanties suffisantes, mais elles ne peuvent complètement justifier le système des concessions gratuites, du village officiel et même quelquefois du « cantonnement » des colons, tel qu'il a été pratiqué.

Ce système de colonisation administrative avec ses tâtonnements, ses erreurs et ses faveurs inévitables, n'a pas été sans nuire à l'Algérie. Tel colon arrivé avec un petit capital et la promesse vague d'une concession avait tout mangé avant de l'avoir obtenue et s'en retournait en France avec passage gratuit pour raconter dans son village qu'il n'y avait rien à faire dans notre colonie[1] ; tel autre, incapable de travailler la terre obtenait par faveur une concession, s'épuisait en de vains efforts et bientôt renonçait à cultiver son champ pour le louer à l'Arabe qui souvent en avait été chassé. Les conditions imposées au concessionnaire touchant la construction d'un logis ou la mise en culture étaient si nombreuses et si difficiles à remplir qu'en 1853 sur 150,000 hectares concédés, 23,000 seulement l'étaient

---

[1] Jules Duval. *L'Algérie et les Colonies françaises.* Guillaumin, éditeur, Paris.

en vertu d'un « titre définitif ». En 1860, les cinq sixièmes des terres concédées ne jouissaient encore que du « titre provisoire ». Les différentes modifications apportées les unes après les autres pour rendre moins lentes et moins vexatoires les formalités auxquelles devaient se soumettre les colons, les mesures prises pour substituer dans un court délai « le titre définitif » au « titre provisoire », n'ont pu dégager de ses inconvénients et de ses vices le système des concessions [1].

Il eut en outre dès le premier jour une conséquence inévitable : le village officiel. Puisque l'État donnait la terre, l'administration estima qu'il avait le droit de la donner où il le voulait, de réunir les colons sur des points choisis à sa convenance, de les circonscrire dans un certain périmètre [2]. La « Lettre sur la politique de la France en Algérie », adressée par l'Empereur au maréchal de Mac-Mahon, gouverneur général, montre jusqu'à quel point l'on pouvait aller en s'engageant dans cette voie. Après avoir tracé « un périmètre à la colonisation autour des chefs-lieux des trois provinces », périmètre « dans lequel les Européens pourront développer leurs intérêts », l'Empereur ajoutait : « Dans la province d'Oran, les territoires de Ne-

[1] Il est curieux de noter qu'en 1856 et 1857, l'administration essaya le système des ventes aux enchères, puis y renonça presque aussitôt, malgré les excellents résultats obtenus. Des terres situées dans la plaine de la Mitidja mises à prix au taux de 50 francs l'hectare, furent adjugées à 101 francs ; des lots de terre de l'Habra furent vendus 1,500, 1,600 et même 10,000 francs au-dessus de leur mise à prix.

[2] Les villages étaient créés, soit par l'administration sur les fonds destinés à la « colonisation, » soit par des sociétés de capitalistes à qui l'État concédait dans ce but de vastes territoires. (Société Génevoise près de Sétif, Société Générale algérienne dans les trois provinces...)

mours, de Mascara et de Tiaret ne pourront prendre de nouveaux développements que lorsque les populations deviendront plus denses. Il en sera de même dans la province d'Alger pour le territoire d'Aumale, dans la province de Constantine pour les postes de Bougie, Djidjelli, Collo et Batna. Quant aux postes de Maghnia, Sebdou, Daya, Saïda, Ammi-Moussa, dans la province d'Oran, les postes de Teniet-el-Haad, Boghar, Tizi-Ouzou, Fort-Napoléon dans la province d'Alger ; enfin, les postes de Bordj-bou-Areridj, Biskra, Aïn-Beïda et Tébessa dans la province de Constantine, ils devront rester dans l'état actuel, sans que leur territoire puisse être augmenté ». Plus loin, on lit dans la même lettre ces curieuses indications : « Diminuer insensiblement l'importance politique et militaire des postes de Géryville, de Lagouat, de Djelfa; rattacher les tribus de ces cercles à celles de la lisière du Tell chez lesquelles ces tribus viennent s'approvisionner; *rappeler de ces lieux tous les colons* ».

Ces mesures n'étaient-elles point arbitraires? Le désir d'assurer la sécurité des colons les explique-t-elles suffisamment? Il est certain qu'elles soulevaient de la part de ceux-ci de vives protestations en même temps qu'elles étaient condamnées par les hommes qui discutaient avec le plus de compétence les questions algériennes [1].

Il faut malheureusement reconnaître que dans les années qui suivirent 1870, l'administration continua, au moins en partie, les errements du Gouvernement impé-

---

[1] Jules Duval. *Loc. cit. Passim.*

rial; bien que le régime civil eût remplacé dans la colonie le régime militaire.

L'insurrection de 1871 ayant permis de reconstituer le Domaine par la confiscation aux tribus révoltées de plus de 400,000 hectares, un décret intervint (16 octobre 1871) pour autoriser le Gouverneur général à consentir aux Français d'origine européenne des concessions de neuf ans sous promesse conditionnelle de propriété définitive à l'expiration du bail [1]. Le prix du loyer était fixé à un franc, le locataire assujetti, sous peine de déchéance, à la résidence. C'était toujours, sous une forme nouvelle, le système des concessions et de la colonisation officielle !

La législation actuellement en vigueur résulte du décret du 30 septembre 1878. Les terres affectées au service de la colonisation sont divisées en « lots de village » de 40 hectares au maximum et en « lots de ferme » dont

[1] Quatre mois auparavant, l'Assemblée nationale avait voté dans une pensée patriotique une loi allouant 100,000 hectares de terres aux Alsaciens-Lorrains (21 juin 1871). — Quelques hommes, parmi lesquels M. Jean Dolfus et M. le comte d'Haussonville apportèrent un zèle spécial à cette œuvre de transfert d'une partie de la population alsacienne et lorraine en Afrique. Un millier de familles, comptant 5,000 individus, profitèrent immédiatement des concessions; d'autres familles plus nombreuses suivirent; soixante ou soixante-dix villages furent agrandis ou créés. La période d'acclimation et d'installation a été longue, mais la plupart de ces villages semble prospérer aujourd'hui.

On trouve dans l'histoire du gouvernement de 1848 une entreprise analogue. L'Assemblée nationale voulant donner du pain à un grand nombre d'ouvriers des villes inoccupés, vota une somme de 50 millions pour leur transport et leur installation en Algérie. On donna à ces colons (ce nom leur convient-il?) une maison dans le village à peupler, un lot de terre, des semences et instruments de culture, enfin des vivres et des secours en argent, jusqu'à ce que les terres fussent « mises en valeur. » 13,500 personnes furent ainsi installées en 1848 et leur nombre s'élevait à 20,000 en 1850, réparties entre quarante-deux localités dans les trois provinces. — Est-il besoin de dire que cette entreprise se termina par un échec?

la superficie ne doit pas dépasser 100 hectares. Le Gouverneur général est autorisé à les concéder aux Français d'origine européenne et aux Européens naturalisés qui justifient de ressources suffisantes. La concession est faite sous condition suspensive ; le concessionnaire tenu, sous peine de déchéance, de résider pendant cinq ans sur son terrain. Il peut toutefois abréger ce délai et obtenir son titre de propriété après trois ans s'il justifie d'une dépense moyenne de 100 francs par hectare, réalisée en améliorations utiles et permanentes, dont un tiers au moins en bâtiments d'habitation ou d'exploitation agricole. Pour les « lots de ferme » la résidence personnelle peut être remplacée par l'installation d'une ou plusieurs familles françaises et par la dépense en améliorations d'une somme de 150 fr. par hectare. Enfin, pendant la période de concession provisoire, le colon ne peut consentir hypothèque qu'au bénéfice du prêteur qui lui fournit les fonds nécessaires pour améliorer sa propriété. Quant à la vente des terres aux enchères ou de gré à gré, elle ne paraît qu'à titre d'exception.

Tel est le système ; le Gouverneur actuel l'a lui-même condamné [1].

---

[1] Dans une circulaire du 2 février 1882, M. Tirman signale aux préfets les inconvénients des concessions gratuites. Il dit notamment : « Vous vous trouvez aussi en présence de pétitionnaires, — il faut bien convenir que jusqu'ici ils ont été trop nombreux, — qui n'ayant aucune aptitude spéciale s'imaginent volontiers qu'ils feront d'excellents colons. Ils commencent bien par se rendre sur le territoire où se trouve leur concession, mais après des essais infructueux, qui tiennent à leur inexpérience, le découragement les gagne et ils entrent alors en arrangement avec les indigènes pour leur louer leurs terres, jusqu'au moment où, ayant obtenu leur titre définitif de propriété, ils peuvent aller jouir n'importe où de la rente que l'État leur a constituée. D'autres, à peine installés, quittent la localité, sauf à y faire des apparitions à

Il n'est pas sans intérêt de citer quelques chiffres qui montreront combien est coûteuse cette colonisation officielle et combien restreinte aussi sa portée. De 1871 au 31 décembre 1882, c'est-à-dire en douze ans, la superficie des terres concédées aux immigrants et aux colons algériens durant cet intervalle est de 475,807 hectares dont 347,268 ont été affectés aux concessions individuelles [1] ; le reste appartient, avec une affectation propre aux communes, aux départements et au domaine public. La valeur de ces terres était estimée par l'administration à 43,267,000 francs, soit environ 90 francs l'hectare en moyenne. Il avait été dépensé pour travaux d'installation des colons une somme de 16,568,000 fr. L'ensemble des concessions accordées aux particuliers pendant ces 12 années comprenait 12,270 lots de toute nature. Le nombre des familles installées lors de la création des centres était de 10,030 (5,005 immigrants et 5,025 Algériens) ; sur ce nombre 3,474 ont été évincées ou déchues pour une cause quelconque pendant la période de concession provisoire et remplacées par 3,526 familles nouvelles. Sur les 10,030 familles primitivement installées, 5,837 résidaient encore sur leurs concessions en 1882. Un certain nombre ayant

des intervalles plus ou moins éloignés, mais suffisamment rapprochés pour éviter la déchéance. De semblables colons ne peuvent que discréditer l'Algérie ». Cette critique est la confirmation de tout ce que nous venons d'écrire.

[1] Pendant la même période, à quelques mois près, — de 1873 à 1884, — les ventes n'ont porté que sur 152,000 hectares. Ce chiffre rapproché de celui des concessions, — 347,268 hect., — laisse voir que le mode d'aliénation des terres était peu en faveur jusqu'en ces dernières années. Est-il besoin d'ajouter que la coexistence des deux systèmes est déplorable ? En continuant à donner, on est certain d'éloigner des enchères tous ceux qui se croient assez de crédit pour obtenir gratuitement.

satisfait aux conditions déterminées par les règlements avaient cédé leur droit au bail ou leur concession pendant la période même de la concession provisoire ; 1,418 après avoir obtenu leur titre définitif avaient vendu leurs terres. Enfin, il résultait du recensement opéré par l'administration, que sur l'ensemble des concessionnaires de cette douzaine d'années, soit qu'il s'agit des concessionnaires primitifs, soit de leurs cessionnaires ou de leurs remplaçants, 8,003 familles résidaient, représentant un effectif de 29,455 personnes.

M. Leroy-Beaulieu après avoir cité ces chiffres empruntés aux documents officiels ajoute : « Si, du nombre des lots concédés (12,270) on rapproche le chiffre des dépenses affectées à la colonisation, soit 59,836,498 francs représentant la valeur des terres, les frais d'installation, les travaux de viabilité et d'adduction d'eau, la construction des mairies, des écoles et des édifices religieux, on constate que chaque lot coûte en moyenne à l'État la somme de 4,876 fr. 65 cent. ; si on rapproche ce même chiffre de dépenses du nombre des personnes définivement installées lequel est de 29,455 on trouve que pour chacune d'elles, en moyenne, la dépense supportée par l'État est de 2,031 fr. 45 cent.[1] ».

Ces dépenses considérables et les maigres résultats

[1] Ce chiffre contient une part d'éxagération. Il est évident, en effet, que si l'administration coloniale doit vendre la terre au lieu de la donner, elle doit en même temps percer des routes, amener les eaux, construire les bâtiments nécessaires aux services publics. Ces dépenses peuvent être d'ailleurs payées, au moins en partie, avec le produit des ventes. Elles ont, en outre, l'avantage d'augmenter la valeur du sol et par suite de faire monter les terrains à un prix assez élevé.

obtenus, n'ont cependant pas éclairé le Gouvernement sur le vice du système des concessions. Il ne voyait pas encore en 1883, lorsqu'il présentait aux Chambres le projet dit des « 50 millions » que les véritables colons, ceux qui s'attachent au sol et y fondent une famille, ne sont point les hommes qui sollicitent des concessions, mais ceux qui consacrent une partie de leur capital à l'acquisition de la terre. L'histoire de ce projet est si récente qu'il est presque inutile de la rappeler : le Domaine algérien étant en partie épuisé, on demandait au Parlement l'ouverture d'un crédit de 50 millions de francs pour acheter aux Arabes « *par voie d'expropriation pour cause d'utilité publique* » environ 300,000 hectares. La création sur ces terres (auxquelles on aurait joint 80,000 hectares de terrains domaniaux) de 175 villages devait permettre de placer 9,649 familles, ce qui donne à raison de quatre personnes par famille une population de 38,596 habitants. Ces termes et ces chiffres empruntés au rapporteur de la Commission peignent bien la colonisation officielle [1].

Le projet des 50 millions a été repoussé. On a montré que le Domaine algérien n'était pas encore sans ressources, qu'il était possible de distraire des forêts des terrains propres à la colonisation, que rien n'interdisait à l'administration d'acheter de gré à gré aux indigènes les espaces

---

[1] Rien ne faisait prévoir dans le projet que le système des concessions serait abandonné. L'article 5 portait : « Le mode et les conditions de l'aliénation des terres affectées à la colonisation seront déterminés par une loi spéciale », mais cette loi n'était pas présentée et le décret de 1878, toujours en vigueur, autorisait les concessions gratuites. — Rapport de M. Thomson, favorable au projet annexé à la séance de la Chambre des députés du 15 novembre 1883. — Discussion dans les séances du 27 et du 28 décembre.

qu'elle pouvait désirer pour les revendre ensuite aux immigrants, enfin qu'il était inhumain et impolitique d'exproprier les Arabes déjà si souvent chassés de leurs meilleures terres. Voulait-on en dépossédant malgré eux les détenteurs du sol préparer une Irlande africaine ?

Le rejet des propositions du Gouvernement n'aurait peut-être pas suffi pour faire entrer l'administration algérienne dans une voie où l'exemple des merveilleux résultats obtenus en Australie aurait dû depuis longtemps la conduire ; l'obligation d'appliquer une loi votée en 1879 vint heureusement la contraindre à mettre en vente des terres domaniales [1].

Les premières ventes ont été faites dans les mois de janvier et février 1885 portant sur 7,300 hectares divisés en 105 lots. Elles réussirent à merveille ; presque tous les lots trouvèrent preneurs sur la première mise à prix, qui généralement fut de beaucoup dépassée, parfois presque doublée.

Une nouvelle opération a eu lieu au mois de mars 1886, et ses résultats, meilleurs que ceux de l'année précédente, ont dépassé toutes les espérances. Quelques chiffres feront voir la faveur dont jouit le système de l'aliénation des terres auprès des véritables colons : les ventes annoncées comprenaient 97 lots ; 3 seulement d'une superficie de 121 hectares, situés dans la province d'Oran n'ont pas trouvé d'acquéreurs. Les autres d'une contenance totale de 11,251

---

[1] La loi du 20 décembre 1879 sur l'Enseignement supérieur en Algérie, disposant qu'il sera pourvu aux dépenses de construction et d'installation des Écoles supérieures d'Alger, « au moyen d'un fonds de concours (versé au Trésor) formé du prix de vente de biens domaniaux situés en Algérie ».

hectares mis aux enchères au prix de 320,000 francs ont été adjugés 652,540 francs, ce qui accuse une surenchère totale de 332,615 fr. Parmi les adjudicataires 22 venaient de France, les autres étaient des colons. Dans la province d'Oran un « lot de culture » d'une contenance de 51 hectares mis à prix à 3,020 francs s'est vendu 5,525. Dans la province d'Alger, un « terrain accidenté » de 14 hectares mis à prix à 860 fr. s'est vendu 2,575; des « terrains de roches et broussailles » de 44 hectares mis à prix à 960 fr. se sont vendus 3,600 ; une « terre labourable » de 75 hectares mise à prix à 3,720 fr. s'est vendue 8,000; des « terres de labour et broussailles » de 54 hectares mises à prix à 700 fr. se sont vendues 4,125. Dans la province de Constantine des « terres cultivables et de parcours » de 200 hectares mises à prix à 6,500 fr. se sont vendues 12,100; une « terre de labour, chênes-liége et broussailles » de 104 hectares mise à prix à 10,000 fr. s'est vendue 25,000[1].

Un pareil succès indique au Gouvernement général la voie dans laquelle il doit persévérer. En admettant que la colonisation officielle ait rendu des services aux premiers jours, il importe de reconnaître que son temps est passé. Les années difficiles sont loin, la culture de la vigne attire

[1] Le prix d'achat est payable en cinq termes égaux, le premier au moment de l'adjudication et les quatre autres cinquièmes d'année en année, à partir du jour de l'adjudication, de manière que la totalité du prix soit acquittée dans l'espace de quatre ans. Ces quatre termes portent intérêt à cinq pour cent par an à partir du jour où l'adjudication est devenue définitive.

Les journaux ont récemment annoncé que de nouvelles ventes seraient faites au mois d'avril 1887. Il s'agit de 155 lots comprenant ensemble une superficie de 12,400 hectares, propres à la culture des céréales et de la vigne et à l'élevage du bétail.

les capitaux, il faut ouvrir notre colonie aux efforts de la colonisation libre [1]. L'administration doit mettre résolument en vente chaque année 20 à 30,000 hectares de terres domaniales. Le projet de loi déposé sur le bureau du Sénat le 20 avril 1886 a été préparé dans ce but. C'est en quelque sorte un nouveau plan de colonisation, il mérite d'être analysé.

Les superficies domaniales aujourd'hui utilisables sont estimées à 271,649 hectares d'une valeur de 15 à 16 millions de francs [2]. Ces ressources pourront être accrues par certains prélèvements sur les terrains appartenant au « régime forestier » et par l'application de la loi du 26 juillet 1873. Les terres destinées à la colonisation doivent être réparties en « lots de village » et en « lots de ferme ». Les premiers d'une étendue beaucoup moins considérable que les seconds seront aliénés soit par vente à prix fixe, soit par vente aux enchères ; ce double mode peut avoir l'avantage d'assurer des terres à un prix connu d'avance

[1] On ne voit pas sans surprise le Gouverneur général — le même qui a signé la circulaire où sont si bien indiquées les raisons qui condamnent le régime des concessions, — et le Rapporteur du budget de l'Algérie donner aujourd'hui même un souvenir de regret au projet des 50 millions. L'un et l'autre semblent croire encore que la colonisation officielle, les concessions de terres, sont indispensables pour attirer des colons dans un pays riche, fertile, assaini, pacifié, situé à deux jours de la Métropole. (Discours de M. Tirman au Conseil supérieur de l'Algérie, novembre 1886 ; rapport de M. Etienne, député d'Oran, sur le budget de l'Algérie, 1886.)

[2] Les biens du Domaine comprennent les terres non encore concédées qui furent confisquées en 1871 aux tribus et les nombreux espaces vacants ou incultes dégagés du territoire des tribus par application d'une disposition de la loi du 26 juillet 1873. L'article 2 de cette loi porte que la propriété du sol ne sera attribuée aux membres de la tribu que dans la mesure des surfaces dont chaque ayant-droit a la jouissance effective. Elle attribue le surplus, « soit au douar comme bien communal, soit à l'État comme biens vacants ou en déshérence. » — Il est parlé plus loin de cette loi.

aux familles de paysans qui viennent de la vallée du Rhône et du Languedoc pour planter la vigne, c'est-à-dire aux petits colons qui s'établissent à demeure et implantent l'élément européen à côté de l'élément indigène. Les seconds, les « lots de ferme », seront obligatoirement vendus aux enchères; ils conviennent aux propriétaires aisés entourés d'une nombreuse famille et de domestiques ou qui amènent avec eux des fermiers.

L'État, parce qu'il vend au lieu de donner, ne se désintéresse pas de la résidence. On ne saurait songer à contraindre le colon-acheteur à demeurer sur sa terre, mais on peut l'y solliciter : le prix de la vente sera payable en six termes égaux ; le premier au moment même de la vente et les cinq autres par annuités successives, toutefois l'acquéreur à prix fixe ou aux enchères d'un lot de village qui justifiera avoir résidé sur son lot pendant trois années consécutives aura droit, jusqu'à concurrence de la moitié du prix en principal, à la remise des termes non échus.

Le projet du Gouvernement n'exclut pas toute idée de concession gratuite ; il prévoit la création de villages « motivée par des raisons de sécurité publique » qui seront sans doute établis sur des terres éloignées, dans un intérêt stratégique. La terre, dans ces villages, sera donnée aux colons, mais à condition qu'ils y résident et y bâtissent.

Pour terminer cette analyse, il faut ajouter que les ventes ne seront faites, les concessions accordées, qu'à des Français ou indigènes naturalisés[1] et que le produit

---

[1] Le Gouvernement, dans le but de constituer le plus grand nombre possible

des ventes formera « un fonds commun aux trois départements de l'Algérie et sera exclusivement affecté aux dépenses de la colonisation ».

Tel est le projet soumis aux Chambres.

Certaines objections seront sans doute élevées, certaines explications demandées sur les détails de l'application, mais il faut reconnaître que ce projet présente dans son ensemble des améliorations excellentes : la vente des terres, ce qui assure à la colonie une immigration de colons sérieux, riches de travail et de capitaux, — la sécurité pour les indigènes qui ne sont plus menacés d'une expropriation arbitraire « pour cause d'utilité publique ». Il nous reste à souhaiter que les ventes soient toujours annoncées par les moyens les plus larges de la publicité en Algérie et en France ; il faut que des affiches, des notes envoyées aux journaux, appellent l'attention du public, que des brochures contenant le plan de chaque terrain à vendre avec les chemins qui le bordent, les voies ferrées qui le desservent ou le desserviront et des renseignements sur la culture qui lui convient soient distribuées avec intelligence dans tout le pays. Ces ventes, en effet, ne s'adressent pas seulement « aux Algériens », mais aussi, mais surtout, aux métropolitains ; c'est eux qu'il convient d'appeler en grand nombre dans notre colonie afin

de propriétés françaises en Afrique propose : 1° de n'admettre comme acquéreurs à prix fixes, adjudicataires et concessionnaires que des Français d'origine ou par naturalisation ; 2° d'interdire toute revente ou cession par ceux-ci à des étrangers ou indigènes non naturalisés avant l'expiration d'un délai de dix ans, à dater du payement intégral du prix pour la vente et de l'affranchissement de la clause résolutoire pour la concession.

d'augmenter la force et la puissance de l'élément français dans l'Afrique septentrionale [1].

On a vu plus haut que les mesures édictées sous la Restauration et sous l'Empire pour modifier le régime immobilier de l'Algérie et introduire chez les Arabes la propriété individuelle n'avaient guère été exécutées. Le Gouvernement actuel a tenté de résoudre cette question si importante par la loi du 26 juillet 1873.

Cette loi dispose que « l'établissement de la propriété immobilière en Algérie, sa conservation et la transmission contractuelle des immeubles et droits immobiliers, quels que soient les propriétaires sont régis par la loi française ». Elle restreint le « droit de *cheffaâ* », — un des obstacles les plus considérables à la transmission de la propriété, — en vertu duquel, d'après les jurisconsultes

---

[1] Les ventes du mois mars 1886 avaient été préparées par la publication d'un fascicule. Malheureusement on l'a peu répandu dans la Métropole et nos journaux n'ont publié aucune note, aucun avis. La conséquence de cette insuffisante publicité est que sur quatre-vingt-quatorze adjudicataires, vingt-deux seulement venaient de France.

Les ventes du mois d'avril 1887 ont été annoncées par les journaux et, comme l'année précédente, un fascicule a été préparé qui donne le plan, la contenance et la situation des terrains mis en adjudication. Au premier examen ce fascicule paraît très complet, au second, on juge qu'il présente des lacunes. C'est ainsi que la nature et la composition des terrains n'est pas indiquée. Sont-ils siliceux, granitiques, chisteux, argileux, calcaires? Ces renseignements ont une grande importance pour les personnes qui désirent venir à l'adjudication. Il suffit, afin de le montrer, de rappeler que pour la culture de la vigne il n'est pas nécessaire de défoncer les terrains siliceux, tandis qu'il faut le plus souvent prendre ce soin, *faire cette dépense,* dans les terrains d'autre nature. — On remarquera aussi que le fascicule publié par le Gouverneur général a été insuffisamment distribué. Ne serait-il pas possible, par exemple, d'en déposer un certain nombre d'exemplaires dans les bureaux des journaux où le public pourrait se les procurer?

musulmans, tout copropriétaire d'un vendeur a « le droit de racheter la propriété familiale et d'en exclure tout étranger ». L'article 4 porte que « dans les territoires où la propriété collective aura été constatée au profit d'une tribu ou d'une faction de tribu..... la propriété individuelle sera constituée par l'attribution d'un ou plusieurs lots de terre aux ayants-droit et par la délivrance de titres ». Enfin « le maintien de l'indivision est subordonné aux dispositions de l'art. 815 du Code civil[1] ».

Prise à la lettre ou dans son esprit, la loi de juillet 1873 supprimait la propriété collective, créait la propriété individuelle, mais dans la réalité son application a été fort lente et fort difficile. Elle nécessitait la création d'un service de topographie et d'arpentage, la constatation et la délimitation de la propriété *arch*, la constitution de la propriété *melck*. Dans beaucoup de territoires *melck* le nombre des ayants-droit au bien indivis est tel que les difficultés rencontrées par les agents français sont considérables, les dépenses fort élevées. C'est ainsi qu'au 30 avril 1885 les superficies constituées depuis le commencement de l'application de la loi n'étaient que de 908,000 hectares distribués dans les trois provinces entre 135 douars. Si l'on songe qu'il reste encore à délimiter neuf millions d'hectares dans le Tell, on voit que l'œuvre de la loi de 1873 n'y serait pas terminée avant 30 à 40 ans et

---

[1] Article 815 : « Nul ne peut être contraint à demeurer dans l'indivision et le partage peut toujours être provoqué nonobstant prohibitions et conventions contraires. — On peut cependant convenir de suspendre le partage pendant un temps limité : cette convention ne peut être obligatoire au delà de cinq ans, mais elle peut être renouvelée ».

qu'il faudrait peut-être 100 ans pour la mener à bien dans l'Algérie entière.

Une des difficultés les plus grandes qu'aient rencontrées la constitution de la propriété individuelle, c'est l'absence d'état civil chez les Arabes et les Kabyles. Chaque individu porte un nom presque semblable à celui de son voisin et cet individu n'est immatriculé sur aucun registre officiel. Il en résulte une confusion extrême compliquée encore par la polygamie. Une loi a été votée le 23 mars 1882 pour ordonner « la constitution de l'état civil des indigènes musulmans », mais elle n'a pu être appliquée jusqu'ici que sur 38 territoires qui comptent une population de 100,000 habitants.

Devant une pareille situation et pour y porter remède, n'est-il pas possible de trouver en dehors de la législation métropolitaine, qu'il n'est pas nécessaire de transporter en Algérie, un système, un mode de procéder, qui permette de constituer rapidement en Afrique à la fois la propriété individuelle et l'état civil des indigènes ? La question n'est pas de celles qui ne se peuvent résoudre et on a proposé fort heureusement l'application de l' « *Act Torrens* » dans notre colonie[1].

La loi dite « *Act Torrens* » a été promulguée le 2 juillet 1858 dans l'Australie Méridionale, puis adoptée succes-

---

[1] Le Gouvernement a songé d'autre part à compléter et corriger la loi de 1873. Un projet de loi, dû à son initiative, a même été adopté par le Sénat, mais la commission de la Chambre, actuellement saisie de ce projet, semble le juger incomplet et lui préférer l'adoption de différentes mesures empruntées à l' « *Act Torrens.* »

sivement par Victoria, Queensland, la Nouvelle-Galles du Sud.

On sait que dans notre législation le transfert de la propriété doit être enregistré; dans « l'*Act Torrens* », au contraire, c'est le titre même de la propriété qui est enregistré et auquel cet enregistrement crée une personnalité. Tel est le point de départ; quant au mécanisme il est des plus simples : le propriétaire désireux de placer son immeuble sous le bénéfice de l'*Act Torrens*, — car la loi est facultative, — adresse au « bureau d'enregistrement » institué à cet effet, une demande à laquelle il joint ses titres de propriété avec description et plan. Des publications sont faites par les soins du « bureau »; pendant un délai de deux ou six mois toutes les oppositions des tiers intéressés peuvent se produire. S'il s'en produit, le différend est tranché par les tribunaux ordinaires; si au contraire il ne s'en produit pas, — ou quand elles sont résolues, — le titre est enregistré et dès ce moment, garanti contre toutes les revendications. Le « *Registrar general* » dresse alors le « certificat de titre » : c'est un document qui comprend la description matérielle et juridique de l'immeuble avec un plan à l'appui, des indications précises sur la nature et l'étendue des droits du propriétaire et la mention de tous les droits réels dont l'immeuble est grevé. Ce « certificat de titre » est rédigé en double original; un double est remis à l'ayant-droit, l'autre est inséré au registre matrice ou « Livre foncier » déposé chez le *Registrar general*. Au verso du titre se trouvent des formules de transfert et d'hypothèque. Veut-on vendre sa terre ? On va devant un officier public qui puisse attester l'identité du possesseur du titre et l'identité de l'acheteur; il n'y a pas d'autre formalité que la légalisation des deux signatures et la formule d'endossement une fois signée le « bureau » enregistre le transfert sur le « Livre foncier », timbre le titre et le remet au nouveau propriétaire. Veut-on hypothéquer ? On remplit la formule d'hypthèques et on la fait enregistrer comme dans le cas précédent sur le « Livre foncier » qui ainsi donne toujours très exactement la situation de l'immeuble. Enfin, veut-on faire un emprunt à court terme sans lui donner la publicité d'une hypothèque ? On porte son titre à une banque et comme il n'est pas possible de disposer de sa propriété sans être en possession de son titre, la banque prête sur remise du titre[1].

On voit quels sont les avantages de l'*Act Torrens* : d'un côté, sécurité des titres et d'autre part facilité de la circulation de la propriété.

Dans un pays comme l'Algérie où n'existe ni la propriété individuelle, ni l'état civil, l'*Act Torrens* se recommande encore par ce fait qu'il ne fonde pas la propriété sur le nom d'une personne — Mohammed ou Ali, individu plus ou moins déterminé, — mais sur la possession d'un titre enregistré, ayant une personnalité propre.

La loi australienne a été promulguée en Tunisie il y

---

[1] Yves Guyot. *Communication faite à la Société de géographie commerciale de Paris*, t. VII, 3° fascicule.

Dans notre pays, c'est surtout à M. Yves Guyot que revient le mérite d'avoir appelé l'attention sur l'*Act Torrens*. Il a puissamment contribué à l'application de ce système en Tunisie.

a quelques mois avec certaines modifications [1]; il faut souhaiter qu'une semblable mesure soit prochainement introduite dans l'ancienne Régence d'Alger. Le Gouverneur général a d'ailleurs confié à une commission le soin d'étudier l'application de l'*Act Torrens* dans nos trois provinces et de préparer un projet de loi qui serait soumis aux Chambres [2]. En Algérie plus que partout ailleurs ses heureuses dispositions seront vivement ressenties : dans un pays où la terre est presque l'unique richesse, l'adoption du système de Torrens en même temps qu'il mettra fin à l'insécurité des propriétés, résoudra par le prêt hypothécaire l'important problème du crédit aux colons et aux cultivateurs indigènes. Il est certain, d'autre part, que les Arabes vivant aujourd'hui dans l'indivision désirent, — au moins ceux d'une partie des tribus, — faire reconnaître leurs droits de propriété sur le morceau de terre qui leur appartient. Ils y trouveront de multiples avantages [3].

[1] Voir le chapitre suivant *La Tunisie*.

[2] Cette commission a terminé sa tâche il y a quelques mois. Le projet qu'elle a préparé a dû être transmis au ministre de l'intérieur par le Gouverneur général. Il serait désirable que ce projet fût sans retard soumis aux Chambres.

[3] Un membre indigène de la Chambre d'agriculture d'Alger, disait dans l'enquête agricole de 1869 : « L'indivision de la propriété arabe a pour résultat de laisser dans l'inculture une grande partie du sol; de causer des troubles et la ruine des familles arabes, dont un ou plusieurs membres ont fait des emprunts; de laisser aux membres influents de la famille les moyens de jouir d'une façon souvent abusive de leurs droits personnels ».

Il faut ajouter que la constitution de la propriété individuelle en permettant aux indigènes d'hypothéquer leurs terres, ce qu'ils ne peuvent faire actuellement, leur donnera le moyen de se procurer l'argent dont ils ont besoin pour ensemencer leur champ ou attendre la récolte sans être obligés de s'adresser aux usuriers juifs dont ils sont aujourd'hui la proie. — Sur cette question du crédit aux indigènes, voir plus loin: « VII, *Les institutions de crédit* ».

IV

LES CULTURES. — LES RICHESSES DE L'ALGÉRIE.

Les Européens possédaient en Algérie dans le courant de l'année 1885, 1,249,009 hectares de terres [1]. C'est l'étendue de deux départements de la France continentale. Dans dix ou quinze ans, les colons occuperont facilement une superficie de deux millions d'hectares sur les 14 ou 16 millions qui sont susceptibles de culture, si la constitution de la propriété individuelle leur permet d'augmenter leurs achats et si l'œuvre des travaux publics, exactement poursuivie, ouvre de nouveaux espaces aux immigrants.

Les terres appartenant aux Européens ne sont pas cultivées par eux seuls. La main-d'œuvre indigène reste l'élément le plus nombreux, ce qui est naturel dans une co-

---

[1] 1,245,490 hectares en « territoire civil » (Alger 338,070, Oran 483,214, Constantine 424,206) et seulement 3,519 en « territoire militaire ». — Le territoire civil embrassait à peu près tout le Tell en 1885, sauf l'Aurès qui vient d'y être rattaché et quelques communes du département d'Oran, voisines de la frontière marocaine. On voit donc que les Européens possèdent peu de terres en dehors du Tell.

lonie mixte de peuplement et d'exploitation. Au 31 décembre 1885 la population agricole de l'Algérie s'élevait à 2,909,208 individus, sur lesquels 176,696 Européens [1].

Les principales branches de l'industrie agricole sont en Algérie : la culture de la vigne, l'élève du bétail, la culture des céréales, l'exploitation des forêts de chênes-liége et des alfas.

C'est presque uniquement vers la plantation de la vigne que les efforts et les capitaux se sont portés dans ces dernières années. La ruine des vignobles de France par le phylloxéra a singulièrement hâté l'élan de la culture ; en outre le cep produit dès la troisième feuille et est en plein rapport à la cinquième, c'est-à-dire à la cinquième année, tandis que les orangeries demandent cinq et huit ans pour donner des résultats et que l'élève du bétail exige de vastes terrains de parcours. Les grandes sociétés anonymes qui ont des intérêts en Afrique, les colons jouissant d'un certain crédit, beaucoup de capitalistes métropolitains, tous

---

[1] Les colons emploient largement les indigènes et seraient fort embarrassés s'ils étaient privés de ces travailleurs qui n'ont certes point toutes les qualités, mais qui se contentent de salaires peu élevés. Les Arabes s'engagent comme *khemmas* et *fellah* (colons partiaires et cultivateurs); souvent aussi ils prennent à ferme les terres des Européens. Des journaliers nomades, presque tous Kabyles, viennent en outre au moment des récoltes louer leurs services comme faucheurs, moissonneurs ou vendangeurs.

Le propriétaire indigène ne possédât-il qu'une faible étendue de terre, ne cultive pas lui-même. Il prend un *khemmas*, colon partiaire, auquel il fournit une charrue et fait une petite avance en argent et en grain, remboursable à la récolte suivante ; au moment de la récolte, le *khemmas* reçoit un cinquième des produits ; sa condition est fort précaire. — Lorsque le terrain est plus grand et que le propriétaire a plusieurs charrues, il s'entend avec des *fellah*, sortes de tenanciers qui lui payent un fermage ou lui donnent une part dans la récolte. Le *fellah* prend lui-même un *khemmas*.

les petits colons enfin, se sont mis à planter de la vigne. On rencontre des vignobles gigantesques de 500 et de 1,000 hectares ; les domaines de 100 et de 200 hectares ne sont pas rares ; les petits propriétaires cultivent suivant leurs moyens 20, 30 et 50 ares, quelquefois un hectare.

Si l'on songe que la plantation de la vigne est une opération très coûteuse, qui exige avec tous les bâtiments et toute la vaisselle vinaire qu'elle comporte une immobilisation de capital d'environ 3,000 à 3,500 fr. par hectare — le prix d'achat de la terre mis à part, — on peut estimer à près de 120 à 130 millions de francs la somme dépensée en Algérie dans ces cinq ou six dernières années pour la constitution des vignobles. Rien ne saurait, d'ailleurs, arrêter l'engouement général. Celui qui plante la vigne entrevoit la fortune à brève échéance, espère un rendement de 80 ou même 100 hectolitres à l'hectare, rêve des bénéfices considérables de 30 à 40 pour cent. Il faut se garder d'accepter ces chiffres sans réserve. Ils pourront être atteints par quelques propriétaires heureux possédant des vignes bien situées, bien soignées, de même que certains cultivateurs de l'Hérault recueillent 100 et 110 hectolitres à l'hectare, mais la moyenne, — si tant est qu'il soit possible d'établir une moyenne pour un pays aussi vaste, aussi varié suivant ses régions que l'Algérie, — sera sensiblement au-dessous de ces évaluations. Les colons prudents ne doivent pas attendre plus de 50, 55 et peut-être dans les bonnes années 60 hectolitres à l'hectare[1] ;

---

[1] Ces chiffres, on ne saurait trop le répéter, sont des moyennes approxi-

le vin algérien ayant souvent plus d'alcool, plus de bouquet que le nôtre et se vendant 20, 22 et 24 fr. l'hectolitre, il est permis d'espérer un bénéfice de 12, 15 et 18 pour cent du capital engagé [1]. Une pareille perspective n'est-elle pas suffisamment attrayante ?

On comptait à la fin de 1885, 70,885 hectares plantés en vignes répartis entre plus de 32,000 propriétaires. La récolte en vins avait été de 967,924 hectolitres. Ce chiffre est bien loin de représenter 40 hectolitres à l'hectare, mais il faut considérer qu'il ne devait pas y avoir plus d'un tiers du vignoble algérien en plein rapport et que l'année a été d'une production moyenne [2].

matives. Certains cépages, l'aramon, par exemple, produisent beaucoup plus (120, 150 et 200 hectolitres à l'hectare), mais le vin qu'ils donnent est de qualité inférieure. — Il faut noter aussi que les vignes algériennes sont toutes jeunes et que l'on ne sait encore avec certitude si elles rendront autant ou plus ou moins que les vignes de nos départements du Midi. Les opinions sont partagées sur ce point.

La moyenne du rendement obtenu au cours de ces dix dernières années dans le département de l'Hérault a été de 39 hectolitres et demi à l'hectare et en 1875, *avant l'apparition du phylloxéra*, on y a récolté 47 hectolitres 50 par hectare.

[1] La prudence commande ainsi de prévoir dans quelques années une baisse probable sur le prix des vins. Lorsque le vignoble algérien sera en plein rapport ainsi que les vignobles reconstitués du Midi de la France, l'offre devenant considérable il est possible que l'hectolitre de vin tombe aux environs de 15 francs.

[2] La même année, on a recensé en France 1,990,586 hectares plantés en vignes, ayant produit 28,536,000 hectolitres.

Le *Bulletin de Statistique* du ministère des finances, devançant les statistiques algériennes, a publié dans sa livraison de décembre 1886 les résultats de la campagne vinicole de l'année.

Il évalue le rendement total du vignoble algérien à 1,569,284 hectolitres et l'exportation de l'Algérie en France pendant les onze premiers mois de l'année à 398,000 hectolitres.

Il est à peine besoin de faire remarquer les progrès considérables que ces chiffres accusent comparés à ceux de 1885. La récolte de 1886 a été excep-

En 1884, les statistiques accusaient 55,706 hectares et 890,000 hectolitres, en 1883, 45,286 hectares et 821,500 hectolitres ; ainsi dans l'espace de trois années les plantations se sont accrues de 25,599 hectares et le rendement de 146,424 hectolitres. Si l'on remonte à quelques années en arrière, on voit qu'en 1871, les Européens ne possédaient que 9,817 hectares produisant 184,500 hectolitres [1].

L'apparition du phylloxéra en juillet 1885 à Mansourah près Tlemcen, en août de la même année à Sidi-Bel-Abbès, puis en mai 1886 aux environs de Philippeville et à diverses dates dans la province d'Oran ne semble pas avoir donné de vives inquiétudes, si grand est l'enthousiasme des colons. Le fléau attaqué avec énergie paraît arrêté ; malheureusement les essaimages sont toujours à craindre, aussi faudrait-il pour que la disparition du phylloxéra fût regardée comme certaine qu'aucune tache ne soit constatée au printemps de 1887.

Si l'immunité dont semble encore jouir l'Afrique continue ou si ses cultivateurs trouvent le moyen de vivre avec le redoutable insecte, il se pourrait que dans une dizaine d'années il y eut 150 à 200,000 hectares de vignobles dans notre colonie et que la production s'y élevât à 6 ou 8 millions d'hectolitres de vin. La vigne exigeant en

---

tionnellement heureuse. L'augmentation est de 601,810 hectolitres sur le chiffre des quantités récoltées au cours de la campagne précédente et le rendement à l'hectare s'est sensiblement élevé.

[1] La vigne en Algérie :

	1886	1885	1884	1883	1871
Hectares plantés. .	»	70,885	55,706	45,286	9,817
Hectolitres récoltés.	1,569,284	967,924	890,000	821,500	184,500

partie une main-d'œuvre européenne, il en résulterait un accroissement du nombre des colons ruraux : les vignerons du Midi de la France débarquent déjà nombreux en Algérie[1].

La propagation du phylloxéra dans nos trois provinces serait un véritable désastre ; il importe que l'administration veille et aussi que les colons évitent toutes les imprudences[2].

L'élève du bétail a eu de tout temps en Algérie une importance considérable. Il se fait surtout dans le Sud et est la principale occupation des tribus arabes des Hauts

[1] La culture de la vigne exige des soins délicats, l'épandage du souffre, la taille, qui ne peuvent être donnés que par des vignerons Européens ou par des Kabyles, sous la direction de contre-maitres Européens. Les Kabyles sont en effet bons ouvriers : on les paye à raison de 80 francs par mois ou de 2 francs, 2 fr. 50, quelquefois 3 francs par jour. Les ouvriers européens reçoivent en moyenne 110 francs par mois, les contre-maitres 125. Beaucoup de colons et de capitalistes venus en Algérie pour faire de la vigne amènent avec eux et installent sur leurs terres soit comme ouvriers, soit comme métayers des familles de vignerons du Midi.
Les Kabyles, agriculteurs bien supérieurs aux Arabes, plantent eux-mêmes la vigne sur les pentes du Djurdjura.
[2] L'introduction des plants américains est aujourd'hui interdite, dans la colonie ; cependant les semis de vignes américaines sont autorisés sous certaines conditions. L'administration estime que le phylloxéra vivant sur le cep américain sans causer la mort de celui-ci, pourrait être importé sur les sarments et se répandre dans tous les vignobles. — Cette mesure prohibitive a soulevé les réclamations d'un certain nombre de viticulteurs. Ceux-ci observent : que le phylloxéra a fait son apparition, qu'il ne saurait être complètement extirpé et que l'ensemble du vignoble algérien constitué avec des sarments français se trouve ainsi exposé à la ruine, alors que des plantations de sarments américains pourraient résister au mal.
Il est une autre mesure de précaution qui a été prise et qu'il est intéressant de rappeler. La loi du 21 mars 1883 dispose que les vignobles devront être visités au moins une fois par an et que les propriétaires chez qui on aura reconnu le phylloxéra verront leurs vignes détruites ; dans ce cas ils auront droit à une indemnité.

Plateaux qui voient s'ouvrir devant elles des espaces de parcours presque sans bornes. Malheureusement l'indigène est un triste éleveur ; s'il fait beau et si l'herbe pousse abondante les troupeaux prospèrent, si l'herbe est rare le troupeau maigrit, si l'hiver est rude — ce qui arrive quelquefois, — les moutons meurent en grand nombre.

Au 31 décembre 1885, le nombre des têtes de bétail était évalué à 14,262,000, sur lesquels 7,776,000 moutons, 4,425,000 chèvres et 1,164,000 bœufs [1]. C'est sur l'année précédente, si les statistiques sont exactes, une augmentation de 1,489,000 têtes qui porte principalement sur les troupeaux appartenant aux indigènes.

On estime à 2,846,000 hectares l'étendue consacrée en 1885 aux céréales (blé tendre, blé dur, seigle, orge, avoine, maïs, dra), dont 413,000 par les Européens et 2,433,000 par les indigènes. L'orge et le blé dur occupent les espaces les plus considérables [2].

Les données relatives à la production du blé tendre

---

[1] 7,458,000 moutons, 4,346,000 chèvres, 1,025,000 bœufs appartiennent aux indigènes. — 317,000 moutons, 79,000 chèvres et 139,000 bœufs aux Européens. On voit que l'industrie pastorale est presque exclusivement exercée par les Arabes.

[2] Cultures Européennes : 119,000 hectares plantés en orge, rendent 1,029,000 quintaux métriques ; — 118,000 hectares plantés en blé dur, rendent 761,000 quint. mét. ; — cultures indigènes : 1,326,000 hectares plantés en orge, rendent 8,130,000 quint. mét. ; — 1,000,000 d'hectares plantés en blé dur, rendent 4,714,000 quint. mét. — Rendement total de toutes les terres cultivées en céréales, 16,354,000 quint. mét.

Chiffres généraux des trois années précédentes :

En 1882, 2,660,000 hectares mis en culture, rendent 15,578,000 quint. mét.; en 1883, 2,922,000 hect., rendent 14,682.000 quint. mét.; en 1884, 3,002,000 hectares, rendent 20,627,000 quint. mét.

offrent un certain intérêt : 131,025 hectares cultivés par les Européens ont produit 835,064 quintaux métriques, soit 6 quintaux 37 par hectare ; 60,028 hectares cultivés par les indigènes, ont produit 302,243 quintaux métriques, soit 5 quintaux par hectare. Ces deux moyennes accusent un très faible rendement puisque le paysan français obtient environ 15 hectolitres, soit 11 quintaux métr. 25 à l'hectare ; mais ce qui frappe surtout dans les chiffres cités, c'est l'écart de près d'un quintal métrique et demi qui existe entre le rendement des terres appartenant aux Arabes et celles possédées par les Européens. Ne doit-on pas voir dans cette constatation une preuve de l'ignorance des indigènes en matière agricole? Leur culture est rudimentaire, leurs instruments sont imparfaits. Tandis que les Européens possédaient lors de la campagne 1883-84, 39,742 charrues, les indigènes qui ensemencent une superficie six fois plus considérable n'avaient que 271,338 charrues ; les Européens employaient 25,714 herses, rouleaux, semoirs à cheval et les indigènes seulement 1795..... En un mot, le matériel agricole des Européens était évalué à 16,490,449 francs — ce qui certes n'est pas très élevé, si l'on considère la superficie des terres cultivées, — tandis que le matériel agricole des indigènes ne valait que 3,688,954 fr.[1]. Il faut conclure de tous ces chiffres que le Gouvernement doit tenter d'instruire les Arabes et les Kabyles par l'établissement d'écoles ou de fermes et par la création de champs d'expériences. C'est son intérêt, — c'est-à-dire celui du développement de la colonie, — c'est

[1] *Statistique générale de l'Algérie*, années 1882-1884.

aussi son devoir, car il convient d'initier les indigènes aux procédés de la culture européenne [1].

La superficie du sol forestier reconnu et délimité à la fin de 1884 était de 2,785,000 hectares [2]. C'est là une richesse considérable dont l'exploitation assure d'énormes bénéfices [3] et dont l'entretien est très nécessaire pour sauvegarder le pays du sirocco et de la sécheresse. Les forêts de chênes-liége couvrent 436,000 hect. dont 380,000 hect. dans la province de Constantine; 150,000 hect. appartiennent à des particuliers (concessions gratuites et ventes), le reste soit 286,000 hect. est la propriété de l'État ou des communes. Pour arriver à mettre en valeur cet immense domaine le Gouvernement général en a affermé une partie; dans les forêts non amodiées les démasclages sont exécutés par le service compétent. Le sol forestier de notre colonie est malheureusement loin de produire ce qu'on pourrait en attendre, le plus grand nombre des régions forestières reste encore inex-

[1] On doit toutefois constater que les Arabes et surtout les Kabyles ont fait dans ces dernières années de grands progrès agricoles. Il suffit de mettre en regard des chiffres de 1884 ceux de 1878 et de 1881. En 1878, les indigènes possédaient 210,000 charrues; en 1881, 251,268; en 1883-84, 271,338, ce qui représente une augmentation de 61,000 charrues en six ans.

[2] Pin d'Alep, 859,000 hectares; chêne vert, 764,000 hectares; chêne-liége, 436,000 hectares; tuya, 160,000 hectares; chêne zeen, 54,000 hectares; essences diverses, 472,000 hectares.

[3] Nous avons sous les yeux une affiche annonçant la vente aux enchères d'une forêt de chênes-liége située à proximité de la mer et de Djidjelly (province de Constantine) : la mise à prix par hectare varie entre 150 et 800 francs la moyenne étant de 256 francs; le rendement décennal (on sait qu'un arbre donne une récolte tous les dix ans) à l'hectare planté de 150 arbres, est évalué à 1,500 kilos, soit à 50 francs les 100 kilos de liége sur place, un produit décennal de 750 francs et un revenu annuel de 75 francs à l'hectare.

ploité en raison de l'insuffisance ou du manque absolu des voies de communication. Une tâche particulièrement lourde incombe à l'administration : il faut multiplier les routes et les accès, protéger les terrains boisés contre les incendies des indigènes [1], reconstituer les parties de forêts dépourvues d'arbres et n'offrant plus que des broussailles.

Un des produits naturels de l'Algérie les plus répandus est une graminée spontanée qui vient dans la région des Hauts Plateaux : l'alfa. Cette plante que l'on rencontre en des nappes considérables présente l'avantage de n'exiger que les frais de main-d'œuvre et de transport.

L'Espagne achète les qualités supérieures de l'alfa pour la sparterie et le mélange de ce textile au coton dans la fabrication de certaines étoffes. L'alfa de qualité ordinaire est presque en totalité exporté en Angleterre pour la fabrication de la pâte à papier et de différents objets. Soit routine, soit toute autre cause, nos fabricants de papier ont peu employé jusqu'ici cette matière première que les Anglais demandent en quantités chaque jour croissantes [2]. En 1885, la superficie des « terrains à alfa »

---

[1] On sait que les incendies de forêts sont très fréquents pour des raisons diverses : d'une part, les indigènes ont conservé l'habitude d'incendier les terrains boisés qu'ils occupent, soit pour chasser les bêtes fauves, soit pour se procurer les pâturages nécessaires à leurs troupeaux ; d'autre part, les révoltes des Arabes ou leur simple mécontentement paraissent être la cause principale des incendies signalés tous les ans. — En 1881, — année d'insurrection, — le feu a ravagé la superficie énorme de 169,000 hectares, représentant 9,000,000 de francs. — En 1884, les incendies n'ont atteint que 3,200 hectares.

[2] Exportation de l'alfa en 1885 : pour l'Angleterre 9,797,000 francs ; — pour l'Espagne 1,091,000 francs. Les statistiques ne donnent pas le chiffre des exportations pour la France.

en exploitation était évaluée à 1,095,000 hectares, ayant produit une récolte de 2,639,000 quintaux. Ces chiffres accusent une diminution très sensible sur les résultats des années précédentes. Cette diminution est expliquée par la grande concurrence que les alfas de la Tunisie, de la Tripolitaine et du Maroc font à ceux d'Algérie [1].

La culture de l'olivier est en progrès, celle du tabac et de l'oranger semble ne pas se développer; enfin celle de la ramie, — textile qui paraît appelé à un grand avenir — a été essayée avec succès. Quant à la culture des primeurs destinées à l'exportation, elle prend chaque année plus d'importance.

L'Algérie, on le voit, produit en même temps la vigne, les céréales, le bétail, le liége, l'alfa, l'olivier, l'oranger, les légumes et les fruits. Il y a là une multiplicité de productions qui constitue une assurance naturelle contre les crises agricoles les plus intenses : si les colons souffrent de la baisse du prix des céréales la culture de la vigne leur donne des grandes espérances.

Après les richesses du sol il faut énumérer celles du sous-sol.

Notre colonie possède des mines de fer, de cuivre, de zinc, de plomb argentifère, d'antimoine, des carrières de marbre..... En 1885 le nombre des mines concédées était

---

[1] En 1883 : 1,797,000 hectares exploités; — 8,282,000 quintaux récoltés. En 1884 : 1,376,000 hectares exploités; 3,200,000 quintaux récoltés.

La baisse des alfas s'est accentuée en 1885. Les sortes courantes se sont vendues aux environs de 106 fr. 25 la tonne, ce qui représentait une dépréciation de 12 francs par tonne sur le prix de décembre 1884.

de 42, dont 24 dans le département de Constantine, 14 dans le département d'Alger et 4 dans le département d'Oran. Les mines de fer de la province de Constantine, au nombre de trois, sont certainement les plus importantes. Elles ont extrait 150,890 tonnes de minerais et sur ce total 136,000 tonnes d'une valeur de 965,300 francs ont été fournies par les gisements d'Aïn Mockra [1].

[1] L'année 1885 a été particulièrement mauvaise à cause de la situation économique générale.
En 1884, le rendement des mines de la province de Constantine, avait été beaucoup plus considérable : 222,900 tonnes d'une valeur de 1,440,000 fr.
Après la mine d'Aïn Mockra (appartenant à la Compagnie Mokta-el-Hadid) les plus importantes sont : les mines de fer de Kharezas et d'El M'Kimen (province de Constantine), ayant produit en 1885, 8,716 et 6,000 tonnes ; — la mine de cuivre et plomb argentifère de Kef-Oum-Teboul (Constantine), 13,000 tonnes ; — la mine de fer de Camerata (Oran), 5,400 tonnes.

V

LE RÉGIME DOUANIER ET LE MOUVEMENT COMMERCIAL

L'établissement d'un régime douanier bien compris, ne contenant ni taxes vexatoires ni droits prohibitifs, est pour une jeune colonie d'une très grande importance. Cette vérité n'a pas été comprise dès le lendemain de notre occupation par le Gouvernement métropolitain et le commerce de l'Algérie a souffert pendant une vingtaine d'années au moins d'un système peu libéral.

Les produits algériens exportés en France durent acquitter des « droits de sortie » jusqu'en 1843[1], — ceux exportés à l'étranger jusqu'en 1851 et même jusqu'en 1867; en outre ces produits demeurèrent soumis à des taxes

[1] La loi du 16 décembre 1843 qui améliorait l'état de choses existant, accordait la franchise aux marchandises françaises importées en Algérie, mais elle conservait l'obligation pour les produits de notre colonie d'acquitter certaines taxes à leur entrée dans nos ports. Ces produits étaient seulement affranchis du payement des « droits de sortie ». Ainsi, la loi de 1843 maintenait une inégalité de traitement entre les produits français et les produits algériens : les premiers pénétraient librement en Algérie, les seconds, au contraire, étaient frappés en entrant en France.

douanières à leur entrée dans nos ports jusqu'en 1851 et quelques-uns jusqu'en 1867.

La loi du 11 janvier 1851 est la première qui ait servi les intérêts du commerce et favorisé l'essor de la colonie. Elle admit en franchise à leur entrée dans la métropole la plupart des « produits naturels et des produits d'industrie » originaires de l'Algérie. Cette mesure eut un effet immédiat: les exportations de l'Algérie en France s'élevèrent de 10,268,000 fr., chiffre de 1850, à 19,792,000 fr., 21,554,000 fr., 30,782,000 fr., chiffres de 1851, 1852 et 1853.

L'acte législatif de 1851 contenait une autre disposition excellente : les produits étrangers nécessaires « aux constructions urbaines et rurales » étaient reçus francs de droits et les fontes brutes, les fers en barre, les fers-blancs, les cuivres de même origine admis moyennant le payement de la moitié des droits applicables dans la Métropole.

A la date du 17 juillet 1867 est intervenue une nouvelle loi qui compléta heureusement la précédente : les produits naturels ou fabriqués originaires de l'Algérie, sans exception, sont exempts de toute taxe douanière à leur entrée en France, d'autre part, les marchandises françaises importées dans notre colonie y pénètrent en franchise [1]. C'est donc l'union douanière absolue entre la métropole et sa colonie. Quant aux importations étrangères elles bénéficient d'un régime spécial très favorable à un pays neuf qui a besoin de s'outiller promptement et au meilleur marché possible. Le principe est que les produits étrangers sont

---

[1] A l'exception des sucres.

admis francs de droits; ceux exceptés n'acquittent que des taxes modérées : c'est ainsi que les fontes, les fers en barres et rails, les aciers en barres, le plomb laminé, les machines, les outils, les ouvrages en métaux, etc., ne payent que le tiers des droits applicables dans la métropole [1].

Le régime très libéral établi en 1867, a été modifié par l'article 10 de la loi du 29 décembre 1884 [2], qui, revenant sur le principe des lois de 1851 et 1867 soumet « les produits étrangers importés en Algérie aux mêmes droits que s'ils étaient importés en France. » Cette disposition fut votée pour donner satisfaction à plusieurs de nos industries, l'industrie métallurgique surtout, qui réclamaient contre le traitement de faveur assuré par la loi de 1867 à la concurrence étrangère. La comparaison entre les chiffres des statistiques douanières des années 1884 et 1885 montre que le nouvel état de choses a déjà profité aux marchandises nationales [3]. Ce résultat était certain, d'ailleurs, car les produits étrangers qui pénétraient autrefois en franchise ou n'acquittaient que le tiers des droits inscrits dans le tarif métropolitain sont aujourd'hui soumis aux taxes

---

[1] Quelques marchandises étrangères restaient cependant soumises au payement intégral des droits applicables dans la Métropole : la morue, les tissus de toute sorte, les boissons fermentées et distillées. Enfin, les denrées coloniales étrangères étaient soumises à un tarif spécial mais peu élevé.

[2] La loi du 29 décembre 1884 est relative à la « fixation du budget des recettes de l'exercice 1885 ». L'article 10 y paraît au milieu des dispositions fiscales propres aux lois de finance.

[3] Année 1884 : importations en Algérie des « outils et ouvrages en métaux » (produits français) 4,983,000 francs ; — « machines et mécaniques » 2,793,000 fr.; — « fers, fontes, aciers » 242,000 fr.

Année 1885 : importations en Algérie (produits français) des « outils et ouvrages en métaux » 6,440,000 francs ; — « machines et mécaniques » 2,254,000 fr.; — « fers, fontes, aciers » 2,890,000 fr.

du « tarif conventionnel », ou même du « tarif général » — et la différence entre les deux régimes est sensible pour certains articles[1].

Depuis le lendemain de la conquête le mouvement commercial de l'Algérie suit une progression constante, presque ininterrompue. En 1831, il ne s'élevait pas à 8 millions, aujourd'hui il n'est pas loin d'atteindre 450 millions et bientôt après un demi milliard[2]. Ce n'est point là, assurément, un mince résultat, d'autant que la France prend

[1] Les pays auxquels est applicable en France le « tarif conventionnel » en bénéficient également en Algérie. Seuls les produits des pays qui ne sont liés avec nous par aucune convention acquittent les droits du « tarif général ».
Les chiffres suivants, relevés à titre d'exemple, montrent la différence du traitement réservé à quelques marchandises étrangères dans le régime de 1867 et dans celui de 1884 :
Régime de 1867 : marchandises étrangères admises en Algérie, moyennant le payement du tiers des droits applicables dans la Métropole : fers en barres et rails, 2 francs les 100 kilogr.; — fils de fer 2 fr. et 3 fr. 33; — aciers en barres 3 fr.; — machines fixes avec ou sans chaudières 2 fr.; — locomotives 3 fr. 33; — chaudières 2 fr. 66, 4 fr. et 8 fr. 33.
Régime de 1884 : ces mêmes produits payent les droits du tarif conventionnel ou du tarif général. Le tarif conventionnel est le suivant : fers en barres et en rails 5 fr.; — fils de fer 6 fr. et 10 fr.; — aciers en barres 6 fr. et 9 fr.; — machines fixes avec ou sans chaudières 6 fr.; — locomotives 9 fr.; — chaudières 8 fr. et 12 fr.
Se reporter, d'ailleurs, au *Tarif officiel des douanes de France*.

[2] Ce chiffre et les suivants sont empruntés au « Tableau général des douanes de France ».
Il convient de noter que par suite d'un mode différent d'évaluation des valeurs, les chiffres de cette publication ont toujours été plus faibles que ceux des « statistiques algériennes » citées quelquefois de préférence. Ainsi, d'après ces dernières, le commerce général de l'Algérie, importations et exportations réunies, aurait été en 1882 de 561,960,000 francs, tandis qu'il ne s'est élevé, d'après la publication française, qu'à 403,080,000 fr. — Depuis 1885 le Gouvernement général a renoncé au mode d'évaluation jusqu'alors suivi pour adopter celui de la France. Il résulte de cette mesure que les « statistiques algériennes » ne publient plus de données en contradiction avec celles de la douane métropolitaine.

dans ce commerce une part considérable. Ainsi l'expédition d'Alger entreprise, il y a cinquante ans, non dans un but de colonisation, non dans le dessein d'ouvrir des débouchés au commerce national, mais dans un but politique, aura eu cette conséquence d'assurer à notre pays un immense marché dans l'Afrique septentrionale.

Le mouvement d'affaires de notre colonie en 1885, s'est élevé à 424 millions : — 226,683,882 fr., à l'importation et 197,266,714 fr., à l'exportation.

Dans ce total les importations de la France en Algérie entrent pour 191,127,606 fr., sur lesquels 167,660,473 appartiennent au commerce spécial — et les exportations de la colonie en France pour 125,499,468 fr., au commerce général [1].

Ainsi l'importance du mouvement commercial qui existe entre la Métropole et sa colonie est considérable : l'Algérie consomme près de 168 millions de marchandises françaises, c'est-à-dire occupe le septième rang parmi nos acheteurs [2].

[1] Personne n'ignore qu'il est de règle, dans toutes les statistiques douanières de distinguer le *commerce général* et le *commerce spécial* : à l'exportation de France le « commerce général » se compose de toutes les marchandises françaises ou étrangères qui sortent du pays; le « commerce spécial » comprend seulement les marchandises nationales et aussi les marchandises étrangères qui ont été « francisées » par le payement des droits de douane. A l'importation, le « commerce général » se compose de toutes les marchandises qui arrivent du dehors, tant pour la consommation en France que pour la réexportation à l'étranger; le « commerce spécial » comprend seulement les marchandises qui restent dans le pays pour y être consommées. — Le « commerce spécial » est donc toujours compris dans le chiffre du « commerce général ».

[2] Exportation de la France en 1885, commerce spécial : Angleterre, 832,152,000 francs; — Belgique, 437,337,000; — Allemagne, 300,400,000; — Etats-Unis, 254,233,000; — Suisse, 188,224,000; — Italie, 177,347,000; —

Les importations de l'étranger en Algérie s'élèvent à 35 millions et demi ; les exportations de celle-ci à l'étranger à 71 millions et demi [1].

On vient de voir que le chiffre des importations en Algérie dépasse très sensiblement celui des exportations. (226,683,882 fr. contre 197,266,714 fr.) Cet état économique a son explication naturelle :

L'Algérie est un pays neuf où l'initiative privée apporte de nombreux capitaux, où la France fait de grands travaux publics et entretient une armée. L'excédent des importations sur les exportations représente en grande partie le capital de la mère-patrie apporté par les Français dans notre possession africaine.

Algérie, 167,660,000 fr.; — Espagne, 162,369,000 ; — République Argentine, 95,790,000 fr.

[1] Principaux chiffres du commerce de l'Algérie en 1885 :

Importations de la France en Algérie (commerce spécial) : tissus, 25,908,000 fr.; vins, 14,987,000 fr.; ouvrages en peaux ou en cuirs, 14,133,000 fr.; outils et ouvrages en métaux, 6,440,000 fr.; vêtements, et lingeries, 7,388,000 fr.; peaux préparées, tissus divers, fers... total 167.660.473 fr.

Exportations de l'Algérie en France (commerce général) : bestiaux, 73,178,000 fr.; grains et farines, 36,142,000 fr.; vins, 14,625,000 fr.; peaux brutes, 5,443,000 fr.; laines, 4,863,000 fr.; fruits, liège, huile d'olive... total 125.499,468 fr.

Importations de l'Angleterre en Algérie (commerce général) : tissus, 5,614,000 fr.; houille, 1,811,000 fr.; machines..., total, 11,716,000 fr.

Exportations de l'Algérie en Angleterre (commerce général) : grains et farines, 11,860,000 fr.; alfa, 9,797,000 fr.; minerai de fer, 3,078,000 fr.; minerai de plomb, 2,497,000 fr... total, 32,237,000 fr.

Importations de l'Espagne en Algérie (commerce général) : vins 3,210,000 fr.; huile d'olive, 2,324,000 fr... total, 9,204,000 fr.

Exportations de l'Algérie en Espagne (commerce général) : grains et farines 15,092,000 fr.; bestiaux, 5,600,000 fr.; alfa, 1,091,000 fr... total, 26,192,000 fr.

Importations de l'Italie en Algérie : 2,139,000 fr.; exportations, 3,613,000 fr.

Importations de la Tunisie en Algérie : 3,052,000 fr.; exportations, 1,226,000 fr.

Total des importations de l'étranger en Algérie : 35,556,276 fr.

Total des exportations de l'Algérie à l'étranger : 71,767,246 fr.

En outre, l'industrie est toute locale et restreinte à quelques entreprises : distilleries, minoteries, moulins à huile, briqueteries..... Il en est généralement ainsi dans les colonies : pendant la première partie de leur existence elles ne produisent le plus souvent que des matières premières et s'adressent aux vieilles sociétés pour se fournir d'objets manufacturés. Les peaux de l'Algérie, les laines et autres produits animaux sont manufacturés dans notre pays, les huiles passent par les usines provençales, l'alfa est exporté en Angleterre, les racines de thuya sont travaillées par les ébénistes parisiens, les liéges utilisés par les industries de la Métropole, les minerais expédiés à l'état brut dans les établissements métallurgiques de Grande-Bretagne et de France. La colonie, d'ailleurs, ne possède pas de charbon; c'est là un obstacle considérable à l'installation de nombreuses industries. Toutefois, si le phylloxéra ne détruit pas les vignobles et n'arrête pas les plantations l'industrie viticole prendra dans quelques années en Algérie un large développement.

En 1885, le mouvement maritime de notre colonie accuse, entrées et sorties réunies, 8,609 navires jaugeant 3,693,328 tonnes. Le pavillon français a dans ce total une très large part, 3,569 navires et 2,343,670 tonneaux [1].

[1] Chiffres principaux du mouvement maritime de l'Algérie en 1885 :

	Entrées.		Sorties.	
Navires Français. .	1,620 —	1,032,122 ton.	1,949 —	1,311,548 ton.
» Étrangers.	2,451 —	642,732 ton.	2,589 —	706,926 ton.

Parmi les navires étrangers, le pavillon anglais occupe le premier rang (982 navires, 783,346 ton., entrées et sorties réunies); le pavillon espagnol le second (1,344 navires, 244,514 ton.) et le pavillon italien le troisième (1,132 navires, 99,588 ton.).

VI

LES TRAVAUX PUBLICS.

Il est peu de services qui aient plus d'importance dans une colonie agricole et de peuplement que le service des travaux publics.

Un des premiers soins de la Métropole doit être en effet de « préparer » le pays, c'est-à-dire d'assainir les terres et de les cadastrer, d'aménager les eaux, de construire des routes, dans le but de favoriser l'installation des colons, de « solliciter » leur venue.

Cette œuvre est particulièrement nécessaire en Algérie, — terre féconde qui n'est pas sans avoir de grands ennemis : les émanations paludéennes, la sécheresse, les torrents qui emportent à la mer toutes les pluies et les meilleures terres. Jules Duval avait raison d'écrire qu'il faut suivre en Afrique une « politique hydraulique ». Beaucoup a été fait, surtout dans ces dernières années : desséchements, canaux d'irrigation, barrages, puits artésiens, mais beaucoup reste à faire. De 1873 à 1884, il a été dépensé une somme de 9,250,000 francs pour les dessèchements et irrigations [1]. Sur le trajet de plusieurs rivières, — qui deviennent des torrents pendant la saison des pluies, — on a construit des barrages-réservoirs en arrière desquels s'accumule l'eau qui sera distribuée aux agriculteurs pendant la sécheresse. Ainsi le barrage de l'Habra dans le Tell oranais, établi entre deux collines rocheuses au confluent de quatre ravins, forme un bassin qui peut contenir 14 millions de mètres cubes d'eau pour l'arrosage des plaines de Perregaux ; celui de Saint-Denis-du-Sig, contient 3 millions de mètres cubes, etc.

Sur les Hauts Plateaux et dans le Sahara on remédie à l'absence des rivières par le forage de puits qui vont rejoindre les nappes d'eau souterraines. C'est à ces puits creusés de temps immémorial par les Arabes que toutes les oasis du désert doivent leur végétation : le palmier-dattier qu'on y cultive exige à la fois une forte chaleur et une grande humidité.

Les résultats obtenus par l'administration française depuis 1856 — date des premiers travaux — sont considérables : des oasis dont les puits arabes avaient été comblés par les sables ont été sauvés de la ruine, des tribus prêtes à émigrer fixées au sol, de nouveaux centres assurés à la culture, des villages préservés de la sécheresse.

C'est ainsi que les oasis se succèdent du nord au sud dans la plaine d'Oued-Righ, parcourue par des eaux souterraines, vivifiée de distance en distance par des puits artésiens anciens ou modernes. Les palmeraies de Mghaïer,

[1] 6,611,000 francs de travaux neufs ; — 2,640,000 fr. de travaux d'entretien.

d'Oughlana et de Tamerna sont dues aux forages des ingénieurs français; Tougourt est entouré de 170,000 palmiers [1]. Au sud de Tougourt l'oasis de Ouargla en possède 600,000, arrosés par un millier de puits. On estime que l'ensemble des palmeraies de l'Algérie méridionale comprend près de 3 millions d'arbres représentant un revenu de 60 millions de francs [2].

La colonie possède aujourd'hui [3] 3,000 kilom. de routes nationales. Celles qui pénètrent le plus avant dans l'intérieur relient Alger à Lagouat, Oran à Géryville, Philippeville à Biskra. A ces routes principales, il convient d'ajouter quelques chemins non classés d'une longueur de 346 kilom. Enfin la longueur des routes départe-

[1] Région de l'Oued Righ (province de Constantine), en 1856 et 1880.

	1856.	1880.
Nombre des oasis.	31	38
Nombre des puits.	282	434
Débit au litre par seconde.	883	1,200 (?)
Nombre des palmiers.	360,000	518,000
Nombre des autres arbres fruitiers.	40,000	90,000
Valeur des cultures.	1,660,000 fr.	5,500,000 fr.
Habitants.	6,772	12,800

Jus. *Les oasis de l'Oued Righ en 1856 et en 1880.*
Parmi les sociétés qui se livrent à la culture du palmier dattier, on peut citer à titre d'exemple la Société agricole et industrielle de Batna. En quatre ans elle a foré aux environs de Tougourt, huit puits artésiens d'une profondeur moyenne de 75 à 80 mètres, débitant environ 21,000 litres d'eau par minute. Dans le même temps elle a défriché, nivelé, défoncé et mis en valeur 400 hectares de terrains incultes, planté 42,000 jeunes palmiers. — Le dattier rapporte brut, en moyenne 4 ou 5 francs par arbre, sur lesquels il semble que les deux tiers représentent un revenu net, mais il s'écoule huit à dix années avant la période de production.

[2] A la fin de 1884, le débit des nappes d'eau jaillissantes, captées depuis 1856 dans la province de Constantine et depuis 1882 dans les deux autres départements, était de 338,832 mètres cubes par jour, soit de 123,673,680 mètres cubes par an.

[3] Chiffres de 1884.

mentales et des chemins vicinaux est de 9,811 kilom. C'est au total un réseau de 13,097 kilom. Il faut dire malheureusement que ces routes et ces chemins ne sont pas complètement empierrés et que plusieurs d'entre eux sont sur divers points, ouverts sans empierrements et même en lacune. Ainsi la route d'Alger à Lagouat, bonne jusqu'au village de Boghar devient ensuite mauvaise et disparaît enfin dans les sables.

L'œuvre de la construction des chemins de fer a fait dans ces dernières années de grands progrès. Le réseau algérien atteignait au 31 décembre 1886 une longeur de 3,075 kil., dont 2,022 en exploitation. A la même époque la longueur des lignes exploitées ou en construction dans le royaume de Portugal n'était que de 2,090 kilomètres.

Les principales lignes relient Alger à Oran; Constantine à Philippeville; Constantine à Sétif; Constantine à Batna; Oran à Sidi-bel-Abbès et Ras-el-Ma; Arzeu à Saïda, au Kreider et à Mecheria. De nouvelles sections sont ouvertes tous les ans. C'est ainsi que depuis quelques mois Alger se trouve relié à Constantine. D'un autre côté, les lignes algériennes se raccordent aux lignes tunisiennes à Souk-Ahras et l'on peut ainsi se rendre par chemin de fer d'Oran à Tunis. Plusieurs lignes doivent encore être construites, soit dans un intérêt purement commercial, soit dans un intérêt commercial et stratégique; les unes sont concédées, les autres instamment réclamées: d'Oran à Tlemcen et la frontière marocaine, de Mecheria à Aïn-Sefra et Igli, de Menerville à Tizi-Ouzou, Blida à Berroughia, de Bougie à Beni-Mansour, de Souk-Ahras à Sidi-el-Hemessi, de Batna à Biskra, Tougourt, Ouargla et Metlili..., etc. On a substitué pour les dernières concessions la voie étroite à la voie normale. C'est là une heureuse mesure qui aurait dû être prise plus tôt. La voie étroite coûte beaucoup moins cher à établir et rend tous les services nécessaires ; or il est préférable de construire dans les régions peu cultivées de l'Algérie deux ou trois kilomètres de chemin de fer à 80 ou 100,000 fr. le kilomètre qu'un kilomètre de voie normale au prix de 200 ou 250,000 fr. Ce qu'il faut souhaiter surtout, en effet, c'est que l'isolement des différentes villes entre elles prenne fin, c'est que les Hauts Plateaux soient rattachés à la côte, que des lignes stratégiques assurent nos frontières du côté du Maroc et du désert[1]. Plus tard, il

---

[1] Sur l'utilité des lignes stratégiques, voir le chapitre III.

Un ingénieur français, M. Lartigue, a présenté il y a deux ans, à l'Exposition d'Anvers, un « chemin de fer à rail unique surélevé », qui, s'il réalise toutes les espérances de son inventeur, pourra rendre de grands services dans toutes nos colonies et notamment dans le Sud algérien.

Le *Catalogue de l'Exposition coloniale française, à Anvers*, publié par le ministère de la marine et des colonies, décrit le système Lartigue de la façon suivante : « La voie Lartigue se compose d'un rail spécial, véritable lame d'acier laminé, placée de champ, très résistante par conséquent dans le sens vertical et très flexible dans le sens horizontal ; ce rail est soutenu à une hauteur au-dessus du sol, variable suivant les besoins (un mètre dans le modèle exposé), par une série de chevalets s'appuyant eux-mêmes sur des traverses en fer à U, qui forment le seul contact avec le sol... Les courbes qui peuvent être d'un rayon excessivement réduit, s'obtiennent sans matériel spécial par simple flexibilité. De même les aiguillages se font par simple transport de l'extrémité de la ligne principale, à l'une ou l'autre des lignes divergentes... Placés à *cheval* sur cette voie, roulent des véhicules (voitures de première et de deuxième classe, wagons à marchandises, etc...) Les moyens de traction sont la force animale, la vapeur, l'électricité... Le moteur à vapeur, étudié par M. l'ingénieur Mallet, est une heureuse adaptation de la locomotive ordinaire avec divers perfectionnements que la voie Lartigue a permis d'apporter à la construction et au roulement... Un des principaux avantages de la voie Lartigue est sa facilité d'installation presque sans terrassements et partant son bon marché à égalité des services demandés... »

conviendra de reprendre l'idée du Transsaharien afin de relier l'Algérie aux possessions françaises du Niger et du Sénégal.

On le voit, l'œuvre des travaux publics entreprise en Algérie, offre dans son ensemble des résultats satisfaisants [1]; mais elle est bien loin d'être terminée. Les administrateurs et les colons sont sur ce point unanimes; et toutes les dépenses faites seront certainement des dépenses productives car elles contribueront à mettre en valeur un riche pays, à permettre l'exploitation de ses nombreuses ressources. L'eau manque encore sur bien des points, certaines parties des forêts doivent être reboisées, d'autres reconnues, puis exploitées; le réseau des routes est insuffisant, celui des voies ferrées inachevé, les ports existants réclament des améliorations, de nouveaux doivent être construits. Ici, il faut aujourd'hui renoncer à récolter les alfas faute de route pour les conduire à la côte; là, un vil-

---

La voie Lartigue, grand modèle, reviendrait paraît-il, en Algérie, à 35 et 40,000 francs le kilomètre; la vitesse serait de 20 à 25 kilomètres à l'heure; la force de traction (poids du matériel non compris) de 80 à 100 tonnes. — Il est nécessaire, pour que l'on puisse juger si le « monorail Lartigue » suffit au transport des colonnes expéditionnaires, au ravitaillement des postes et aux exigences d'un commerce peu considérable, que de sérieuses expériences soient faites, entourées de toutes les garanties possibles.

On connaît, d'autre part, le chemin de fer Decauville, employé déjà depuis plusieurs années, qui, soigneusement établi, peut rendre d'utiles services dans les pays neufs.

Il serait très désirable que le monorail Lartigue ou le Decauville, voies ferrées d'une pose facile et d'un prix relativement peu élevé, puissent être adoptées sur de longs parcours en Algérie, en Tunisie et dans nos autres colonies.

[1] La France a créé en Algérie les ports de Beni-Saf, Alger, Oran, Bone, Philippeville. Ceux de Nemours, Mers-el-Kébir, Arzeu, Mostaganem, Ténès, Cherchel, Dellys, Bougie, Djidjelly, Collo, La Calle, ont été améliorés.

lage situé dans le Tell à 70 kilom. de Tizi-Ouzou est depuis quatre ans sans moyens de communication par terre ni par mer [1] ; plus loin s'étendent sur les Hauts Plateaux de vastes régions qui, si elles étaient arrosées, pourraient être mises en culture ou nourrir de nombreux troupeaux. Cent navires suédois et norvégiens débarquent annuellement dans les ports algériens pour plus de trois millions de madriers et de planches, pendant que des arbres magnifiques sèchent sur pied dans les montagnes. Certes il ne faut point oublier que la France n'est établie en Afrique que depuis cinquante-cinq ans, mais il importe de hâter tous ces travaux qui doubleront l'essor de la colonie. Les dépenses seront lourdes [2] : certaines pourraient être supportées par des compagnies à qui la colonie assurerait des garanties d'intérêts [3].

[1] Le village d'Azeffoun. — Un journal, La *Dépêche Algérienne*, du 18 juin 1886, a publié une lettre des habitants « réclamant à cor et à cri » une route et un port.
[2] Le rapport sur le budget de l'Algérie pour 1887, estime à 270 millions les dépenses nécessaires pour les travaux publics, chemins de fer non compris, soit : routes nationales, 9,000 kilomètres, 71 millions ; — ports, 82 millions ; — reboisement, 17 millions ; — barrages, 100 millions.
[3] Voir ce qui est dit plus loin du budget de l'Algérie et des nouveaux impôts qui pourraient y être établis : « VIII : *Ce qu'a coûté l'Algérie ; le budget de la Colonie* ».

VII

LES INSTITUTIONS DE CRÉDIT.

Parmi les questions les plus intéressantes que l'on rencontre dans l'étude des conditions nécessaires au développement d'une colonie de peuplement est celle du loyer des capitaux. Il ne suffit pas, il est à peine besoin de le dire, que dans les colonies de cette nature les terres soient à bas prix et la main-d'œuvre nombreuse, que des routes et des chemins de fer sillonnent le pays et assurent le facile transport des produits, il faut encore que l'argent y soit abondant, que le taux de l'intérêt n'y soit pas trop élevé. Il est, en effet, nécessaire à la prospérité des régions nouvelles que les colons puissent se procurer les capitaux indispensables pour la mise en valeur de leurs richesses. Le même besoin existe pour tous : les gros, les moyens et les petits colons, confiants dans l'avenir, tendent à livrer à la culture des terrains plus considérables que ne le permettraient les ressources dont ils disposent : le défrichement, la construction d'une maison d'habitation, d'une ferme ou d'un cellier, l'achat d'un matériel agricole, d'un troupeau ou d'une vaisselle vinaire coûteuse, la plantation de vignes ou de palmiers qui ne seront en rapport qu'après quelques années....., toutes ces opérations demandent, pour être menées à bien, d'abord, un capital de premier établissement, puis dans une certaine mesure, le concours du crédit.

C'est un phénomène d'économie politique bien connu que l'argent est plus cher dans un pays neuf que dans un vieux pays. Ce fait a trois causes principales. En premier lieu, les capitaux toujours timides, — et ils le sont particulièrement en France, — ne viennent pas en abondance dans les contrées primitives où les conditions générales de sécurité ne semblent pas suffisantes et où en même temps les emprunteurs ne paraissent pas offrir des conditions de sécurité « particulières à la personne » aussi sérieuses que les emprunteurs des sociétés plus avancées. Pour cette raison les possesseurs craignent de se dessaisir de leurs capitaux, de les perdre s'ils les laissaient sortir de leurs mains. En second lieu, n'est-il pas naturel que dans une société naissante, dans un pays neuf où tout est à créer, où la demande des capitaux doit être pendant une longue suite d'années considérable, ceux-ci soient infiniment plus productifs que dans une vieille société où le sol est en culture, l'industrie créée, où la plupart des œuvres d'une utilité de premier ordre sont achevées? Enfin, et cette raison pourrait presque se confondre avec la précédente, les colons pouvant espérer tirer d'une terre vierge et de richesses jusqu'alors inexploitées de très gros bénéfices, sont eux-mêmes disposés à offrir aux capitalistes un intérêt élevé de leur argent.

Après l'indication de ces causes, on ne saurait donc s'étonner de ce que l'argent est plus cher en Algérie qu'en France. Le contraire aurait tout lieu de surprendre et ne pourrait tenir qu'à des circonstances anormales autant que passagères.

L'Algérie possède quatre grandes sociétés financières : la Banque de l'Algérie, le Crédit Foncier et agricole d'Algérie, la Compagnie algérienne et les succursales du Crédit Lyonnais. Il faut citer en outre les Comptoirs d'Escompte locaux qui, réunis, présentent un chiffre d'affaires important. Les banquiers sont peu nombreux.

La Banque de l'Algérie, — banque d'escompte, de circulation et de dépôt, — a été créée par la loi du 4 août 1851. Son capital est aujourd'hui de 20 millions et ses billets en circulation représentent environ 60 millions de francs. Elle possède des succursales à Bone, Constantine, Oran, Philippeville et Tlemcen. La Banque de l'Algérie a depuis le premier jour de sa fondation rendu des services signalés, considérables même, — directement au commerce et à l'industrie, — indirectement, — puisqu'elle ne pouvait faire des prêts sur hypothèques ou sur récoltes, — à l'agriculture. Ses opérations n'ont pas cessé d'augmenter : en 1851-52 elle escomptait pour 8,700,000 fr. de billets; en 1861-62 pour 68 millions; en 1881-82, année de grande prospérité, pour 515,700,000 fr.; enfin en 1885-86 pour 525,300,000 fr. C'est là un chiffre extrêmement élevé; on le jugera tel surtout si l'on remarque, d'une part, qu'il a été atteint dans un pays où il n'a pas été recensé plus de 425,000 colons et, de l'autre, que le chiffre des escomptes de la Banque de France opérant sur toute l'étendue de notre territoire au milieu d'une population de 38 millions d'individus n'a pas dépassé, en 1886, 8,300,000,000 fr.

Le taux ordinaire des escomptes de la Banque de l'Algérie était de 6 0/0 à l'origine; il s'est ensuite abaissé à 5 et même à 4, en octobre 1879. Depuis le 1ᵉʳ avril 1882 il est à 5 0/0, ce qui constitue avec la Banque de France un écart de 2 fr., le taux de l'escompte de celle-ci étant à 3 francs[1].

Le Crédit Foncier et agricole d'Algérie est de fondation récente (décembre 1880 — au capital de 60 millions), trop récente même, car il eût été bien désirable qu'une grande institution de crédit, mît dès le lendemain de la conquête à la disposition de l'agriculture les capitaux dont elle avait besoin. Le but principal de cette société est de consentir des prêts, à l'aide de fonds qui lui sont fournis par le Crédit Foncier de France[2], aux départements, aux communes et aux propriétaires fonciers d'Algérie. Les prêts faits aux

[1] La Banque de l'Algérie n'exige pour escompter un billet que deux signatures alors que la Banque de France en demande trois.
La Banque de l'Algérie, dont les actions ont été émises à 500 francs, a distribué en 1886 un dividende de 80 fr. Ses actions valent environ 1,780 fr.
[2] Un lien étroit existe entre le Crédit Foncier de France et le Crédit Foncier et agricole d'Algérie. Celui-ci n'a pas à s'adresser directement au public pour se procurer des fonds dont il a besoin; il les reçoit du Crédit Foncier qui les lui avance, bénéficiant ainsi des conditions particulièrement favorables dans lesquelles cette institution peut faire appel au crédit.

départements, aux communes et aux douars n'entraînent pas nécessairement hypothèque, ceux faits aux particuliers sont au contraire toujours garantis par une première hypothèque. Le Conseil d'administration accorde aux colons, sur le rapport de ses inspecteurs chargés de visiter et d'estimer les immeubles, 50 et quelquefois 60 0/0 de la valeur de ces biens, maisons ou immeubles ruraux [1].

Le taux de ces prêts hypothécaires varie entre 5 1/2 et 6 1/2 0/0 suivant la situation des immeubles offerts en garantie; l'amortissement peut être échelonné sur cinquante années. Au 31 décembre 1885 le Crédit Foncier et agricole d'Algérie avait prêté 56 millions aux propriétaires fonciers et 16,700,000 fr. aux communes.

La Compagnie algérienne est née en décembre 1877 de la Société générale algérienne qui avait été fondée elle-même au mois d'octobre 1866 [2]. Son cercle d'action n'est

---

[1] On estime les maisons en tenant compte tant de la valeur du sol et des constructions, que de leur revenu locatif. On estime les terres arables en se préoccupant aussi bien de leurs produits que de leur qualité. Les terres plantées en vignes sont aujourd'hui considérées comme des terres de première qualité, dans la région où elles sont situées. Ainsi, dans une région où se trouvent à la fois des terres valant 500 fr. et d'autres valant 1,500 fr. l'hectare, un hectare de vignes est estimé 1,500 fr. et entraine un prêt de 750 fr.

[2] La Société générale algérienne, fondée par MM. Frémy et Talabot, avec l'appui et le concours du gouvernement impérial, devait, dans l'esprit de ses auteurs, hâter considérablement les progrès de l'Algérie. Elle mérite une rapide mention :

Les dispositions principales de l'acte constitutif étaient les suivantes : la Société s'engageait : 1° à réaliser à la réquisition du gouvernement, dans les proportions qu'il jugerait nécessaires et jusqu'à concurrence de 100 millions, dans le délai de six années, les sommes qu'elle devrait employer à des entreprises industrielles et agricoles, travaux publics, exploitations de mines, de terres et de forêts, exécution de barrages et de canaux d'irrigation, établissement d'usines; 2° à mettre à la disposition de l'État une autre somme de 100 millions, qu'il devrait employer dans le délai de six années à l'exécution

pas restreint aux opérations financières. Propriétaire des 96,000 hectares que possédait la Société générale algérienne elle a pour principal objet de vendre ces terres ou de les mettre en valeur. C'est ainsi que depuis sa fondation elle a vendu 14,000 hectares de terre, loué à des fermiers des domaines importants, planté plusieurs centaines d'hectares en eucalyptus et en vignes... Toutefois les opérations financières auxquelles se livre la Compagnie algérienne ne cessent pas d'être importantes : ses agences établies à Alger, Bone, Constantine, Oran, Blida, Sidi-Bel-Abbès, Bougie, Mostaganem et Sétif escomptent les billets et les warrants, consentent des avances sur marchandises et sur garanties hypothécaires. Le taux de l'escompte varie entre 6 et au maximum 8 0/0 suivant la surface présentée par l'emprunteur. En 1885 les effets escomptés représentent une somme de 122,550,000 fr. Les avances sur hypothèques et sur marchandises qui s'élevaient en 1882 à 9 millions sont tombées aujourd'hui à 6. On peut voir la cause de cette décroisssance dans l'installation du Crédit

de grands travaux d'utilité publique, routes, ports, chemins de fer, canaux... L'État s'engageait à rembourser les avances qui lui étaient faites au moyen d'annuités calculées au taux de 5 fr. 25 et comprenant la somme nécessaire pour assurer l'amortissement en cinquante ans; 3° enfin, l'État promettait de vendre à la Société 100,000 hectares de terre moyennant un prix fixé à 1 franc de rente par hectare et par an, payable pendant cinquante ans.

Cette convention ne reçut jamais son plein effet par suite de différentes causes : la guerre de 1870, l'insurrection de Kabylie, certaines spéculations de la Société, etc., et aussi par ce fait que l'État n'adressa jamais à la Société la réquisition visée dans le paragraphe 1er.

En résumé, la Société générale algérienne a reçu les 100,000 hectares qui lui avaient été promis et avancé 87 millions à l'État pour travaux publics en Algérie. Elle a liquidé en décembre 1877 : le remboursement des sommes qu'elle a avancées au Trésor est inscrit chaque année au budget ; les 96,000 hectares qu'elle possédait ont été achetés par la Compagnie algérienne.

Foncier et agricole d'Algérie dont l'objet principal est précisément les prêts à longs et courts termes sur gages hypothécaires.

Le Crédit Lyonnais a établi des succursales à Alger et Oran. Le montant des effets escomptés à ses guichets en 1885 s'élève à 115,341,000 francs.

Les Comptoirs d'Escompte locaux créés au cours de ces cinq ou six dernières années dans plusieurs villes algériennes, dont quelques-unes d'importance secondaire, rendent de très utiles services en faisant l'office qui appartiendrait aux banques particulières s'il en existait. Leur organisation et leur but sont les suivants : les principaux colons d'une région se réunissent et fondent une Société anonyme dite « Comptoir d'Escompte » à un assez faible capital dont souvent un seul quart est versé. Ainsi établie sur ces bases modestes, la Société reçoit le papier des négociants, industriels ou agriculteurs de la région, tant européens qu'indigènes, qui lui paraissent offrir des garanties suffisantes; après l'avoir endossé, elle le présente aux guichets de la Banque de l'Algérie. Le « Comptoir » est ainsi la « seconde signature » exigée par la Banque. Celle-ci escompte à 5 0/0 les effets qui lui sont présentés; le Comptoir prélève à titre d'intermédiaire une commission de 2 ou quelquefois 3 0/0, ce qui met l'argent demandé par l'emprunteur à 7 ou 8 0/0. En 1885, le montant des effets escomptés par tous les Comptoirs — à l'exception d'un seul qui n'a pas fait connaître le chiffre de ses opérations, — est de 81,439,000 francs.

Il résulte des courtes notices que l'on vient lire sur les principales Sociétés financières et sur les Comptoirs d'Escompte opérant en Algérie que les colons, négociants, industriels ou agriculteurs, peuvent se procurer l'argent dont ils ont besoin à un taux variant entre 5 et 8 0/0 au maximum. D'autre part, le Crédit Foncier et agricole consent des prêts hypothécaires au taux de 5 1/2 à 6 1/2 0/0 jusqu'à concurrence de la moitié ou même de 60 0/0 de la valeur des propriétés [1]. Ce sont là évidemment des conditions moins avantageuses que celles que l'on rencontre en France, où le Crédit Foncier prête 5 fr. 25 et où il est rare que, même dans les régions les moins favorisées, les propriétaires fonciers payent l'argent dont ils ont besoin plus de 5 1/2 ou au maximum 6 0/0. Toutefois, il convient de noter, — et c'est là une remarque intéressante en faveur de l'Algérie, — que le prix de l'argent est moins élevé dans notre colonie qu'en Australie et en Nouvelle-Zélande où cependant les capitaux sont très abondants. En Australie, le taux généralement exigé pour les prêts sur première hypothèque est de 6 0/0 et les premiers établissements de crédit maintiennent aux environs de 8 0/0 l'escompte des billets à deux signatures. En Nouvelle-Zélande, la Société financière la plus importante, la *New Zealand Loan and Mercantile Agency Company* qui consent aux propriétaires fonciers des prêts sur première hypothèque pour une durée variant entre cinq et sept années ne

---

[1] On peut rappeler aussi qu'une loi en date du 27 août 1881, a réduit de 10 à 6 0/0 le taux de l'intérêt de l'argent en Algérie, « tant en matière civile qu'en matière commerciale ».

demande pas moins de 7 à 8 0/0. Ce sont là des conditions beaucoup moins favorables que celles offertes par la Banque ou le Crédit Foncier d'Algérie [1].

Le rapprochement que nous venons de faire ne saurait nous interdire de souhaiter une baisse dans le loyer des capitaux en Algérie. Il est, en effet, très désirable pour le rapide développement du pays que les colons et aussi les indigènes [2] puissent se procurer l'argent dont ils ont besoin aux meilleures conditions possibles.

Certaines mesures, dont il n'est pas interdit d'envisager l'éventualité feraient certainement fléchir le taux de l'intérêt en Algérie ; nous indiquerons parmi celles-ci la fusion de la Banque de France et de la Banque de l'Algérie et la mise en vigueur dans notre colonie d'une législation terrienne calquée sur l'*Act Torrens*.

Nous craindrions de sortir du cadre de cette étude en développant ici les raisons de tout ordre qui peuvent être

---

[1] Il n'est pas sans intérêt de noter que le rôle de la *New Zealand Loan and Mercantile Agency Company*, en matière de prêts hypothécaires est plus large que celui de notre Crédit Foncier algérien. La Société anglaise, en effet, consent des prêts, non seulement sur les immeubles, mais aussi sur les troupeaux, les laines, les récoltes et « autres produits hypothéquables. » Tous ces gages peuvent être *légalement* constitués et s'ils venaient à être frauduleusement détournés, *eussent-ils passés par dix mains différentes*, les acheteurs ou les détenteurs sont tenus à restitution envers le bailleur hypothécaire. Une semblable législation empêche jusqu'à la tentative de fraude et donne toute sûreté au crédit.

[2] Les Sociétés financières et même les Comptoirs d'escompte acceptent peu le papier des indigènes dont elles connaissent rarement la situation et le crédit. Les Kabyles et les Arabes vivant près des centres sont presque toujours obligés de passer par l'intermédiaire de marchands d'argent qui leur prennent 11, 12, 13 0/0 ; quant aux Arabes de l'intérieur, ils sont la proie des usuriers juifs. On ne peut dire ce que leur coûte les faibles sommes qu'ils empruntent : 20, 25, 30 0/0 peut-être, et quand ils ne peuvent s'acquitter à l'échéance, leur prêteur les poursuit jusqu'à leur ruine.

invoquées en faveur de la fusion, souvent réclamée de la Banque de France et de la Banque de l'Algérie. Il suffit de dire qu'elle présenterait le double avantage de créer l'unité de la monnaie fiduciaire entre la France et sa colonie et de faire baisser en Algérie le taux de l'escompte.

En l'état actuel le billet de la Banque de France n'a pas cours en Algérie et les payements d'Algérie en France nécessitent l'achat de traites chez les trésoriers-payeurs des trois provinces. Le jour où la Banque de France pourra étendre ses opérations dans notre colonie ces difficultés cesseront et il en résultera, on le comprend, une grande simplification dans les affaires commerciales.

D'autre part il est permis de penser que rien ne s'opposera à ce que les succursales de la Banque établies en Afrique escomptent le papier à trois signatures, — ce sera là une différence avec la Banque de l'Algérie qui accepte les billets ne portant que deux signatures, — aux mêmes conditions qu'elles le font en France. Le taux de la Banque de France est de 3 0/0 à Bastia aussi bien qu'à Paris; pourquoi serait-il plus élevé à Alger, Oran ou Constantine ?

L'application d'une législation terrienne calquée sur l'*Act Torrens* n'est pas moins désirable que la fusion de la Banque de France et de la Banque de l'Algérie; nous dirons même qu'elle l'est davantage puisque sa première conséquence doit être, ainsi que nous l'avons montré[1], de constituer la propriété privée, de permettre les achats et

---

[1] Voir ce qui est dit plus haut, p. 48, et le chapitre suivant, sur la loi foncière tunisienne.

les ventes. L'intérêt qu'elle présente au point de vue du crédit à l'agriculture n'en est pas moins considérable. En effet, s'il est difficile aujourd'hui aux colons agriculteurs de se procurer les fonds dont ils ont besoin, si le Crédit Foncier et, dans une faible mesure, la Compagnie algérienne sont les deux seuls établissements faisant des prêts aux propriétaires fonciers, c'est que les capitaux ne sont pas assez abondants, c'est que les rentiers français hésitent encore à envoyer leur argent dans notre colonie africaine. La sécurité dont elle jouit, sa prospérité grandissante, les promesses que donne la vigne n'ont pas toujours raison de leur timidité. L'adoption du système de Torrens leur donnerait une sûreté nouvelle. Le jour où l'emprunteur pourra déposer aux mains du prêteur son titre même de propriété en garantie des avances qui lui seront consenties n'est-il pas certain que celui-ci recevant une couverture spéciale hésitera moins à prêter et même réclamera un intérêt moins élevé? On pourrait faire plus encore en autorisant la création de « bons hypothécaires » garantis par l'immeuble et transmissibles par voie d'endossement[1]. Nous

[1] Le projet de loi sur le régime de la propriété foncière en Algérie, étudié par une Commission nommée par le Gouverneur général, prévoit la création de ces « bons hypothécaires » :

Le « conservateur de la propriété foncière » est autorisé à délivrer des bons hypothécaires détachés d'un registre à souches. L'émission de ces bons se réalise sous deux formes : 1° elle peut être obtenue avec le consentement du propriétaire par le créancier déjà nanti d'un titre hypothécaire (il s'agit là d'un prêt à plus ou moins long terme, inscrit sur le titre de propriété et non d'un prêt à court terme, n'entraînant pas d'inscription, mais seulement la remise du titre). Il lui est permis de transformer sa créance en un titre unique ou de la diviser en plusieurs « bons hypothécaires, » suivant les exigences de son crédit; — 2° le propriétaire qui n'a pas encore emprunté mais qui veut se ménager du crédit pour l'avenir a la faculté de se faire délivrer des bons

avons dit déjà qu'un projet de loi sur le régime de la propriété foncière en Algérie avait été préparé au gouvernement général; son examen et son adoption devraient être inscrites parmi les questions les plus urgentes puisqu'il répond à deux des besoins essentiels de notre colonie : la mobilisation du sol et le crédit à l'agriculture.

sur lui-même. Les titres ainsi créés, une fois endossés, pourraient circuler sous la garantie personnelle des divers endosseurs.

Ce système très ingénieux aurait, on le voit, l'avantage de permettre au détenteur d'une créance hypothécaire de battre monnaie avec son titre sans exproprier l'immeuble ou sans attendre l'échéance et au propriétaire lui-même de se procurer les avances dont il pourrait avoir besoin. C'est là donner au crédit foncier la souplesse et les facilités du crédit commercial, c'est le rendre accessible à tous ceux qui ne peuvent prêter à long terme; enfin, en élargissant le nombre des prêteurs, on diminuera naturellement le loyer des capitaux.

VIII

CE QUE L'ALGÉRIE A COUTÉ A LA FRANCE.
LE BUDGET DE LA COLONIE.

Au point où nous sommes arrivés de cette étude on voit dans leurs grandes lignes les résultats obtenus par la France en Algérie. Nous avons étudié l'installation de la race conquérante, le régime des terres, le développement des cultures et du commerce, les travaux publics, le crédit; on peut juger du chemin parcouru, de l'œuvre accomplie. Mais une question se présente à l'esprit, — et elle est trop importante pour que nous la négligions, — combien cette œuvre a-t-elle coûté à la Métropole?

Le chiffre est considérable : en cinquante-six ans, de 1830 à 1886, il a été dépensé en Algérie, pour tous les services civils et militaires, une somme totale de 4,764,336,754 fr. [1].

---

[1] Ce chiffre se décompose de la façon suivante :

DÉPENSES DES SERVICES CIVILS.

Dépenses d'administration générale.	179,137,908
Justice française et musulmane.	58,212,380
A reporter.	237,350,288

Les dépenses du ministère de la guerre entrant dans ce total pour 3,300,649,110 fr., il en résulte que l'administration, les travaux publics, la colonisation, l'ensemble des services civils en un mot, a coûté 1,463,687,644 fr.

Pendant la même période, les recettes du Trésor en Algérie, — car on a dès le premier jour confondu le budget de la colonie nouvelle avec celui de la France au lieu de constituer à notre possession africaine un budget propre qui aurait reçu annuellement une subvention métropoli-

Report.	237,350,288
Cultes (catholique, protestant, israélite, musulman)..	38,313,256
Instruction publique française et musulmane et beaux-arts...	27,303,182
Services maritime et sanitaire.	21,145,676
Agriculture, commerce et industrie..	10,518,780
Travaux publics ordinaires.	144,227,574
Travaux publics extraordinaires *(budget ordinaire et extraordinaire)*.	249,986,727
Colonisation..	138,525,779
Services financiers (frais de perception et remboursements).	248,351,162
Dépenses exceptionnelles de diverses natures...	36,073,286
Dépenses sur ressources spéciales.	46,702,859
DÉPENSES DES SERVICES MILITAIRES.	
Dépenses du ministère de la guerre (le mode d'établissement des comptes du ministère de la marine n'a pas permis de retrouver les dépenses faites par ce département en Algérie).	3,300,649,110
DÉPENSES EXTRAORDINAIRES.	
Garantie d'intérêts aux Compagnies de chemins de fer algériens et tunisiens (la part du réseau tunisien n'a pu être dégagée, mais elle n'est pas considérable).	98,569,467
Annuité aux obligataires de la Société générale algérienne..	86,076,904
Annuité à la Compagnie P.-L.-M. pour les chemins de fer qu'elle a construits en Algérie.	80,542,704
TOTAL GÉNÉRAL.	4,764,336,754 fr.

D'après un document publié par le ministère des finances dans le *Projet de Budget pour 1888.*

taine, — les recettes ordinaires et extraordinaires, se sont élevées à 1,164,612,503 [1].

Il résulte de ces chiffres, lorsque l'on fait venir en déduction du total des dépenses les recettes effectuées, que les dépenses *réelles, non remboursées*, atteignent 3,593,724,251. Si, enfin, on considère que les charges militaires, même après la conquête, doivent être supportées par la Métropole, on arrive à cette conclusion que l'ensemble des *dépenses civiles* seules est en excédent sur les recettes de près de 300 millions (299,075,141 fr. [2]).

Tels sont les chiffres. Nous reconnaissons que les résultats obtenus par la France sur la terre d'Afrique en un demi-siècle sont satisfaisants, que l'Algérie entretient avec sa Métropole un mouvement d'affaires considérable, source de profits pour nos capitalistes et nos industriels; il est toutefois permis de penser que les dépenses faites dans l'ancienne Régence d'Alger atteignent un chiffre singulièrement élevé. La France, nous l'avons dit dans un précédent ouvrage [3], colonise chèrement; elle dépense

---

[1] Ce chiffre se décompose de la façon suivante :

Produits et revenus ordinaires de l'Algérie. . . .	884,451,049 fr.
Contributions extraordinaires de guerre.	92,871,502
Produits universitaires et autres.	34,896,950
Recettes de fonds de concours.	18,560,916
Budget des dépenses sur ressources spéciales. . .	46,832,086
Versements de la Société générale algérienne. . .	87,000,000
TOTAL GÉNÉRAL.	1,164,612,503 fr.

[2] Les dépenses dites « de colonisation » qui s'élèvent à 138,525,779 fr., se décomposent en : subventions aux colons, frais d'émigration, matériel de culture, création de centres et de voies de communication, fontaines, écoles, églises, installation des colonies agricoles de 1848 et des Alsaciens-Lorrains, achats de terre, expropriations, indemnités de dépossession ou autres payées aux indigènes.

[3] *Les Colonies françaises*. Guillaumin, éditeur, Paris.

chaque année pour ses possessions d'outre-mer une somme bien supérieure — proportionnellement à leur étendue, — à celle que la Grande-Bretagne consacre à ses immenses colonies [1]. Les chiffres que nous venons de donner pour l'Algérie confirment cette opinion; ils la feront pénétrer profondément dans les esprits si l'on met en regard des dépenses supportées par la France en Algérie celles qui ont été faites par l'Angleterre en Nouvelle-Zélande.

La Nouvelle-Zélande est de toutes les colonies australasiennes celle qui a exigé de la Grande-Bretagne les sacrifices les plus considérables. Fondée en 1840 [2], elle a dû soutenir, pendant vingt-six ans, de 1844 à 1870, des guerres nombreuses et sanglantes contre les tribus aborigènes. Les Maoris, braves, intelligents, désireux de conserver leur indépendance, ne voulant point abandonner leurs

---

[1] En 1885, les dépenses supportées par le budget français pour nos colonies (l'Algérie et la Tunisie non comprises, ainsi que les sommes exigées par les expéditions du Tonkin et de Madagascar), s'élevaient à 46 millions, ce qui représentait une dépense de 16 fr. 41 par tête (colon, sujet ou protégé français). La même année, les dépenses inscrites dans le budget anglais (exercice 1885-86), pour les colonies britanniques étaient de 54 millions et demi de francs, ce qui représente une dépense de 20 centimes par tête.

Il faut noter, en outre, que les colonies anglaises ayant dû faire de nombreux emprunts sur le marché de Londres, afin de pourvoir à toutes leurs dépenses ordinaires et extraordinaires, payent annuellement dans la Métropole une somme d'environ 284,500,000 francs (chiffre de 1884), pour intérêt et amortissement de ces emprunts.

[2] C'est au mois de janvier 1840 qu'un lieutenant-gouverneur fut envoyé en Nouvelle-Zélande pour prendre possession des îles au nom de la reine. 2,000 colons y étaient alors établis.

On sait que la Nouvelle-Zélande est formée de deux grandes îles, l'île Nord et l'île Sud. Elles ont ensemble une superficie de 262,000 kilomètres carrés. — La superficie de l'Algérie est de 479,000 kilomètres carrés, sur lesquels 224,000 seulement dans la région du Tell et des Hauts Plateaux.

terres aux étrangers, opposèrent aux colons une longue résistance, attaquèrent et détruisirent plusieurs fois leurs établissements. C'est ainsi que, de 1861 à 1865, il y eut en Nouvelle-Zélande pour repousser les attaques des indigènes 10,000 hommes de troupes anglaises et 5,000 de troupes coloniales, cinq ou six vaisseaux de guerre de la la marine britannique et trois ou quatre de la marine zélandaise. On ne saurait évidemment comparer la résistance de 100,000 Maoris contre la colonisation anglaise et celle de 2 millions et demi d'Arabes contre la colonisation française [1]. Les premiers ont été anéantis, refoulés et semblent destinés à disparaître peu à peu au contact de la race européenne [2]; les seconds, au contraire, demeurent après leur soumission sur le sol qu'ils possédaient, vivent, se multiplient et forment l'élément principal d'une population dans laquelle les colons ne représentent qu'une faible minorité.

Nous avons insisté au début de ce chapitre sur le caractère spécial de notre établissement au milieu d'une race nombreuse, guerrière, sur ce que nous avons appelé le « vice originel » de notre grande possession africaine; si nous rappelons les luttes des colons zélandais contre les Maoris, c'est dans le seul but de montrer que ces luttes occasionnant des dépenses militaires, l'Angleterre s'est trouvée dans l'obligation de soutenir sa co-

[1] En 1846, il y eut en Algérie 107,000 hommes de troupes; c'est le plus fort effectif qui ait été atteint. Les dépenses du ministère de la guerre s'élevèrent à 92,471,000 francs.
[2] On estime que les Maoris étaient au nombre d'environ 100,000 en 1840; ils ne dépassent pas aujourd'hui 40,000 individus.

lonie naissante pendant un assez grand nombre d'années.

De 1844 à 1873—date des derniers subsides—le gouvernement britannique a dépensé pour la Nouvelle-Zélande une somme totale de 6,733,901 £, soit 168,347,525 fr., sur lesquels 163,467,700 fr. pour les charges militaires et navales et 4,879,825 fr. pour les charges civiles [1].

On voit combien ont été faibles les sacrifices de la Métropole. Les colons se sont ainsi trouvés, dès les premières années, dans l'obligation de subvenir aux dépenses si nombreuses et si nécessaires que réclame une colonie de peuplement. C'est ainsi qu'en 1856 la Nouvelle-Zélande fit sur le marché de Londres un premier emprunt de 500,000 £ (12,500,000 fr.) au taux de 4 0/0 avec la garantie de la Métropole [2]. Trois ans plus tard, en 1859, elle dut contribuer aux dépenses militaires et navales exigées par les guerres contre les Maoris, de telle sorte que le budget colonial a supporté de ce chef, de 1859 à 1873, une charge totale de 93,222,825 fr., alors que dans la même période celle supportée par le budget anglais était de 132,997,125 fr.

[1] Dépenses militaires. . . . . 5,953,637 liv. st.
Dépenses navales. 585,071
Dépenses civiles.. 195,193

TOTAL GÉNÉRAL. . . . . 6,733,901 liv. st.

Ces chiffres et les suivants sont dus à l'obligeance de sir Francis Dillon Bell, Agent Général de la Nouvelle-Zélande à Londres, qui a bien voulu les relever dans les nombreux documents où ils se trouvent dispersés. Nous sommes heureux de lui adresser tous nos remerciements.

[2] L'Angleterre a garanti la totalité du premier emprunt et seulement une partie des emprunts de 1863 et 1870, soit au total une somme de 1,200,000 liv. st. — De 1856 à 1870, la Nouvelle-Zélande a fait plusieurs emprunts non garantis, aux taux de 6, 5 et 4 1/2 0/0.

De 1856 à 1886, la Nouvelle-Zélande a emprunté pour faire face à toutes ses dépenses militaires ou civiles, construire des routes, des ports, des chemins de fer, aider au développement de la colonisation, une somme totale de 36,552,722 £, soit près d'un milliard de francs (913,817,950 fr.[1]). Le service de cette dette exige, pour intérêt et amortissement, l'inscription dans le budget colonial de 1886-87 d'un crédit de 40,362,500 fr.

On ne saurait établir une comparaison, nous l'avons déjà dit, entre la Nouvelle-Zélande et l'Algérie; la première est une colonie de peuplement dans laquelle les indigènes ont pu être refoulés après des guerres assez longues, à la vérité, mais qui n'ont point réclamé un déploiement de forces considérables, où le chiffre de la population européenne dépasse considérablement celui de la population indigène; la seconde est une *colonie mixte* d'une nature spéciale, ayant un « vice originel », dont la conquête a été difficile, dans laquelle l'élément européen est et sera toujours très inférieur à l'élément indigène. Nous avons pensé toutefois qu'il n'était pas sans intérêt de mettre en regard les dépenses faites par l'Angleterre en

---

[1] La Nouvelle-Zélande est le pays le plus endetté du monde, proportionnellement à sa population, mais l'exactitude avec laquelle il s'acquitte de ses charges, sa prospérité générale, sont pour les capitalistes anglais une garantie suffisante. La colonie trouve les sommes dont elle a besoin à des conditions très favorables et ses titres se négocient au « Stock Exchange » au-dessus du pair.

Ses derniers emprunts sont les suivants :

1871.	Emprunt de	£ 4,000,000	à 5 0/0,	émis à £ 95,16,9		pour £ 100
1879.	»	5,000,000	»	97,10,0		»
1883.	»	1,000,000	4 0/0	98,12,5		»
1886.	»	1,587,000		97,05,0		»

Nouvelle-Zélande et celles faites par la France en Algérie. Il en ressort d'une façon certaine, indiscutable, que le gouvernement britannique est plus habile, plus économe que le nôtre, qu'il excelle a fonder de riches colonies sans imposer de lourdes charges à la Métropole. La Nouvelle-Zélande paye aujourd'hui toutes ses dépenses et sert aux capitalistes anglais une rente annuelle de plus de 40 millions de francs; l'Algérie, au contraire, coûte chaque année à la Métropole une somme de plus de 20 millions, — il faudrait dire de 75 millions si l'on comptait les dépenses militaires [1].

La constatation d'un pareil résultat conduit naturellement à rechercher quels impôts payent les indigènes et les Européens en Algérie, quelles recettes réalise le Trésor dans notre colonie, et enfin, s'il ne serait pas possible

[1] Voir plus loin.

On pourrait encore ajouter que l'importance des emprunts de la Nouvelle-Zélande, l'exactitude de ses payements, présentent depuis longtemps l'avantage de donner confiance aux industriels, aux négociants, aux capitalistes anglais qui n'hésitent point à nouer des relations avec elle ou à y engager des capitaux. A ce point de vue, il est peut-être permis de penser, que si le Gouvernement français avait donné à l'Algérie un budget propre, en recettes et en dépenses, — à l'exception toutefois des dépenses militaires qui auraient été laissées à la charge de la Métropole, — et l'avait mis, après quelques années, dans l'obligation de recourir au crédit public, comme la Nouvelle-Zélande, notre colonie aurait gagné à ce système d'être plus connue, plus appréciée en France qu'elle ne l'est aujourd'hui.

Il paraît intéressant de donner quelques chiffres statistiques sur la Nouvelle-Zélande :

Population de 1886, environ 600,000 Européens et 40,000 Indigènes.

Excédent de l'immigration sur l'émigration en 1884 : 9,321 individus.

Routes et chemins en 1886 : environ 16,000 kilomètres.

Chemins de fer en exploitation en mars 1885 : 2,536 kilomètres.

Commerce total en 1884 (importations et exportations réunies) : 366,388,875 fr., sur lesquels 227,314,275 fr., avec la Métropole.

d'obliger celle-ci à supporter une plus large part de ses dépenses.

Les indigènes sont soumis à des impôts directs spéciaux, conservés de l'administration du dey ou créés par la nôtre. Ils sont au nombre de quatre : l'*achour*, l'*hokor*, le *zekkat* et la *lezma*.

L'*achour* est un impôt sur les cultures. L'unité de surface est la charrue ou *djebda*, mesure agraire adoptée de tout temps par les Arabes ; elle représente l'étendue qui peut être cultivée par une paire de bœufs pendant la saison des labours. Sa superficie moyenne est de 10 hectares.

Dans la province de Constantine l'*achour* porte sur l'ensemble des cultures ; que la récolte soit bonne, médiocre ou mauvaise il se paye à raison de 25 francs par charrue. Dans les provinces d'Alger et d'Oran, l'*achour* porte également sur toutes les cultures [1], mais il n'est pas fixe, invariable ; on le perçoit, au contraire, suivant la qualité et la valeur présumée des denrées ; il représente environ le dizième de la récolte.

L'*hokor* ne se rencontre que dans la province de Constantine et ne frappe que les terres *arch* ; il vient en addition de l'*achour*. On peut le considérer comme un « loyer » payé par les « possesseurs » des terres *arch* reconnaissant

---

[1] Depuis le 1ᵉʳ janvier 1887 seulement. Avant cette date l'*achour* ne pesait que sur les grains (blé et orge) de telle sorte que les avoines, les cultures sarclées, les jardins, les vignes, les tabacs, les orangeries, olivettes et vignes étaient exempts. — Ces cultures sont désormais imposées, non d'après un tarif spécial, différent avec leur valeur, mais suivant les tarifs appliqués chaque année aux céréales.

au souverain un droit de « propriété » sur le sol. Cet impôt présente, à cause de son caractère de fixité, les mêmes inconvénients que l'*achour* de la province de Constantine Il est le plus souvent de 20 fr. par charrue[1].

Le *zekkat* est une taxe sur les troupeaux perçue sans distinction dans les trois provinces. Elle est actuellement de 4 fr. par tête de chameau, 3 fr. par bœuf, 0,20 cent. par mouton et 0,25 cent. par chèvre.

La *lezma*. C'est un nom générique appliqué à diverses contributions ; il comprend : 1° « L'impôt de capitation » spécial à la Grande Kabylie, acquitté par tous « les hommes susceptibles de porter les armes c'est-à-dire en âge de concourir aux charges de la commune ». Les indigents en sont exempts, les autres payent suivant leur fortune 5, 10, 15, 50 et 100 fr.[2]. L'impôt de capitation est le seul qui soit perçu en Kabylie ; les indigènes y sont dispensés de *l'achour* et du *zekkat*. — 2° La taxe sur les palmiers-dattiers qui existe seulement dans les provinces d'Alger et de Constantine. Chaque pied d'arbre en rapport doit suivant les régions 25, 30, 35, 40 et 50 centimes. — 3° Dans le sud de nos possessions quelques territoires sont assujettis au payement de sommes fixes, calculées tantôt d'après le nombre des palmiers en rapport, tantôt d'après le nombre des palmiers et celui des bestiaux.

Des centimes additionnels ordinaires et extraordinaires

---

[1] Il résulte de cet état de choses que dans la province de Constantine, les terres *arch* payent généralement 45 fr. par charrue (25 fr. d'*achour* et 20 fr. d'*hokor*), tandis que pour une même superficie, les terres *melck* ne payent que 25 fr.

[2] Ce tarif est appliqué depuis le 1ᵉʳ janvier 1887.

peuvent être ajoutés au principal des quatre contributions indigènes.

En 1886 ces contributions sont évaluées au budget[1] pour une somme totale de 16,301,853 fr. dont 6,848,954 fr. seulement reviennent au Trésor[2].

Tandis que les indigènes payent l'impôt direct pour leurs cultures, pour leur bétail, pour leurs palmiers ou une taxe de capitation qui remplace ces impôts, les Européens ne sont assujettis à aucune taxe ni pour leurs cultures, ni pour leur bétail, ni pour leurs palmiers et ne doivent acquitter aucun droit de capitation.

Deux impôts directs seulement les atteignent : les patentes et la contribution foncière sur les propriétés bâties[3].

Un décret du 26 décembre 1881 a rendu applicable à l'Algérie, sous certaines modifications, la loi du 15 juillet 1880 sur les patentes ; une recette de 1,605,514 fr. est

---

[1] Pour cet examen des recettes et des dépenses de l'Algérie en 1886, nous avons suivi le budget « voté » de l'exercice 1886.

[2] Dans le chiffre total des contributions indigènes — 16,301,853 fr. — 14,547,908 représentent le « principal brut » et 1,753,945 fr., les « centimes additionnels ».

Sur le « principal brut » une première part est prélevée (850,000 fr.) pour les chefs collecteurs chargés de faire rentrer l'impôt. Le « principal net » (13,697,908 fr.) est ensuite réparti par moitié (6,848,954) entre l'État et les départements. Les budgets départementaux sont presque exclusivement alimentés par cette attribution qui leur est faite sur les contributions arabes.

Les « centimes additionnels » comprennent 1,000,000 pour « la constatation et la constitution de la propriété individuelle indigène » et 753,945 fr. pour le « service de l'assistance hospitalière ».

[3] Il faut mentionner encore les redevances sur les mines, les droits de vérification des poids et mesures, les droits de visites des pharmacies et drogueries. Mais ces taxes « assimilées aux contributions directes » sont d'un faible rendement : elles figurent au budget de 1886 pour 176,698 francs.

prévue de ce chef au budget de 1886. D'un autre côté, la loi du 23 décembre 1884 a établi à partir du 1ᵉʳ janvier 1885 une contribution foncière « sur les maisons, usines et généralement sur toutes les propriétés bâties situées en Algérie ». Toutefois, elle a décidé en même temps que le « principal » de cette contribution, — fixé à 5 0/0 du revenu net imposable, — ne serait pas perçu ; sur ce *principal fictif* sont calculés des centimes additionnels qui alimentent les budgets départementaux et communaux. En 1886 ils ont produit 1,871,694 fr.

Ainsi, des deux impôts directs auxquels sont soumis les Européens, le premier seul (les patentes 1,605,514 fr.) est versé dans les caisses du Trésor, le second (la contribution foncière 1,871,694 fr.) abandonné à la colonie. Il convient de remarquer que l'un et l'autre n'atteignent pas exclusivement les colons, ils en payent seulement la plus forte partie. En effet, les indigènes exerçant une industrie sont soumis à la patente[1] et ceux possédant des constructions que l'administration range parmi les « propriétés bâties » à la contribution foncière.

Après les contributions directes viennent les contributions indirectes : ce sont les droits d'enregistrement et de timbre — moins élevés qu'en France, — la taxe de 3 0/0 sur le revenu des valeurs mobilières, les droits de douane et les contributions diverses[2]. Ces différentes taxes ont

[1] Le décret du 26 décembre 1881 vise les indigènes comme les Européens ; il contient seulement quelques dispositions de détail dont bénéficient les patentés musulmans.

[2] Afin de présenter dans son ensemble le système fiscal de l'Algérie, de rendre complète l'émunération des impôts qui y sont perçus, nous mentionnerons ici trois taxes importantes qui sont des taxes locales et ne paraissent

rapporté au Trésor en 1886 une somme de 21,481,841 fr. Il faut encore noter, ainsi que nous l'avons fait déjà pour les impôts directs européens, que si les impôts indirects sont surtout payés par les Européens ils ne le sont pas par eux seuls. Ils atteignent aussi les indigènes quoique dans une proportion moindre.

Pour compléter l'énumération des sources de revenus que possède l'État en Algérie il reste à mentionner les « produits des monopoles et exploitations industrielles de l'État », les « produits et revenus du Domaine », les « produits divers du budget », les « recettes d'ordre » et les « autres produits ordinaires »; c'est au total 11,977,251 fr.

En résumé, le Trésor a recouvré dans notre colonie en 1886, 42,088,258 fr.

Afin de suivre le budget que nous analysons tel qu'il est dressé, il faut joindre à ce chiffre qui est celui des *re-*

---

pas dans le budget de l'État : l'octroi de mer, le droit intérieur sur les alcools et la taxe sur les loyers.

L'octroi de mer s'applique sans distinction de nationalité ni de provenance aux marchandises qui entrent en Algérie par les ports. A la différence du droit de douane, il n'a aucun caractère protectionniste, il est simplement fiscal. Le produit de cette taxe est réparti entre toutes les communes de la colonie suivant le chiffre de leur population et la proportionnalité dans cette population de l'élément européen et de l'élément indigène. — Depuis le décret du 26 décembre 1884, l'octroi de mer n'est plus perçu que sur les denrées coloniales (café, sucre...), les marrons, les huiles minérales, l'alcool pur, contenu dans les esprits, liqueurs (et non dans les vins) et les bières. — En 1886 le rendement de cette taxe s'est élevé à 5,784,223 fr.

Le droit intérieur sur les alcools de fabrication algérienne a été établi par le décret du 26 décembre 1884, le même qui soumettait à l'octroi de mer les alcools venant du dehors et afin que la production indigène ne bénéficiât pas d'une situation privilégiée. Il est depuis le 1er janvier 1887 de 45 francs par hectolitre d'alcool pur; pendant l'année 1886, il n'a été perçu que moitié du droit. — En 1886, il a donné 744,954 fr. qui ont été répartis entre les communes comme le produit de l'octroi de mer.

La taxe sur les loyers date de 1848 (arrêté du 4 novembre). C'est un impôt

cettes réelles [1] une somme de 4,475,639 fr. représentant des « ressources spéciales », qui n'entrent pas dans le Trésor et sont inscrites « pour ordre » (part des chefs collecteurs dans les contributions arabes, centimes additionnels à ces contributions et contribution foncière sur les propriétés bâties). C'est ainsi que le budget de 1886 évalue le « total général des recettes ordinaires et extraordinaires », entrées dans le Trésor ou figurant dans ses écritures à 46,563,897 fr. [2].

de quotité perçu exclusivement au profit des communes. Il a pour base le loyer brut de l'habitation ; le taux d'imposition peut varier de 1 à 10 0/0. Dans la pratique il descend rarement au-dessous de 5 0/0, les communes ayant besoin de se créer des ressources. Le plus souvent, le taux d'imposition est le même pour tous les loyers reconnus imposables dans une commune ; quelquefois cependant il est progressif, mais sans jamais dépasser 10 0/0. Cette taxe sur les loyers est appliquée dans toutes les communes « de plein exercice », mais elle ne s'étend pas aux communes « mixtes » et « indigènes ». — En 1886, elle a rapporté 1,652,498 francs ; le taux moyen d'imposition dans les trois départements était de 6 fr. 59 0/0.

[1] Nous disons « recettes réelles » et cependant ce mot n'est pas d'une exactitude absolue, puisque parmi les « autres produits ordinaires » figurent les retenues faites aux fonctionnaires en vue de leur pension de retraite. Cette retenue ne représente pas « une recette », mais plutôt un « ajournement de payement ». On pourrait trouver, d'ailleurs, dans les dépenses du ministère des finances, une somme représentant les pensions payées annuellement aux anciens fonctionnaires ayant servi en Algérie.

[2] Le tableau suivant présente dans l'ordre qui nous a paru le plus rationnel les sommes figurant dans ce « total général des recettes ordinaires et extraordinaires ».

Recettes faites par le Trésor en Algérie (budget ordinaire).

Contributions arabes.	6,848,954 fr.
Patentes.	1,605,514
Mines, poids et mesures, pharmacies.	176,698
Impôts et revenus indirects.	21,481,841
Produits des monopoles et exploitations industrielles de l'État.	4,882,500
Produits et revenus du Domaine.	2,694,334
Produits divers du budget.	1,545,581
Recettes d'ordre.	1,048,701
A reporter.	40,284,123 fr.

Deux observations se dégagent du rapide examen de ce système fiscal : les impôts indigènes sont mal établis,— les colons semblent moins chargés que les indigènes proportionnellement à leurs facultés.

Nous craindrions de nous laisser entraîner trop loin en nous livrant à la critique des contributions indigènes, mais quelques remarques s'imposent à l'esprit.

Tout d'abord ces contributions paraissent assez lourdes : elles ne sont point supportées, en effet, par les 3,260,000 indigènes recensés, mais seulement par ceux qui possèdent un champ ou un troupeau. Quel est leur nombre ? On l'a quelquefois estimé à 1,500,000. Une somme de 16,300,000 fr. payée par 1,500,000 individus représenterait 10 fr. 80 d'impôt direct par tête sur une population qui est en général pauvre et dont la production est médiocre [1].

Mais, ce qui rend lourdes surtout les contributions

Report....	40,284,123 fr.
Autres produits ordinaires (produits universitaires, retenues faites sur les pensions civiles, produits divers).	1,804,135
TOTAL des recettes faites par le Trésor en Algérie..	42,088,258 fr.
Recettes portées au budget mais laissées à la disposition de la colonie (budget des dépenses sur ressources spéciales) :	
Part des chefs collecteurs dans les contributions arabes.........	850,000
Centimes additionnels aux contributions arabes (constitution de la propriété individuelle indigène et assistance hospitalière).............	1,753,945
Contribution foncière sur les propriétés bâties..............	1,871,694
TOTAL des recettes portées au budget mais laissées à la disposition de la colonie............	4,475,639 fr.
TOTAL GÉNÉRAL........	46,563,897 fr.

[1] Encore faut-il se souvenir que l'achour et la taxe de capitation sont augmentés depuis le 1ᵉʳ janvier 1887.

arabes, c'est qu'elles sont établies sur de mauvaises bases ou injustement réparties. La fixité de l'*achour* de la province de Constantine, la superposition dans cette même province de l'*achour* et de l'*hokor* pour les terres *arch* sont certainement regrettables; l'*achour* et le *zekkat* auxquels sont soumis les Arabes, paraissent plus lourds que la taxe de capitation payée par les Kabyles. On a depuis longtemps réclamé une refonte des contributions indigènes; c'est une œuvre délicate et qui exigerait de sérieuses études, mais il est désirable qu'elle soit entreprise.

Ce qui frappe plus encore que les vices des contributions arabes, c'est la situation privilégiée qui est faite aux Européens en matière d'impôts. L'indigène a sur bien des points été chassé de ses meilleures terres qui ont été données aux colons, l'argent dont il a besoin lui coûte 12, 15, 20 0/0 et plus, tandis que le colon fait escompter ses valeurs pour 5, 6, au maximum 8 0/0 et peut hypothéquer sa terre entre 5 1/2 et 6 1/2 0/0; très ignorant des procédés de culture et d'élevage, l'indigène tire moins de profits que le colon de son champ et de son troupeau, cependant le premier paye pour ses cultures, pour ses troupeaux, pour ses palmiers, ses oliviers, ses figuiers, sa vigne, tandis que toutes les exploitations agricoles du second sont exemptes d'impôts.

Cette observation mérite d'autant plus d'être retenue, la situation privilégiée faite aux Européens d'être discutée, que l'Algérie étant loin d'acquitter toutes ses dépenses, le contribuable français paye pour le colon algérien.

Nous avons dit que le budget de 1886 évalue les recettes

faites par le Trésor dans notre colonie à 42,088,258 fr.; la même année, celle-ci a coûté 117,390,896 fr., sur lesquels 40,492,863 fr. pour les dépenses civiles ordinaires, 21,658,797 fr. pour les dépenses extraordinaires et 55,239,236 fr. pour les dépenses du ministère de la guerre [1].

On voit combien l'écart est considérable entre les recettes et les dépenses de l'Algérie. Il est au total de

DÉPENSES DES SERVICES CIVILS.

Finances.	6,350,655 fr.
Justice.	3,105,642
Intérieur (déduction faite d'une somme de 753,945 fr. représentant une recette égale provenant des centimes additionnels aux contributions indigènes pour l'assistance hospitalière et ne devant pas être considérée comme une « dépense réelle » du Trésor).	11,368,766
Marine (services maritime et sanitaire).	87,284
Instruction publique et Beaux-Arts.	2,611,200
Cultes.	1,217,340
Travaux publics.	7,806,832
Commerce et industrie.	214,370
Agriculture.	2,889,349
Postes et télégraphes.	4,841,425
TOTAL *des dépenses des services civils.*	40,492,863 fr.

DÉPENSES CIVILES EXTRAORDINAIRES.

Garantie d'intérêts aux Compagnies de chemins de fer algériens et tunisiens	13,000,000	
Annuité aux obligataires de la Société générale algérienne.	4,997,765	
Annuité à la Compagnie P.-L.-M. pour les chemins de fer qu'elle a construits en Algérie.	3,661,032	
TOTAL *des dépenses civiles extraordinaires.*	21,658,797	21,658,797 fr.
TOTAL *des dépenses civiles ordinaires et extraordinaires.*		62,151,660 fr.

DÉPENSES DES SERVICES MILITAIRES.

Ministère de la guerre (il n'est pas possible de dégager les dépenses du ministère de la marine en Algérie).	55,239,236
TOTAL GÉNÉRAL.	117,390,896 fr.

75,302,638 fr., et il atteint encore 20,063,402 fr. si l'on déduit les dépenses du ministère de la guerre pour les laisser entièrement à la charge de la Métropole.

Est-il juste que ces dernières dépenses soient toujours supportées par la France? On le soutient volontiers dans notre colonie, mais cette opinion peut difficilement se défendre. Pourquoi les Algériens n'entretiendraient-ils pas les troupes qui assurent leur sécurité? Pourquoi ne prendraient-ils pas leur part des charges militaires imposées à notre pays, des charges que supportent tous les Français de la Métropole? La seule réponse qui puisse être faite est que l'on ne saurait exiger aujourd'hui de l'Algérie, colonie toute jeune encore, en voie de développement, les énormes sacrifices qu'exige l'entretien d'un corps d'armée. Mais si notre colonie ne doit pas encore contribuer aux dépenses militaires, ne pourrait-elle pas tendre du moins à faire successivement face à toutes ses dépenses civiles extraordinaires, à les rembourser au Trésor par des recettes correspondantes[1]?

---

[1] Au budget de 1886, l'Algérie remboursait toutes ses *dépenses civiles ordinaires* et même un peu plus (42,088,258 fr. de recettes contre 40,492,863 fr. de dépenses). Mais les *dépenses civiles extraordinaires*, qui atteignent 21,658,797 fr., étaient presque entièrement supportées par la Métropole, la colonie n'y contribuant que pour la somme de 1,595,395 fr., excédent des recettes du Trésor sur les *dépenses civiles ordinaires*.

Ces dépenses extraordinaires comprennent, ainsi qu'il ressort du tableau des dépenses de l'Algérie, les garanties d'intérêt aux chemins de fer algériens et tunisiens pour insuffisance du rendement des lignes, l'annuité aux obligataires de la Société générale algérienne et l'annuité à la Compagnie P.-L.-M. pour les chemins de fer qu'elle a construits en Algérie.

On voit que l'Algérie est bien loin d'être entrée, vis-à-vis de la France, dans « l'ère des remboursements », comme l'écrivent volontiers quelques journaux de la colonie.

C'est ainsi que l'on est naturellement conduit à réclamer une augmentation des charges supportées par les colons, augmentation qui sera par contre coup un dégrèvement pour les contribuables métropolitains. Il ne s'agit point assurément de soumettre les Algériens à tous les impôts directs et indirects qui existent dans notre pays. Ce serait là une grosse injustice et peut-être la ruine de la colonisation. Il faut songer, en effet, que le colon venu souvent avec de faibles capitaux, doit défricher son champ, le mettre en valeur, que le travail est rude sur une terre nouvelle, que les erreurs, « les écoles », sont fréquentes, que les capitaux sont chers..... Ce sont là des raisons dont on ne saurait contester la justesse.

Faut-il rappeler, d'ailleurs, qu'un pays doit toujours consentir des dépenses importantes pour la fondation d'une colonie, dépenses dont il ne doit jamais espérer le remboursement direct? Elles sont, en quelque sorte, un placement à intérêt lointain, intérêt qui sera payé non sous la forme d'excédents de revenus versés dans le Trésor métropolitain, mais sous la forme d'un courant commercial, important, puis considérable, qui se créera peu à peu entre la Métropole et sa colonie. Ce mouvement commercial aura pour conséquence de fournir des matières premières à la Métropole, d'ouvrir de nouveaux marchés à son industrie, de développer son commerce, sa marine, d'assurer à ses capitaux des placements avantageux. C'est ainsi que, suivant le mot de Stuart Mill, la fondation d'une colonie « est la meilleure affaire dans laquelle puissent s'engager les capitaux d'un vieil et riche pays ».

S'il convient de ménager avec le plus grand soin une colonie naissante, de ne point la contraindre à s'imposer trop lourdement, il est permis lorsqu'elle a triomphé des difficultés du début, lorsqu'elle est en pleine croissance, de lui demander de contribuer aux charges que la Métropole s'impose pour elle. Nous sommes arrivés à ce moment pour l'Algérie; il n'est donc pas sans intérêt d'indiquer la voie dans laquelle il faudrait résolument entrer.

En France, toutes les terres sont soumises à l'impôt. Le cadastre a réparti les propriétés bâties en différentes classes, « terrains de qualité supérieure », « terres labourables », « vignes », « prés », « bois »...; chaque parcelle a été imposée suivant son revenu net. Le rapport entre la contribution foncière et le « revenu net imposable » devrait être partout de 5 0/0 en « principal », mais on sait que pour des causes très nombreuses tenant à la façon dont a été dressé le cadastre et à sa fixité ce chiffre est bien rarement exact. Dans une commune, la proportion du « principal » de l'impôt avec le « revenu net » est, — ces chiffres sont pris à titre d'exemples et parmi beaucoup d'autres, — de 3 fr. 25 et dans une autre de 6 fr. 51 ou de 9 fr. 06. Le taux du « principal », quel qu'il soit, est presque toujours doublé, quelquefois même plus que doublé, par les « centimes additionnels » départementaux et communaux. C'est ainsi que le propriétaire qui cultive les céréales ou la vigne doit abandonner au fisc 6 fr. 50, 13 fr. 02 ou même 18 fr. 12 pour 100 de son revenu; encore faut-il ajouter que la récolte du vigneron doit acquitter les droits de circulation, d'entrée ou de détail.

Existe-t-il un motif pour que le colon algérien demeure exempt de tout impôt, tandis que le paysan français supporte de semblables charges? Les vignes d'Algérie donnent 50, 60 hectolitres à l'hectare, les champs plantés en blés 6 quintaux 37 et plus lorsqu'ils sont bien cultivés; les olivettes, les orangeries, les palmeraies, les chênes-liége procurent des bénéfices importants. Ne serait-il pas juste en présence de pareils résultats de soumettre les colons à l'impôt foncier [1]. Des dispositions spéciales assureraient la justesse de cet impôt : c'est ainsi qu'on pourrait lui donner le caractère d'un impôt de « quotité » au lieu d'en faire comme il est en France un impôt de « répartition »; il conviendrait aussi d'exempter de l'impôt pendant une certaine période, — cinq ans par exemple, — les terres nouvellement défrichées, mais aucun privilège de cette nature ne devrait être accordé aux propriétaires — ils sont aujourd'hui trop nombreux, — de terres « cultivables non défrichées ».

[1] La « taxe de visite » sur les vignes d'Algérie dont l'établissement a été prévu par la loi du 28 juillet 1886 ne saurait être considérée comme un impôt foncier.

Cette taxe — qui peut s'élever jusqu'à 5 francs par hectare planté en vignes (à partir de la troisième année de plantation) et qui n'est pas encore perçue à l'heure actuelle — doit couvrir les frais de visite annuelle des vignes. La visite prescrite par la loi permet à l'administration de surveiller les vignobles et de prendre toutes les mesures de précaution jugées nécessaires contre le phylloxéra. On sait qu'une loi en date du 21 mars 1883, dispose que les propriétaires chez qui on aura reconnu le phylloxéra verront leurs vignes détruites; ils doivent, en compensation de cette mesure, recevoir du Trésor une indemnité qui pourra atteindre « la valeur du produit net de trois récoltes moyennes que ladite vigne aurait pu donner, déduction faite des frais de culture, de main-d'œuvre et autres que le propriétaire ou le vigneron aurait eu à faire pour l'obtenir ».

La question de l'introduction de l'impôt foncier en Algérie n'est pas nouvelle, on peut dire même qu'elle « est à l'étude » puisque le Conseil supérieur de la colonie a adopté au mois de février 1884 un avant-projet pour l'établissement d'une taxe foncière [1]. Mais les colons semblent redouter son application [2]. Il est cependant permis de penser qu'aucune raison ne peut être donnée en faveur d'un plus long ajournement; il faudrait pour qu'il devînt légitime que le vignoble algérien, jusqu'ici épargné, fût sérieusement atteint par le phylloxéra; nous aimons à espérer qu'un semblable désastre ne se produira pas.

Les commerçants sont soumis à la patente, les propriétaires d'immeubles bâtis à la contribution foncière; l'établissement d'un impôt foncier sur les propriétés non bâties atteindrait les propriétaires des biens ruraux. On a quel-

[1] Cet avant-projet disposait que l'impôt foncier sur les propriétés non bâties, serait, — comme celui existant sur les propriétés bâties, — perçu en centimes additionnels calculés sur un principal fictif. Les terres seraient divisées en quatre classes, d'après leur mode de culture : 1re classe, vignes, orangeries, jardins et vergers ; — 2° classe, terrains irrigués, olivettes, prairies, cultures industrielles permanentes ; — 3° classe, terres labourables, chemins de fer et canaux ; — 4° classe, pâturages, palmiers-nains, landes et friches, terres vagues, bois. On adoptait pour ces différentes classes les tarifs suivants : 6 francs, 2 fr., 1 fr. 0 fr. 15 c. Ces chiffres devaient servir de base à l'impôt.

[2] Le rapporteur du budget de l'Algérie, M. Étienne, député d'Oran, disait à la Chambre des députés (séance du 19 janvier 1887), après avoir rappelé que l'impôt sur la propriété bâtie a été établi il y a trois ans dans la colonie : « Nous vous prions instamment de permettre à l'Algérie de respirer un peu, de supporter pendant quelques années encore ce qu'elle vient d'accepter d'une façon si gracieuse et si aisée et j'espère bien que lorsque notre situation sera meilleure encore, lorsque le calme aura pu nous donner toutes les satisfactions que nous attendons, nous pourrons supporter de nouvelles charges ».

quefois observé qu'il serait équitable de faire payer une taxe spéciale, — représentant la contribution personnelle et mobilière de notre système fiscal, — aux colons qui ne sont ni commerçants ni propriétaires fonciers afin qu'ils ne demeurent point exempts d'impôt par un privilège difficile à justifier. Cette taxe, il faut le reconnaître, viendrait en addition de celle existant déjà sur les loyers ; peut-être cependant pourrait-elle être adoptée si on la fixait à un taux assez bas.

Ainsi, c'est vers l'application de l'impôt foncier sur les propriétés non bâties et d'une taxe personnelle sur les Européens ne devant ni la patente ni la contribution foncière qu'il faut tendre en Algérie [1]. La colonie, nous l'avons

---

[1] En Nouvelle-Zélande les colons sont soumis à un impôt sur le capital, la « *property tax* » ; c'est le seul impôt direct qu'ils aient à acquitter. Il est actuellement d'environ 6 shellings et 9 pence pour 100 livres, soit 8 fr. 40 pour 2,500 francs, soit encore 3 fr. 34 pour 1,000. Les individus possédant un capital de moins de 500 liv. st. sont exemptés de l'impôt.

Nous croyons intéressant de donner ici les lignes générales du budget de la Nouvelle-Zélande, en recettes et en dépenses, pour l'exercice 1886-87 :

RECETTES.

Douanes.	1,410,000 l. st.
Timbre et postes et télégraphes.	617,500
Impôt sur le capital *(property tax)*.	312,000
Accise des bières.	55,000
Recettes des chemins de fer (ils sont presque tous la propriété de la colonie).	1,150,000
Enregistrement et autres.	36,000
Marine (droits de phares).	13,000
Divers.	44,000
Licence de pâturages et loyers.	186,320
Émission d'obligations jusqu'à concurrence de la dette publique.	251,100
TOTAL.	4,074,920 l. st.

Soit 101,873,000 francs.

dit, est parvenue à un âge, à un degré de prospérité où elle peut contribuer plus largement qu'elle ne l'a fait jusqu'ici aux charges qu'elle impose à la Métropole; — mais il y a plus : il serait désirable que l'Algérie eût aujourd'hui à sa disposition les ressources nécessaires à l'achèvement de l'œuvre des travaux publics qui est loin d'être terminée. Ces ressources elle doit les trouver chez elle-même et non les attendre du budget français.

Il ne paraît pas, à la vérité, qu'elle songe à entrer dans cette voie nouvelle; elle se dispose, tout au contraire, à faire appel, une fois encore, à la générosité de la Métropole. Le Gouverneur général annonçait, en effet, au Conseil supérieur au mois de novembre 1886 qu'il avait demandé au Gouvernement l'abandon, au profit de la colonie, du tiers de ses recettes. Si cet abandon était consenti, ajoutait-il, l'administration algérienne recourrait à un

DÉPENSES.

Liste civile	29,750 l. st.
Intérêt et fonds d'amortissement	1,654,500
Dépenses faites en vertu de lois spéciales de la Législature	231,054
Législatif	17,390
Secrétaire colonial	155,725
Trésorier colonial	48,054
Ministre de la justice	117,194
Directeur général et commissaire des postes et télégraphes	273,717
Commissaire des douanes	88,997
Commissaire du Timbre	30,506
Ministre de l'instruction publique	382,914
Ministre des affaires indigènes	20,104
Ministre des mines	31,713
Ministre des travaux publics	799,560
Ministre de la Défense	189,030
TOTAL	4,070,208 l. st.

Soit 101,545,200 francs.

système d'emprunts à long terme, amortissables sur le tiers des revenus de l'Algérie, et en calculant d'après les plus-values passées, elle pourrait disposer ainsi successivement de 251 millions, ce qui représenterait une moyenne annuelle de 12,550,000 fr. à consacrer à des travaux productifs.

Le Gouvernement et les Chambres ne se prêteront certainement pas à ce projet. Les recettes du Trésor en Algérie sont déjà sensiblement inférieures aux dépenses qu'il acquitte pour les services civils; on ne voudra pas les diminuer d'un tiers. Aussi pensons nous que l'administration algérienne doit chercher la dotation qu'elle désire pour ses travaux publics dans l'application de l'impôt foncier et de la taxe personnelle; les ressources ainsi créées pourraient être, alors abandonnées pendant un certain temps au budget colonial, comme le sont déjà les produits de la contribution foncière sur les propriétés bâties.

Cette solution serait toute à l'avantage de l'Algérie. Si cependant les colons la repoussaient et préféraient retarder l'œuvre des grands travaux plutôt que de s'imposer des charges nouvelles, nous pensons que le Gouvernement n'en devrait pas moins demander aux Chambres le vote de l'impôt foncier et de la taxe personnelle. Mais alors les recettes obtenues, au lieu d'être laissées à la disposition de la colonie devraient être versées au Trésor où elles viendraient utilement en compensation d'une part des dépenses civiles extraordinaires de l'Algérie, qui, ainsi que nous l'avons montré, pèsent lourdement sur le budget métropolitain.

IX

L'ADMINISTRATION DE L'ALGÉRIE.

Il n'entre pas dans le plan de cet ouvrage d'étudier en détail le régime administratif de notre colonie, mais seulement d'en indiquer en quelques lignes les traits principaux.

On sait que l'Algérie a été placée depuis la conquête, tantôt sous le régime militaire, tantôt sous le régime civil. La troisième République reprenant les traditions de 1848 a restauré le régime civil (1870). Depuis, en vertu du décret organique du 26 août 1881, les divers services de la colonie ont été rattachés aux différents ministères de la Métropole, mais ce décret a été suivi d'arrêtés ministériels par lesquels les ministres ont délégué au Gouverneur général la plus grande partie des attributions qui leur étaient confiées. Les attributions du département de l'Intérieur sont de beaucoup les plus étendues: administration générale, administration départementale et communale en « territoire civil » et en « territoire de commandement », assistance hospitalière, police générale, colonisation, création de centres, travaux d'installation, routes départementales, chemins vicinaux, presse, imprimerie et librairie.

Le Gouverneur est assisté d'un « Conseil supérieur de Gouvernement » composé des chefs de service et de six conseillers généraux par département. Ces chefs de service sont : l'archevêque d'Alger, le Recteur d'Académie, le premier Président, le Procureur général, le Vice-Amiral commandant de la Marine, l'Inspecteur général chargé du service des ponts et chaussées, l'Inspecteur général chargé du service des finances, le Général commandant le Génie, les trois Généraux commandant les divisions d'Alger, d'Oran et de Constantine, les Préfets des trois départements, le Secrétaire général du Gouvernement et quatre « Conseillers de Gouvernement ». Cette petite assemblée, qui se réunit chaque année en novembre, entend un exposé de la situation générale de la colonie fait par le Gouverneur, examine une partie des états de dépenses afférentes à chaque ministère qui doivent être soumises aux Chambres et votées par elles. D'autre part, trois sénateurs et six députés représentent la colonie dans le Parlement.

L'Algérie est divisée en trois provinces comprenant chacune un « territoire civil » et un « territoire militaire ». Les territoires civils forment les trois départements et correspondent d'une manière générale à la région du Tell ; les territoires militaires ou « de commandement » embrassent la plus grande partie des Hauts Plateaux et le Sahara. Le territoire civil s'étend chaque année :

en 1886, il comprenait environ 12 millions d'hectares sur lesquels vivent 3,324,000 habitants[1].

Il y a trois sortes de communes. Les « communes de plein exercice », centres de population européenne, ont une organisation très semblable à nos communes de France. Les « communes mixtes », dans lesquelles domine la population indigène et où les Européens ne sont établis qu'en petits groupes, sont régies par des « administrateurs civils ». Enfin les « communes indigènes » peuplées exclusivement d'indigènes sont administrées par l'autorité militaire (c'est le « bureau arabe » moins le nom) et font partie, avec un petit nombre de « communes mixtes », des territoires militaires[2].

---

[1] En 1878 le territoire civil ne comprenait que 4,865,000 hectares, peuplés de 1,183,000 habitants.

[2] Toutes ces circonscriptions administratives sont très étendues, avec une population relativement considérable, mais clairsemée. On a, pour cette raison, songé dans ces dernières années à dédoubler les départements par la création de trois nouveaux.

X

CONCLUSIONS.

Nous devons en terminant, dégager des conclusions de cette étude sur l'Algérie.

On a dit avec beaucoup de raison, que si vingt à vingt-cinq années sont nécessaires pour le développement physique et intellectuel d'un homme, ce n'est pas trop d'accorder un siècle à une nation qui s'établit dans un pays nouveau à travers mille difficultés, puis s'impose la tâche de transformer des régions barbares et incultes en une colonie riche et florissante.

Les provinces australiennes comptent aujourd'hui près d'un siècle d'existence, alors que l'Algérie date seulement d'un demi-siècle. Cette raison suffirait seule pour interdire toute comparaison, mais d'autres ont déjà été données, lorsque nous avons montré les conditions très différentes dans lesquelles se sont trouvés ces deux pays au début de leur colonisation.

Faut-il ajouter que les premières cinquante années sont pour une colonie de peuplement et d'exploitation les plus difficiles à traverser, les plus ingrates? Si le pays est habité par des populations nombreuses, guerrières, il est nécessaire de le conquérir ; puis, il faut, en tous les cas, vaincre les difficultés d'acclimatation, chercher le régime économique et le régime administratif qui convient le mieux à la société nouvelle.

La période de la conquête, c'est-à-dire, des batailles, des combats, des insurrections, des haines de l'Arabe contre le colon a duré vingt-sept ans en Algérie. Lorsqu'elle a pris fin, celle des tâtonnements, des erreurs de la colonisation officielle était loin d'être close ; longtemps des concessions ont été données à des hommes auxquels manquaient les qualités nécessaires aux colons ; l'adoption du système de la vente des terres date de deux ans à peine.

Il faut se pénétrer de toutes ces choses quand on veut se prononcer avec impartialité sur l'œuvre de la France dans l'Afrique septentrionale. On juge alors que de sérieux et importants résultats ont été acquis.

L'ancienne Régence d'Alger qui, en 1830, n'était qu'un repaire de pirates, possède aujourd'hui une population de 425,000 Européens, sur lesquels 220,000 Français ; un million d'individus y parlent notre langue ou au moins peuvent s'en servir ; ses ports entretiennent avec les différents pays un mouvement total d'affaires de près de 425 millions dont 316,600,000 francs avec la Métropole [1]. Dans la région du Tell et dans quelques autres parties, l'Al-

---

[1] Chiffre du commerce général (316,627,074 fr.).

gérie est préservée de la sécheresse et mise en culture; plusieurs de ses richesses sont exploitées; 1,249,000 hectares appartiennent aux colons; la culture de la vigne donne les plus grandes espérances; des routes et des chemins de fer relient entre eux les centres principaux. La population indigène travaille et augmente; le rendement des impôts arabes ne cesse de croître; ce sont là des signes évidents de prospérité. Des voyageurs étrangers n'ont pas hésité, eux-mêmes, à reconnaître la valeur des résultats obtenus par la France [1].

Ces chiffres et ces faits méritent assurément d'être cités; ils donnent foi en l'avenir. L'œuvre n'est cependant point terminée; la colonie parvenue depuis quelques années à l'âge de l'adolescence entre dans sa seconde période cinquantenaire. Il faut qu'elle en sorte pleine de sève et de vigueur. L'élément français est aujourd'hui trop faible vis-à-vis de l'élément étranger; les richesses de la terre africaine, ses ressources, la variété de ses cultures ne sont pas assez connues dans notre pays, l'immigration des hommes et celle des capitaux ne sont point suffisamment actives; la constitution de la propriété individuelle et toutes les mesures dont le résultat doit être d'assurer des terres aux nouveaux venus sont des problèmes dont la

---

[1] Un voyageur russe qui a beaucoup étudié notre colonie, M. de Tchiatchef, a écrit : « Sous le rapport du don de la colonisation, la France n'a rien à envier aux nations les plus privilégiées; l'œuvre accomplie en Algérie, égalée très rarement, n'a été surpassée nulle part ». — « Quiconque a pu voir comme moi, dit le célèbre explorateur allemand Rohlfs, les prodigieux travaux exécutés par les Français en Algérie, n'éprouvera qu'un sentiment de pitié pour ceux qui, en présence de toutes ces œuvres admirables, oseraient encore prétendre que les Français ne savent pas coloniser ».

solution s'impose; la mise en valeur de toutes les ressources de la colonie exige l'achèvement des grands travaux publics, de l'eau et des routes. Enfin, et ce n'est point là une question d'importance secondaire, il faut que le Gouvernement adopte avec résolution, suive avec persévérance, à l'égard des indigènes une politique d'humanité, de justice, qu'il améliore leur situation morale et matérielle, qu'il les instruise et les élève, qu'il les « pénètre » de notre esprit et de notre civilisation, afin de bâtir sur la fidélité des Berbères et des Arabes l'empire de la France dans l'Afrique du Nord [1].

[1] Voir sur cette question le chapitre III. — *La France en pays musulman.* — *La question religieuse et la question indigène.*

II

LA TUNISIE

I. — Le traité de Kasr Saïd.

La Tunisie est une dépendance naturelle de l'Algérie. — Utilité de sa possession pour la France. — Anciennes relations de la France avec la Régence. — Le traité du 12 mai 1881.

II. — Des conditions dans lesquelles se développe la colonisation. — Le régime des terres.

Superficie et population de la Régence. — L'Algérie et la Tunisie. — Différences entre les conditions dans lesquelles se développe la colonisation dans ces deux provinces.

Formes de la propriété indigène. — La propriété individuelle. — Nécessité qu'il y avait de la mieux organiser. — La loi immobilière du 1er juillet 1885. — Ses principales dispositions sont empruntés à l'*Act Torrens*.

III. — Les richesses de la Tunisie. — Les premiers colons.

La Tunisie est comme l'Algérie une *colonie mixte*. — Fertilité du sol; ses produits. — Étendue des terres possédées par les Européens. — La grande et la moyenne propriété. — Intérêt que présenterait l'installation de petits colons français.

La culture de la vigne. — Espérances conçues. — Premiers résultats.

L'élevage et la culture des céréales.

Les oliviers.
Les forêts.
Les alfas.
La région du Sud et les palmiers dattiers.
Les gisements miniers.

IV. — Le Régime Économique.
Les impôts. — Les tarifs douaniers. — Les travaux publics.

Les impôts. — La France a trouvé en Tunisie un mauvais système d'impôts et de douanes. — La *medjeba*. — L'*achour*. — Le *kanoun*. — Les taxes de marchés ou *mahsoulats*. — Les « droits de sortie ». — Critique de ces impôts injustes et trop lourds. — Les réformes à entreprendre. — Ce qui a déjà été fait.

Les tarifs douaniers. — Entraves apportées au développement naturel du commerce entre la France et la Tunisie. — Les produits tunisiens soumis à notre « tarif général ». — Les produits français soumis aux droits d'importation de la Tunisie. — Anomalies résultant d'un pareil état de choses. — Il faut assimiler les produits tunisiens aux produits algériens à leur entrée en France. — Le traité de Kasr Saïd n'interdit pas à la France de faire entrer ses produits en franchise en Tunisie. — Le « précédent » des mesures adoptées par l'Autriche en Bosnie et en Herzégovine. — Urgence et avantages des réformes demandées.

Les travaux publics. — Il y a une grande tâche à accomplir. — Les routes et les chemins de fer. — L'insuffisance des moyens de communication entrave le développement de la colonisation. — Le port de Tunis. — Les lignes stratégiques. — Une « politique hydraulique ».

V. — Le mouvement commercial.

Le commerce de la Tunisie en 1885-1886. — Part de la France dans ce commerce. — Mouvement de la navigation.

VI. — Les Institutions de crédit.

La Banque de Tunisie et la succursale de la Compagnie algérienne. — Ces deux établissements ne peuvent satisfaire à toutes les exigences économiques de la Régence. — Nécessité d'installer en Tunisie une Banque d'émission. — Les prêts fonciers sous le régime de la nouvelle loi mobilière.

VII. — Ce que la Tunisie a coûté à la France.
Le budget de la Régence.

De 1881 à 1886 la France a dépensé 152,996,000 fr. en Tunisie. — Les dépenses militaires s'élèvent à 141,995,000 fr.
En 1886, les dépenses supportées par le Trésor sont de 10 millions.

Étude du budget tunisien de l'exercice 1886-1887. — Les recettes s'élèvent à 25,853,000 fr. et les dépenses à 25,852,000 fr. — Part faite aux travaux publics dans ce budget. — Elle est très insuffisante. — Il faut que l'administration du Protectorat assure au pays des ressources extraordinaires pour mener à bien l'œuvre des grands travaux.

VIII. — L'administration de la Tunisie.

Le Traité de Kasr Saïd complété par la Convention du 8 juin 1883. — Fonctionnaires indigènes et fonctionnaires français. — Les contrôleurs civils. — Principales réformes. — La suppression des Capitulations et la conversion de la dette.

IX. — Conclusions.

L'*annexion administrative* et l'*annexion morale*. — Avantages présentés par cette dernière. — Mesures par lesquelles on doit tendre à la réaliser. — Espérances données par la Tunisie.

I

LE TRAITÉ DE KASR SAÏD.

La Tunisie est une dépendance naturelle de l'Algérie ou mieux son prolongement au triple point de vue géographique, ethnographique et politique.

Aucun fleuve, aucune chaîne de montagnes ne séparent la province de Constantine de la Régence de Tunis; tout au contraire, le principal cours d'eau de la Régence, la Medjerda prend ses sources dans l'Aurès algérien et les deux lignes de l'Atlas qui parcourent notre colonie du sud-ouest au nord-est, pénètrent en Tunisie pour aller finir l'une au Ras ou cap Makki, l'autre au cap Bon. Les habitants du pays sont comme de l'autre côté de la frontière des Arabes et des Berbères; deux traits seulement les différencient de leurs voisins : ils sont moins belliqueux et d'habitudes plus sédentaires. Enfin, la Tunisie est la clef de l'Algérie; elle possède la frontière sud-est de notre grande colonie africaine,—frontière sans la possession de laquelle l'Algérie resterait exposée à toutes les agressions du Monde Musulman. Les véritables dangers pour notre domination sont, en effet, dans la Tripolitaine ; c'est par là que le Sahara et l'Algérie communiquent avec l'Orient et subissent son influence. Faut-il ajouter que l'annexion de la Tunisie par une puissance européenne, aurait constitué une menace pour nos provinces algériennes et en même temps exposé nos flottes au danger de se voir fermer la route de l'Extrême-Orient ? Si l'Italie qui possède la Sicile s'était fixée à Carthage, elle aurait dominé sur les deux rives de ce canal de Sicile, dont Malte garde déjà une entrée, mais dont l'autre entrée, ainsi que tous le parcours lui aurait appartenu. Ses cuirassés manœuvrant en croisière entre la Tunisie et la Sicile, auraient pu fermer le bassin de la Méditerranée orientale et la route de Suez aux flottes sorties de Toulon.

La France, puissance méditerranéenne, intéressée à l'abolition de la piraterie et de l'esclavage des chrétiens entra de bonne heure en rapports avec la Tunisie. Notre prépondérance dans ce pays, remonte à Louis XIV et Napoléon [1] ; elle s'affirma après la conquête de l'Algérie. Un bey visita la France en 1846 et appela une mission d'officiers français pour instruire son armée, un autre tenta sur nos conseils d'organiser son pays, un troisième, Mohammed el Sadok vint saluer Napoléon III à Alger, en

[1] Sous les règnes de Louis XIV et de Louis XV, les flottes françaises châtièrent à plusieurs reprises les pirates de la Régence.—En 1802, un traité fut signé par le bey d'alors, portant « que la nation française sera maintenue dans la jouissance des privilèges et exemptions dont elle jouissait avant la guerre, et comme étant la plus distinguée et la plus utile des autres nations établies à Tunis, elle sera aussi la plus favorisée ».

1860, comme un vassal véritable. Sous le règne de ce dernier, le Gouvernement français organisa le service des télégraphes dans la Régence, construisit un chemin de fer de la frontière algérienne à Tunis, plusieurs de nos nationaux vinrent construire des aqueducs et des routes, d'autres tentèrent d'introduire différentes réformes dans l'administration, enfin, les capitaux français entrèrent pour plus de trois cinquièmes dans la dette tunisienne. Notre situation privilégiée en Tunisie fut reconnue par l'Europe au Congrès de Berlin [1], et l'on peut dire que le traité de Kasr Saïd n'a fait que régulariser un état de choses qui avait toujours existé et qui ne menaçait de disparaître que depuis quelques années.

Ce traité signé le 12 mai 1881 par Mohammed el Sadok a placé la Régence sous notre protectorat, — bien que le mot lui-même ne figure point dans le texte. « Le Gouvernement de la République française prend l'engagement de prêter un constant appui à son Altesse le Bey de Tunis contre tout danger qui menacerait la personne ou la dynastie de son Altesse ou qui compromettrait la tranquillité de ses États ». « Son Altesse le Bey s'engage à ne conclure aucun acte ayant un caractère international sans en avoir donné connaissance au Gouvernement de la République française

---

[1] Les sentiments de l'Europe sur nos rapports avec la Tunisie, sont assez bien résumés dans les déclarations faites à Berlin par le marquis de Salisbury à M. Waddington. Dans la pensée du ministre britannique « il ne devait tenir qu'à nous seuls de régler, au gré de nos convenances, la nature et l'étendue de nos rapports avec le Bey, et le Gouvernement de la Reine acceptait d'avance toutes les conséquences que pouvait impliquer, pour la destination ultérieure du territoire tunisien, le développement naturel de notre politique ». (Lettre de M. Waddington au marquis d'Harcourt, ambassadeur de France à Londres, 26 juillet 1878.)

et sans s'être entendu préalablement avec lui ». Celui-ci « se porte garant de l'exécution des traités actuellement existants entre le gouvernement de la Régence et les diverses puissances européennes ». Enfin, la France sera représentée à l'avenir auprès du Bey par un ministre Résident « qui veillera à l'exécution du présent acte et qui sera l'intermédiaire des rapports du Gouvernement français avec les autorités tunisiennes pour toutes les affaires communes aux deux pays ».

II

LES CONDITIONS DANS LESQUELLES SE DÉVELOPPE LA COLONISATION. — LE RÉGIME DES TERRES.

On ne saurait comparer l'état de l'Algérie lors de la conquête française à celui dans lequel se trouvait la Tunisie au lendemain du traité de Kasr Saïd. La Tunisie était beaucoup plus avancée sous tous les rapports que ne l'était l'Algérie en 1830; la terre y est plus riche, la population mieux douée pour le travail et plus docile, l'agriculture, le commerce, l'industrie, quoique fort arriérés y existaient déjà. En Algérie, nous avons rencontré une nation barbare qui regardait les Européens comme des ennemis, des tribus de pasteurs et de nomades ne se livrant à aucune culture; en Tunisie, nous sommes, au contraire, en présence d'une race plus intelligente, très peu guerrière, de tribus presque sédentaires, se livrant à la fois à la culture et à l'élevage, possédant pour la plupart des greniers permanents dans lesquels elles transportent après la moisson les grains récoltés[1]. Ce pays présente encore d'autres attraits : une étendue de sol fertile considérable proportionnellement à l'ensemble du territoire, un climat très sain, sous lequel la sécheresse paraît moins à craindre qu'en Algérie par suite de la prédominance des vents du Nord[2], une ligne de côtes fort étendue et des golfes nombreux de telle sorte qu'aucune exploitation agricole ou minière ne saurait se trouver à une trop grande distance du rivage. Si l'on songe à tous ces avantages on comprend que la Tunisie malgré sa moindre étendue (116 à 118,000 kilomètres carrés, chiffre approximatif) et sa plus faible population (1 million d'âmes environ)[3] ait paru valoir l'Algérie et peut-être davantage.

[1] On peut ajouter, — c'est là une remarque fort intéressante, — que tous les historiens, tous les géographes ont constaté que le caractère belliqueux des Arabes et des Berbères décroît à mesure que l'on avance vers l'Est. Les tribus nomades du Maroc sont singulièrement hardies et turbulentes ; celles de la province d'Oran ont le même tempérament ; il n'en est déjà plus ainsi dans la province d'Alger ; la province de Constantine est peu guerrière, et la Tunisie l'est encore moins. En continuant le long de la côte, on arrive à l'Égypte où l'on ne rencontre que des fellahs mous et sans vigueur. Les Bédouins de la Tripolitaine, turbulents et pillards, sont une exception à ce phénomène ethnique ; mais les populations des oasis de la Tripolitaine et des côtes de la Cyrénaïque sont beaucoup plus douces. (Gabriel Charmes. *La Tunisie*. Calman Lévy, éditeur. Paris.)

[2] Une statistique militaire, établie du mois d'août 1883 au mois de mars 1884, prouve que les entrées des soldats à l'hôpital ont été moindres en Tunisie que dans l'une ou l'autre des provinces d'Algérie ou même en France.

[3] Aucun recensement sérieux de la population n'a été fait jusqu'ici, mais on sait que la Tunisie compte aujourd'hui beaucoup moins d'habitants qu'autrefois. Au xviiie siècle sa population était de près de 5 millions d'âmes ; elle avait été deux ou trois fois plus considérable encore dans l'antiquité. Ces chiffres donnent une idée du degré de culture que le sol de ce pays peut atteindre. La Tunisie, d'ailleurs, n'était-elle pas le « grenier de Rome ? »

Outre les Arabes et les Berbères, la population de la Régence comprend environ 36,800 Européens ainsi répartis :

Il faut ajouter, — et ce n'est point là une remarque sans importance, — que la « colonisation » de la Tunisie se développe dans des conditions beaucoup plus favorables que celles que nous avons rencontrées dans notre colonie africaine. La Régence est un pays de protectorat et non une possession, la période de conquête y a duré quelques mois à peine, aussi la France n'a-t-elle pu confisquer ni les propriétés du bey, ni les territoires des tribus pour se créer un « Domaine ». La conséquence de cette situation est qu'il n'y a eu en Tunisie, ni concessions de terres faites à des gens sans ressources ou à des privilégiés, ni création de villages officiels, ni « refoulement » des indigènes, ni haines semées entre les colons nouveaux venus et les anciens possesseurs du sol. Le pays a été ainsi préservé de l'invasion de ces prétendus colons de la première heure qui ont pendant un grand nombre d'années retardé le développement de l'Algérie. Les 4,500 Français débarqués à Tunis, depuis 1881, sont des colons sérieux que n'attiraient aucune concession, aucun privilège ; tous ceux qui désiraient des terres ont dû les acheter aux indigènes.

Ces acquisitions ont présenté moins de dangers qu'elles

Français venus de la Métropole.	4,500
Israélites algériens.	3,000
Musulmans algériens.	6,000
Italiens (principalement Siciliens).	12,000
Maltais.	10,000
Espagnols.	400
Grecs.	400
Allemands.	200
Autres étrangers.	300
TOTAL.	36,800

On estime à 500 le nombre des Français de la Métropole qui sont venus se fixer en Tunisie pendant l'année 1886.

n'en comporteraient aujourd'hui encore en Algérie, grâce à ce que le régime de la propriété foncière était parvenu depuis longtemps dans la Régence à un état plus avancé. Les Tunisiens ignorent l'existence d'une propriété collective, de cette forme spéciale que l'on appelle en Algérie la propriété *arch*. Tous leurs biens sont *melck*, c'est-à-dire possédés par des familles et le plus souvent, surtout dans le Sahel et sur le littoral, l'indivision n'existe pas dans les familles, la part de chacun se trouvant déterminée [1]. La propriété individuelle existe donc, constatée par des titres qui donnent ses origines et ses limites. Ceux-ci peuvent, à la vérité, être incomplets ou inexacts ; ils n'offrent pas une sécurité suffisante aux transactions entre indigènes et eu-

[1] Nous n'avons pas à rechercher ici les raisons d'une différence aussi profonde entre deux pays voisins habités par la même race. Peut-être en trouverait-on cependant l'explication dans ce fait que les populations de la Régence, plus sédentaires, sont pour cette raison même plus civilisées et dans un état économique plus avancé que celui de l'Algérie. Peut-être, encore, la propriété *arch* n'est-elle pas en réalité aussi solidement constituée dans notre colonie, enfermée dans des règles aussi absolues que nous l'avons pensé jusqu'à ce jour.

La propriété en Tunisie a la même organisation que dans la plupart des pays musulmans. On rencontre donc à côté des biens *melck*, les biens du *beylik* (domaine de l'État) et les biens *abbous* (ayant une affectation spéciale à une œuvre religieuse ou de bienfaisance). — Ces derniers ont une étendue considérable. D'après des évaluations de sources sûres et variées, près d'un tiers du sol tunisien serait grevé de *habbous*. C'est donc une portion considérable du territoire qui se trouve retirée de la circulation et frappée d'inaliénabilité partielle. La coutume locale (une semblable coutume n'existe pas en Algérie) en admettant sous le nom d'*enzel* un mode de tenure perpétuelle a heureusement permis de restituer en partie à la circulation les biens ainsi immobilisés. L'*enzel* est un louage perpétuel de l'immeuble moyennant le payement d'une redevance annuelle invariable. Tant que cette redevance est régulièrement payée, le bailleur n'a pas le droit de reprendre son immeuble. Le preneur à *enzel* peut avec l'assentiment du propriétaire céder son droit au bail.

Sur l'organisation de la propriété indigène en Algérie, voir ci-dessus, page 28.

ropéens. On doit, toutefois, reconnaître que c'est grâce à cette organisation primitive de la propriété que les colons venus au lendemain de l'occupation française, ont pu acheter des terres et fonder des exploitations agricoles.

Pour être mieux organisée qu'en Algérie, la propriété est cependant bien mal assise : l'exercice du droit de *cheffaâ* menace l'acquéreur européen au lendemain de son entrée en possession [1], l'absence de publicité des transmissions immobilières l'expose à acheter un immeuble vendu deux fois et ne lui laisse qu'un recours illusoire contre le vendeur malhonnête. L'administration française de la Régence a heureusement compris, au lendemain même de son installation, qu'il était nécessaire pour le développement de la colonisation de donner une sécurité complète aux transactions immobilières : le problème encore posé dans notre colonie est aujourd'hui résolu dans notre Protectorat : une loi immobilière vient de rendre applicables en Tunisie les dispositions de l'*Act Torrens* [2].

Cette loi porte la date du 1er juillet 1885, mais elle n'est entrée en vigueur qu'après la publication du décret du

---

[1] La célèbre affaire de l'Enfida, soulevée par l'Angleterre au lendemain de notre établissement en Tunisie, reposait tout entière sur l'exercice du droit de *cheffaâ*.

Il s'agissait d'une propriété de 120,000 hectares située dans la partie la plus fertile de la Régence et vendue par le général Khéireddine à une Société de Marseille. Un israélite, protégé anglais, le sieur Lévy, prétendit exercer un droit de préemption sur cet immeuble sous prétexte qu'étant propriétaire contigu il avait le droit de se le faire adjuger par préférence à égalité de prix (droit de *cheffaâ*). — On se souvient qu'après de longues négociations et plusieurs procès, il fut reconnu que le protégé du gouvernement britannique n'avait aucunement le droit d'exercer le privilège de *cheffaâ*. Le domaine de l'Enfida resta donc la propriété de la Société de Marseille.

[2] Sur l'*Act Torrens*, voir le chapitre précédent, page 48.

16 mai 1886, qui la modifie et la complète sur plusieurs points [1]. Ce n'est pas assurément une œuvre parfaite : certaines dispositions semblent incomplètes ou obscures, la procédure paraît trop longue et trop compliquée, les frais qu'elle impose sont trop élevés [2]; on doit reconnaître cependant que la loi tunisienne est une remarquable tentative de réforme foncière.

Ainsi que l'*Act Torrens*, elle n'est point obligatoire, mais facultative. Deux personnes peuvent réclamer « l'immatriculation » : le propriétaire et « l'enzeliste ». Celui qui prend cette initiative, remet au « conservateur de la propriété foncière » une déclaration contenant son état civil et une description de son immeuble. Il est alors procédé publiquement à l'opération du « bornage »; puis un plan conforme « au procès-verbal de bornage » est dressé par des géomètres officiels. A l'expiration de certains délais de publicité pendant lesquels toutes les réclamations ont le temps de se produire, la demande en immatriculation est soumise à un « tribunal mixte » composé de membres français et indigènes qui siègent en proportions inégales selon la nationalité des justiciables. Le tribunal examine si la procédure a été exactement suivie, prononce sur les oppositions ou contestations s'il s'en est produit et relate dans sa décision les inscriptions à porter sur le titre de

[1] Loi et décret sont des actes tunisiens signés par le bey. — Il est intéressant de noter que les principaux personnages religieux de la Régence, le bach-muphti-malèki, le bach-muphti-hanéfi, le cadi-malèki et le cadi-hanéfi, ont collaboré à cette importante réforme, ce qui n'est pas une des moindres preuves de l'esprit progressif des Arabes tunisiens.

[2] Le Résident général a chargé récemment une commission d'étudier et de préparer les réformes dont on a déjà reconnu la nécessité.

propriété. La rédaction de celui-ci, l'immatriculation, est la tâche du « conservateur ». Ce fonctionnaire, dont les attributions fort importantes peuvent être comparées à la fois à celles des conservateurs des hypothèques et des notaires, garde entre ses mains le titre de propriété et l'inscrit sur son « registre foncier »; il remet une copie du titre à l'intéressé. A partir de ce moment, le principe de la publicité est rigoureusement appliqué à toutes les conventions qui auront pour objet l'immeuble immatriculé. Les actes entre vifs ou après décès qui sont de nature à affecter sa condition juridique (contrats d'hypothèque, vente, etc...) doivent être inscrits par les soins du « conservateur », sur la copie de l'acte remise au propriétaire et sur l'acte lui-même ainsi que sur le « registre foncier ». Les privilèges et hypothèques occultes qui constituent un des obstacles les plus sérieux au crédit hypothécaire sont totalement supprimés[1]. On comprend l'importance de cette disposition : elle a pour résultat ce que l'on a appelé *la mobilisation du sol*, elle transforme en *valeur de circulation* le crédit immobilisé dans la terre. La copie de l'acte qui est aux mains du propriétaire donnant toujours avec une entière exactitude la situation juridique de l'immeuble, les charges qu'il supporte, et le propriétaire se trouvant dans

---

[1] Il n'est pas besoin de rappeler combien l'institution d'un bon régime hypothécaire est intimement liée à l'état social d'un pays, à la sécurité des intérêts particuliers, au développement du crédit, à la prospérité de l'agriculture et du commerce.

Ce qui mérite surtout d'être noté, c'est que la loi tunisienne a très heureusement déclaré susceptibles d'hypothèque l'*enzel* et la *rente de l'enzel*. L'*enzel* devient d'ailleurs dans cette loi une véritable propriété soumise seulement au payement d'une rente perpétuelle, assurée au crédit rentier qui conserve sur son bien un droit réel et un privilège.

l'impossibilité de consentir aucune mutation ni constitution de droit réel une fois dessaisi de son titre, il en résulte que les banques peuvent prêter en toute sécurité contre dépôt de ce titre. Ce système, largement pratiqué en Australie, peut rendre aux propriétaires de signalés services en favorisant les avances à court terme si nécessaires à l'agriculture [1].

Telle est dans ses lignes générales la loi foncière tunisienne dans laquelle on retrouve les principes essentiels de l'*Act Torrens* combinés avec certaines dispositions du Code civil. Il est permis de penser que les colons et les indigènes en comprendront vite les avantages, surtout quand elle aura été corrigée dans quelques parties, et en réclameront le bénéfice ; sept mois après sa mise en vigueur les demandes d'immatriculation portaient déjà sur plus de 20,000 hectares.

[1] Le système des prêts sur titres est appelé à fonctionner en Tunisie d'autant mieux que, depuis longtemps, il est entré dans les usages de la population. Il est, en effet, dans les habitudes des indigènes de faire des emprunts chez les banquiers tunisiens contre dépôt de leurs titres de propriété.—Alfred Dain, *Le Système de Torrens, et son application en Algérie et en Tunisie.* « Revue Algérienne et Tunisienne 1885 ». — Jourdan, éditeur, Alger.

III

LES RICHESSES DE LA TUNISIE. — LES PREMIERS COLONS.

La Tunisie est comme l'Algérie une *colonie mixte* tenant à la fois de la colonie agricole ou de peuplement et de la colonie d'exploitation [1]. Bien qu'aujourd'hui dépourvue d'eau dans les régions du centre et du sud, c'est un pays d'une extrême fertilité. Lorsque nous aurons remédié comme les Romains l'avaient fait [2] à la sécheresse naturelle de cette région nous reconnaîtrons que l'histoire n'exagère rien en parlant du « grenier de Rome ». Les voyageurs sont frappés de la richesse de la Tunisie. Tout le littoral, le Sahel, les oasis du sud sont couverts de mer-

[1] Il est à peine besoin de remarquer que le mot « colonie » est employé ici dans son sens le plus large, pour désigner un *pays neuf* que l'immigration des hommes et des capitaux du vieux monde vient mettre en valeur. C'est à ce point de vue que l'on peut considérer encore comme des colonies les contrées politiquement émancipées de l'Amérique du Sud, qui, sous le rapport des capitaux, de l'immigration et du commerce, sont complètement dépendantes du vieux monde.

[2] On retrouve des citernes et des conduites d'eau antiques dans toute la Régence, jusque dans le Sud.

veilleuses cultures, on s'y croirait perpétuellement dans le plus beau des jardins ; la plaine de la Medjerda n'est guère moins féconde, elle fournit en abondance du blé, de l'orge, du sorgho ; les forêts de la Khroumirie sont remplies de chênes-liège et de chênes vert dont l'exploitation donnera les meilleurs résultats ; le long de la cote Est, depuis le cap Bon jusqu'à Zarzis, s'étend une sorte de ruban de bois d'oliviers d'une profondeur de quelques kilomètres, leur production dans les bonnes années suffit presque à la fortune du pays tout entier ; la plaine de Kairouan bien que couverte par les eaux une partie de l'année peut porter les plus belles moissons ; la région qui avoisine Tabarka possède à la fois des forêts, des pâturages, des mines de fer et de plomb ; l'industrie pastorale qui domine dans tout le centre de la Tunisie exportera des milliers de moutons ; les oasis du sud, la province de Djerid, produisent peut-être les meilleures dattes du monde ; le centre et le sud de la Régence possèdent d'immenses plaines d'alfa ; l'île de Djerbah est une forêt où les oliviers atteignent des dimensions inconnues même dans le Sahel, l'oasis de Tacape ne semble pas au-dessous de sa réputation historique[1].

C'est ce pays que la nature a si merveilleusement doté qui est ouvert aux colons et aux capitaux français ; ils

---

[1] Gabriel Charmes. *Loc. cit. Passim.*

M. Tissot, dans sa *Géographie comparée de la province romaine d'Afrique*, rappelle la description faite par Pline le Jeune de l'oasis de Tacape. « Là, sous un palmier très élevé, croît un olivier, sous l'olivier un figuier, sous le figuier un grenadier, sous le grenadier la vigne ; sous la vigne on sème le blé, puis des légumes, puis des herbes potagères, tous dans la même année, tous s'élevant à l'ombre les uns des autres. »

peuvent y introduire des cultures, améliorer les anciennes, diriger la production indigène, mettre aux mains du paysan tunisien la charrue européenne.

Les résultats constatés après cinq ans de Protectorat autorisent de grandes espérances. La Tunisie a eu la bonne fortune d'être occupée presque sans combat, la guerre ou les polémiques de la presse ne l'ont point discréditée dans l'opinion publique, aussi les voyageurs et les capitalistes de la Métropole y sont-ils venus en grand nombre [1]. Les uns et les autres ont été séduits par la fertilité du sol, la douceur du climat; des touristes venus seulement pour visiter le pays y ont acheté des terres. On peut estimer, à la fin de 1886, que 200,000 hectares, soit plus du tiers de l'étendue d'un de nos départements ont été achetés par les Européens et qu'une somme d'environ 20 millions de francs a été employée à l'achat et à la mise en valeurs de ces terres. A la vérité les 120,000 hectares du magnifique domaine de l'Enfida sont compris dans le chiffre des terres achetées par les Européens, mais il appartient à une Société française qui le mettra peu à peu en valeur et qui allotit en ce moment même une partie de ses terrains pour les vendre aux colons nouveaux venus [2].

[1] C'est là, on ne saurait trop le remarquer, une des principales différences que l'on observe en étudiant les débuts de la colonisation en Tunisie comparés à ceux de l'Algérie.

Tandis que la période de conquête s'est prolongée vingt-sept années dans la Régence d'Alger, elle a duré quelques mois à peine dans la Régence de Tunis. L'expédition commencée le 22 avril 1881 était terminée le 31 mars sans effusion de sang. Il est vrai que le rappel précipité d'une partie du corps d'occupation causa l'insurrection de Sfax, mais le bombardement de cette ville (16 juillet) et la prise sans combat de Kairouan (30 septembre) éloignirent toute révolte. Depuis lors, la tranquillité du pays a été complète.

[2] La Société Franco-Africaine fondée en 1881 par la Société marseillaise

Jusqu'ici la grande et la moyenne propriété sont les deux types qui semblent convenir aux colons européens. La première s'étend sur un millier d'hectares ou le plus souvent sur 2, 3, 4, 5 ou 10,000 hectares. La seconde comprend des exploitations de 200, 300, 400 et jusqu'à 800 hectares. On peut acquérir un domaine de ce genre au prix de 100 à 300 fr. l'hectare, suivant sa situation et sa fertilité. Si l'on calcule qu'il faut défricher cette terre, y construire des bâtiments, attendre les récoltes, on jugera qu'un capital de 150 à 200,000 fr. est nécessaire pour faire œuvre qui vaille soit comme vigneron, soit comme éleveur. Quant aux grandes propriétés elles nécessitent des capitaux plus considérables, — un million ou un million et demi, — qui peuvent être réunis entre quelques personnes sérieusement riches formant entre elles une société amicale [1].

Faut-il conclure de ces chiffres et des faits observés jusqu'à ce jour que la Tunisie ne se prête pas à l'installation de petits propriétaires français? Nous ne le pensons pas

qui avait acquis l'Enfida du général Khéireddine.— L'Enfida est compris dans le quadrilatère formé par les villes de Hammamet, Sousse, Kairouan et Zaghouan. Sa population est d'environ 12,000 habitants.

La Société Franco-Africaine dispose malheureusement d'un capital très insuffisant pour mettre en valeur un domaine aussi considérable. Si l'on excepte ses plantations de vignes — qui, à la vérité, promettent un grand développement,—elle fait peu de culture directe ou de métayage ; ses terres sont louées aux indigènes qui continuent à cultiver avec leurs charrues primitives. — Le plan aujourd'hui poursuivi par la Société paraît être double : d'une part, accroître chaque année l'étendue de son vignoble ; d'une autre, vendre des terres aux colons autour du petit centre de Dar-el-Bey, en mettant à la disposition de ceux qui feront de la vigne le superbe cellier qu'elle vient de construire, afin de les dispenser ainsi des frais énormes d'un outillage vinaire.

[1] *La colonisation française en Tunisie*, article publié dans la « Revue des Deux Mondes », par M. Leroy-Beaulieu (n° du 15 novembre 1886).

bien que cette opinion ait été soutenue. La culture des céréales et celle de la vigne n'exigent pas de grands espaces ; la première est en outre rémunératrice dès la première année. L'une et l'autre peuvent être entreprises dans de bonnes conditions sur une étendue de quelques hectares par une famille de petits propriétaires ou de vignerons du Midi.

Depuis quelques mois la Société de l'Enfida a mis en vente aux environs du petit centre de Dar el Bey, des lots de bonne terre d'une contenance de 10 hectares au prix moyen de 130 à 150 fr. l'hectare. Mais c'est là un prix assez élevé et il est possible de trouver des terres à moins : dans la vallée de la Medjerda on a un hectare pour 100 fr. ; dans la région de Zaghouan pour 50 ou 60 fr. Il ne semble donc pas que pour acheter une propriété d'une dizaine ou même d'une quinzaine d'hectares, la défricher, la planter, y construire une habitation il soit nécessaire de posséder un capital dépassant 15, 20, ou au maximum 25,000 fr. Il ne suffit pas de dire que l'établissement et le succès du petit colon, du petit propriétaire, est possible en Tunisie, il faut ajouter qu'il est très désirable. La grande et la moyenne propriété n'amèneront dans la Régence qu'un personnel français insuffisant de régisseurs, propriétaires, chefs de culture ou maîtres vignerons; la constitution de la petite propriété pourrait y amener, au contraire, d'ici 30 ou 40 ans un élément français sérieux, attaché au sol, établi au milieu des indigènes et faisant un utile contre-poids à la population italienne et maltaise.

La passion de la vigne domine en Tunisie comme en

Algérie. Les capitalistes espèrent retirer de cette culture, — on pourrait dire de cette industrie en songeant aux risques qu'elle fait courir, — des bénéfices considérables. En 1886, 2,140 hectares avaient déjà été plantés [1], et l'on estimait que les boutures produites par ces 2,140 hectares ne suffisant pas pour les plantations nouvelles, il serait nécessaire de faire venir d'Algérie 3,600,000 boutures qui, a elles seules, impliquent la plantation d'environ 1,200 hectares. Dans cette même année, 115 hectares plantés de vignes parvenues à la troisième feuille ont produit sur le domaine de l'Enfida 2,000 hectolitres d'un vin titrant 10 à 11 degrés qui s'est paraît-il vendu un prix très rémunérateur. De pareils résultats donnent aux colons les plus grandes espérances ; ils n'hésitent pas à penser que les vignes de cinq à six ans fourniront jusqu'à 80 et 100 hectolitres à l'hectare et rapporteront 30 ou 35 0/0 du capital engagé. Il faut n'accepter qu'avec réserve des évaluations aussi optimistes, mais il ne paraît pas douteux que la vigne puisse devenir dans quelques années, une richesse considérable pour la Tunisie et une source de fortune pour ses colons. On admet assez généralement, en effet, en prenant pour base des chiffres modérés, quant au rendement et au prix de vente et en tenant compte des frais d'exploitation, qu'un vignoble peut donner un bénéfice net de 15 à 18 0/0. Jusqu'ici le phylloxéra qui a cependant fait son apparition dans la province de Constantine, n'a donné aucune inquiétude aux colons tunisiens ; leurs vignes sont jeunes, plantées dans des terrains favorables, elles se dé-

---

[1] Sans compter 1,500 hectares environ de vignes indigènes.

veloppent dans de bonnes conditions ; toutes les précautions jugées nécessaires ont été prises [1]. Il est certainement permis de penser que si l'insecte ne se développe pas en Algérie et ne pénètre pas en Tunisie, l'Afrique française sera vers la fin de ce siècle un des principaux celliers de l'Europe.

La culture de la vigne exige une main-d'œuvre en partie européenne : la taille, les souffrages, tous les soins qu'il faut donner aux ceps pour les préserver des maladies, réclament une intelligence et une attention que ne peuvent donner les Arabes. Ceux-ci sont propres seulement au labourage ; on les paye 1 fr. 50 et 1 fr. 80. Parmi les Européens, on a le choix entre les Français, les Siciliens et les Maltais, les premiers sont les plus chers, le Français revient à 4 francs, 4 fr. 50 ou même 5 francs ; encore, les contre-maîtres et chefs vignerons reviennent-ils à plus. Le Sicilien reçoit d'ordinaire 3 francs par jour.

Jusqu'ici la passion de la vigne a presque seule absorbé les colons et il faut prévoir qu'une industrie promettant des bénéfices aussi rémunérateurs attirera encore d'importants capitaux. D'autres entreprises cependant méritent l'attention : la culture des céréales faite avec la charrue européenne dans un sol aussi fécond que celui de la Tunisie pourra donner d'heureux résultats, un rendement d'environ 20 hectolitres à l'hectare ; l'industrie

---

[1] Depuis quelques mois, l'importation de tous cépages est interdite en Tunisie comme elle l'était déjà en Algérie. Nous avons dit plus haut (page 58, note 2) que cette mesure est critiquée par plusieurs propriétaires de vignobles.

pastorale qui domine dans toute la région du centre est susceptible d'une large extension. On verra certainement d'ici peu d'années des Européens se livrer à la culture des céréales ou à l'élevage ; toutefois il est probable que ces industries agricoles resteront comme en Algérie, pour la plus grande part, aux mains des indigènes[1]. Ceux-ci, bien qu'étant plus travailleurs et de mœurs plus douces que les Arabes d'Algérie, sont comme eux de médiocres agriculteurs : les terres ne sont jamais fumées et ne reçoivent qu'un labour insignifiant, aussi leur rendement ne dépasse-t-il pas 6 hectolitres à l'hectare dans les années moyennes ; les troupeaux ne sont l'objet d'aucun soin : on laisse les moutons, les chèvres, les bœufs, les ânes, les chevaux s'accoupler librement sans se préoccuper du choix des reproducteurs[2]. L'établissement de colons européens qui devront faire appel à la main-d'œuvre indigène, les exemples qu'ils donneront autour d'eux amèneront, il est permis de l'espérer, le paysan tunisien à

[1] La Société Franco-Africaine a tenté d'acclimater dans la Régence des moutons venus de Sétif, qui eussent été préférés par le commerce d'exportation aux moutons tunisiens. Malheureusement les résultats obtenus jusqu'ici ont été très peu satisfaisants.
Si l'on consulte les statistiques douanières, on est frappé de ce fait que la Tunisie n'exporte pas de moutons, alors que l'Algérie en fait un commerce considérable. Ce fait doit-il être attribué à la mauvaise qualité du mouton tunisien ? Beaucoup de personnes ne le pensent pas. Elles estiment que le mouton tunisien vaut le mouton algérien et se vendra comme celui-ci sur les marchés de France et d'Italie le jour où l'admininistration du Protectorat abolira le « droit de sortie » sur les moutons et lèvera l'interdiction qui frappe l'exportation des brebis, tandis que la France, de son côté, renoncera à faire acquitter les droits de son « tarif général » aux provenances tunisiennes.

[2] En Tunisie comme en Algérie, le propriétaire indigène cultive rarement lui-même ; il prend un *khemmas*. (Voir plus haut, page 54, note 1.)

renoncer à quelques-uns de ses errements actuels. Peut-être la création d'une école d'agriculture serait-elle une heureuse tentative; on y appellerait les fils des grands propriétaires indigènes qui fréquentent les collèges de Tunis, et, le Tunisien étant désireux d'apprendre et perfectible, les élèves sortis de cette école pourraient appliquer chez eux les méthodes qui leur auraient été enseignées.

Les oliviers sont à l'heure actuelle, — où la vigne est encore à ses débuts, — la plus grande richesse de la Tunisie : les statistiques officielles indiquent dans le Sahel plus de 3,200,000 pieds d'oliviers et, dans la circonscription de Sfax, 568,000 en pleine production, plus 250 à 300,000 plantés depuis moins de dix ans. Ces chiffres sont considérés comme très inférieurs à la réalité, les indigènes ayant intérêt à dissimuler le nombre exact de leurs arbres afin de se soustraire le plus possible au régime écrasant de l'impôt. En effet, tandis qu'en Algérie les oliviers ne sont soumis à aucune taxe spéciale, en Tunisie, ils doivent au contraire en acquitter une première et l'huile une seconde[1]. Peut-être même pourrait-on dire que dans certaines régions l'énormité et l'injustice de ces taxes arrêtent les plantations[2]. Malgré la bonne qualité des olives, l'huile tunisienne est encore peu connue parce que les in-

[1] Voir ce qui est dit plus loin (page 152) du régime économique et financier de la Régence.
[2] Il faut citer aussi, parmi les causes qui ont, jusqu'à ce jour, entravé dans une mesure importante le développement de la culture de l'olivier, la lenteur avec laquelle cet arbre se développe et le nombre des années qui s'écoulent entre l'époque de la plantation et celle de la production. Un olivier ne commence, en effet, à rapporter quelques fruits que cinq ans après la plantation et c'est seulement au bout de dix à douze ans qu'il entre en plein rapport.

digènes ne savent pas traiter les fruits, mais les colons qui apporteront les procédés de fabrication de l'industrie européenne sont assurés de produire une huile excellente dont la vente sera facile sur les marchés de France et d'Italie. Des capitalistes marseillais ont déjà installé deux huileries à Sousse.

La Régence possède de magnifiques forêts qui couvrent une superficie de 290,000 hectares sur lesquels 162,000 dans le massif des Khroumirs et des Mogods[1]. Bien qu'elles fussent la propriété de l'État, le gouvernement beylical n'en tirait aucun profit; exploitées par l'administration française elles rapporteront en peu d'années des sommes importantes au Trésor, 3 millions dans dix ans et peut-être le double dans vingt. A la fin de 1886, 20,000 hectares de forêts étaient mis en rapport et 2,270,000 chênes-liége démasclés.

L'alfa récolté sur les montagnes du Sud est depuis de nombreuses années un des principaux éléments d'exportation de la Régence ; la plante est plus belle que celle

---

[1] Forêts de la Tunisie :

Forêts du massif montagneux des Khroumirs et des Mogods, situées entre la Medjerda et la mer, les plus riches de la Régence (chênes-zeen et chênes-liége) : 162,000 hectares, sur lesquels 124,000 immédiatement productifs.

Forêts situées au sud de la Medjerda (pins d'Alep et chênes vert) : environ 130,000 hectares.

Au total, 292,000 hectares de forêts.

Il faut mentionner encore la forêt d'acacias gommifères de Talah dans la région de Sfax qui peut fournir des bois d'ébénisterie et les plantations d'eucalyptus faites par la Compagnie de Bone-Guelma sur le parcours de la ligne ferrée de Tunis à Ghardimaou.

La question du reboisement des forêts n'est pas moins importante en Tunisie qu'en Algérie.

d'Algérie. Malheureusement presque tous les envois sont dirigés vers l'Angleterre ; nous avons observé le même fait pour les alfas d'Algérie. Une société anglaise a obtenu le droit de récolter cette plante sur une étendue de 1,024,000 hectares. Le centre d'exploitation est la montagne de Bou-Hedma ; le lieu d'embarquement la baie de Skira. Ces deux points aux termes du cahier des charges signé par la compagnie, doivent être reliés à ses frais par un chemin de fer ; le minimum de l'exploitation annuelle a été fixé à 10,000 tonnes [1].

Au sud du domaine de la Société anglaise, dans la région des chott, on rencontre la Société de la Mer Intérieure africaine qui a eu pour fondateurs le colonel Roudaire et M. de Lesseps. M. le commandant Landas chargé aujourd'hui de poursuivre le projet Roudaire [2] l'a pris au rebours, ou ce qui est peut-être plus exact, abandonné : avant de faire le canal — s'il songe réellement à poursuivre cette entreprise, — il s'est, en effet, proposé de fertiliser son parcours. Son intention est de relier l'embou-

---

[1] Cette importante concession avait été faite par le bey avant l'établissement du Protectorat à un Français qui l'a portée à une Société anglaise, mais elle n'a été délimitée que plus tard sous notre administration. Il faut malheureusement reconnaître que cette délimitation a eu pour conséquence de déposséder du droit de récolter l'alfa plusieurs tribus qui vivaient autrefois de ce travail.

[2] On connaît ce projet : les trois chott Djerid, Rharsa (Tunisie) et Melrir (province de Constantine) se trouvent à 24 mètres en contre-bas de la Méditerranée. En creusant un canal du golfe de Gabès aux chott, on obtiendrait une Mer intérieure qui modifierait le climat et fertiliserait la contrée. L'évaporation serait énorme, puisque la superficie de cette mer atteindrait 8,200 kilomètres carrés, quatorze fois et demie celle du lac de Genève.— L'exécution de ce plan, qui d'ailleurs a été très discuté et même déclaré impossible, nécessiterait des dépenses considérables.

chure de la petite rivière Oued Melah au chott Djerid par une ligne de puits autour desquels seront entreprises de grandes plantations de palmiers et de céréales. La Société a obtenu une concession de 10,000 hectares sous la double condition de forer des puits et de construire un port à l'embouchure de l'Oued Melah. Un premier puits, creusé en 1885 près de la mer, donne 8,000 litres par minute et permet l'irrigation de 4 à 500 hectares ; 8,000 palmiers ont été plantés ; des champs sont ensemencés en orge et en blé. Il y a quelques mois un second puits a été creusé dont le débit n'est pas moindre de 12 ou 15,000 litres à la minute.

La région du palmier-dattier s'étend de Gabès jusque dans le sud de la province de Constantine par l'oasis d'El Hamma, le Nefzaoua, le Djerid et le Soûf. Elle est d'une richesse considérable. Le Djerid a près d'un million de palmiers sur une superficie de jardins qui ne dépasse pas 2,000 hectares ; 20,000 chameaux viennent chaque année y prendre des chargements de fruits [1].

Pour être complet dans l'énumération des produits agricoles de la Tunisie, il faut citer encore l'oranger, le citronier et les primeurs. On pourrait cultiver le tabac et le chanvre.

---

[1] L'oasis de Tozeur, arrosé par cent cinquante-cinq sources, est la plus grande des oasis du Djerid. Sa population est de 6,000 habitants et on y compte officiellement près de 230,000 dattiers, dont plus de 13,000 de première qualité ; le nombre des arbres doit être beaucoup plus considérable. En 1885, il a été vendu à Tozeur près de 7 millions de kilogrammes de dattes, et l'on estimait la production totale de l'année à 8 millions et demi. A côté du dattier poussent l'olivier, l'abricotier, le citronier, le grenadier, le pommier, le pêcher, l'amandier et le jujubier.

Les montagnes de la Régence sont riches en métaux et en marbres. Deux compagnies françaises, dont l'une est la Compagnie Mokta el Hadid qui possède les mines d'Aïn Mokra, dans la province de Constantine, exploitent les minerais de fer du pays des Khroumirs, des Nefzas et des Mogods. Chacune de ces deux compagnies s'est engagée par un cahier des charges signé en 1884, à creuser un port, l'une à Tabarka, l'autre au cap Serrat et à construire à ses frais un chemin de fer reliant à la côte les régions minières. Ces deux tronçons seront continués plus tard dans la direction de Béja et mettront en communication la riche contrée des Khroumirs avec la ligne de Tunis à Bone. L'exploitation minimum doit être à peine de déchéance de 50,000 tonnes par an pour chacune des deux compagnies; elles verseront un droit s'élevant au vingtième du produit net.

On trouve de l'or au Bou Hedma; de grandes exploitations de ce métal ont été faites pendant l'antiquité; elles n'ont pas été reprises jusqu'ici. Le plomb se rencontre dans plusieurs endroits, notamment à Djebba, dans la vallée de la Medjerda et surtout dans la montagne voisine de Tunis, appelée Djebel-Rsas. Une Société italienne exploite imparfaitement cette mine.

Quant aux marbres, la carrière la plus importante est celle de Chemtou, située dans la partie orientale de la vallée de la Medjerda. La Compagnie Franco-Belge qui l'exploite a retrouvé le « marbre numidique » si recherché au temps des Romains, pour ses belles teintes jaunes et rouges.

Il faut encore ajouter que les eaux maritimes de la Régence, fournissent en abondance, du corail, des éponges, des pourpres. De grandes pêcheries de thons et de sardines sont établies aux îles Kerkenna et à la hauteur de Mahadia; une compagnie marseillaise retire annuellement 350,000 kilos de poissons du lac de Bizerte.

Les Européens n'ont fondé jusqu'ici qu'un très petit nombre d'établissements industriels. La Tunisie est comme l'Algérie, une colonie agricole dans laquelle tous les capitaux doivent se porter vers les cultures. Toutefois, deux ou trois industries se sont déjà installées dans le but de travailler les produits du sol qu'il n'y a pas avantage à exporter à l'état brut ou qui nécessitent une préparation immédiate; c'est ainsi que quelques minoteries et huileries ont été établies. Il serait aisé de créer des tanneries : les peaux sont en abondance et les chênes des forêts du Nord fournissent un tan d'excellente qualité.

IV

LE RÉGIME ÉCONOMIQUE.
LES IMPOTS. — LES TARIFS DOUANIERS.
LES TRAVAUX PUBLICS.

Pour que les nombreux éléments de richesse de notre nouvelle possession se développent, pour que les capitaux français y soient en quelque sorte attirés, il est nécessaire que l'administration du Protectorat assure au pays un bon régime économique. Aucune chose, on le sait, ne peut mieux favoriser les débuts d'une colonie agricole ou d'exploitation, et, il ne faut point hésiter à reconnaître que l'état actuel de la Régence réclame d'importantes réformes. La France a trouvé la Tunisie dans la déplorable situation particulière aux pays musulmans : l'impôt mal établi, écrase le cultivateur; des « droits de sortie » gênent l'exportation, renchérissent les produits indigènes; un système douanier barbare entrave le mouvement naturel des échanges entre la France et la Tunisie; enfin, les routes manquent, les ports sont insuffisants, et d'immenses régions souffrent de la sécheresse, faute de canaux d'irrigation

On a dit avec raison que le soleil de l'été brûle moins la Tunisie que l'administration financière du gouvernement beylical. Il est, en effet, difficile de concevoir un système d'impôts plus injuste et plus contraire au développement de l'agriculture.

Chaque habitant, âgé de plus de quinze ans, doit d'abord acquitter la *medjeba* ou impôt de capitation de 28 fr. 20 par tête[1]. C'est là une première charge lourde en elle-même, si l'on songe que le Tunisien est pauvre, parce qu'il sait mal cultiver son champ, mais ce n'est point la seule. Le paysan qui a payé la *medjeba* n'a point libéré les produits que peut donner sa terre : le fisc les atteindra trois ou quatre fois, car ils devront l'*achour* ou le *kanoun*, les taxes de marchés et les droits d'exportation, sans compter certaines taxes secondaires, certaines « coutumes ».

La culture du blé et de l'orge est soumise à l'*achour*, c'est-à-dire la dîme, impôt proportionnel au rendement de la terre, payable soit en nature, soit en argent[2].

Les oliviers sont frappés dans le Sahel d'un droit nommé *kanoun*, variable suivant l'usage de l'arbre, mais

[1] 45 piastres et 5 kharoubes. — La piastre tunisienne vaut suivant les jours de 60 à 63 et 64 centimes. Elle a été calculée ici au cours de 0 fr. 62 c., 5 ; le kharoube est le douzième de la piastre.

[2] Un décret beylical de 1869 a détruit le principe religieux de la dîme (le dixième de la récolte) en lui enlevant le caractère proportionnel pour en faire une redevance fixe, invariable et indépendante du chiffre de la production. Mais cette mesure n'est point observée ; l'impôt invariable en droit est resté proportionnel en fait, comme le veut la religion musulmane. Quelquefois cependant il dépasse le dixième de la récolte.

Les blés et les orges produits par l'*achour*, payé en nature, sont déposés dans les *silos* de l'État, puis vendus aux enchères publiques.

pesant sur l'arbre lui-même, non sur la récolte. Dans les années mauvaises, l'olivier paye le même impôt que dans les bonnes, et il peut arriver qu'il ne produise rien sans que le cultivateur soit déchargé pour cela du droit immuable auquel il est soumis. Est-il nécessaire d'insister sur l'injustice d'un pareil impôt[1]? Dans le nord de la Régence, la dîme remplace le *kanoun*, mais la perception de cet impôt, confiée à un fermier est accompagnée de mille vexations. Enfin, le droit — *kanoun* ou dîme, — n'est point le seul que doive acquitter l'olivier. Si l'arbre a payé, le fruit est encore exempt : aussi le droit *mouageb* sera-t-il dû par celui qui vend ses olives sur pied.

Les dattiers sont soumis au *kanoun*, les cultures maraîchères aux *mradjas*.

Le cultivateur n'en a point fini avec le fisc lorsqu'il a a versé ces différents impôts. Ses récoltes ont payé chez lui, alors qu'elles tenaient encore au sol, si maintenant il veut les vendre il devra acquitter les « taxes de marchés ».

L'ensemble de ces taxes forme ce qu'on appelle les *mahsoulats*. A Tunis et dans quelques villes importantes le fermage des *mahsoulats* est démembré et fait l'objet d'adjudications distinctes. L'impôt est établi tantôt à la mesure, tantôt sur le nombre (les noix par exemple sont taxées au mille, les œufs au cent) tantôt, ce qui est singu-

[1] La commission de répartition locale qui visite chaque année les arbres, peut, lorsque la récolte est mauvaise, décider que deux, trois ou quatre oliviers ne payeront que comme s'ils n'en étaient qu'un ; mais cette disposition, — objet de nombreux passe-droits, — ne corrige pas les défauts de l'impôt. C'est ainsi qu'on a vu dans les mauvaises années, les cultivateurs couper leurs arbres pour qu'on ne vint pas leur réclamer une taxe qu'ils étaient incapables de payer.

lièrement arbitraire, sur la charge de l'animal (charge de l'âne, du cheval, du chameau). A cet impôt perçu suivant de nombreux tarifs, il faut ajouter les « usages » qui les modifient, les augmentent, et les « frais supplémentaires[1] ».

Il faut encore mentionner, après les *mahsoulats*, le fermage du *Dar el Jeld* qui comporte la perception des droits sur les animaux, la tannerie des peaux, les droits sur les ventes des peaux et des laines, d'innombrables taxes sur les denrées de consommation et les boutiques où elles sont mises en vente[2].

---

[1] M. Pascal, dans une étude sur « *la Colonisation en Tunisie, 1886* », cite en parlant des impôts l'exemple suivant : « Voici 100 toisons de laine qui ont été apportées au marché et qui se sont vendues 300 piastres. Si vous consultez le tarif des *mahsoulats*, vous ne trouverez à l'article des laines que le droit de « kharoube » qui frappe toutes les ventes et qui est de 6 1/4 0/0, soit 18 piastres 75. Mais cela c'est le tarif ; ouvrez maintenant le compte des « usages et des frais supplémentaires ». Le vendeur a dû donner en sus deux toisons de boni à l'acheteur, une toison au crieur public. Le notaire et le papier timbré sur lequel il a rédigé la quittance, — à Tunis nous avons supprimé ces auxiliaires onéreux, — lui ont coûté déjà 3 piastres 25. Le chameau qui a apporté les toisons a été imposé de 2 piastres en arrivant sur le marché. En tout 32 piastres sur 300!... Ces 100 toisons, qui ont déjà payé 20 fr. par les droits déjà énumérés, payeront à l'exportation, si elles pèsent 250 kil. poids normal, 56 piastres ou 35 francs ; en tout 55 fr. ; — 55 fr. sur 186! »

[2] Si l'on veut avoir le tableau complet des impôts — tant directs qu'indirects — existants en Tunisie, il faut ajouter à ceux qui viennent d'être indiqués : les droits d'exportation et d'importation dont il sera parlé plus loin, le *kharoube* sur la vente et les loyers des immeubles, les droits de timbre, le monopole de la poudre régi par le gouvernement et divers « monopoles affermés » qui souvent donnent lieu à de criants abus (sel, tabac, chaux et briques, charbon..., etc.).

Bien que cette énumération comprenne tous les impôts établis, nous craindrions d'être inexacts si nous n'insistions sur ce point que le régime financier de la Régence est des plus irréguliers, des plus confus : un impôt perçu dans une région sur un certain produit ne l'est pas dans une autre ou l'est autrement ; les « taxes spéciales », les « coutumes » ou les « monopoles » diffèrent suivant les villes ou même les villages, s'enchevêtrent les uns dans

Enfin, viennent en dernier lieu les droits d'exportation [1] qui ne sont pas les moins contraires au développement du pays ; l'administration du Protectorat n'a pu encore les faire disparaître. Quand les olives, les huiles, les dattes, les moutons, les peaux, les laines, ont acquitté les impôts divers et toujours écrasants qui les frappent dans l'intérieur du pays, ils doivent, pour passer la frontière, payer encore à la sortie un droit nouveau. L'effet de celui-ci ne saurait être douteux : il renchérit les produits de la Régence et leur rend ainsi difficile la concurrence sur les marchés d'Europe avec les produits similaires étrangers.

Tel est, dans ses traits essentiels, le régime fiscal que la France a trouvé en Tunisie et qu'elle a conservé jusqu'à ce jour [2]. Il est singulièrement plus lourd et plus injuste que celui auquel sont soumis les indigènes d'Algérie [3]. Nous ne saurions toutefois reprocher à l'administration française de ne pas l'avoir bouleversé de fond en comble pour édifier tout un système nouveau plus rationnel et plus juste. C'eût été là une lourde imprudence, car le premier devoir du Protectorat était de ménager la source des revenus publics afin de n'être point obligé de faire appel au Trésor

les autres... On ne doit point oublier que la plupart des impôts, des coutumes ou des monopoles ont été établis par les gouverneurs de province suivant leurs besoins et leur caprice.

[1] On pourrait ajouter « ou les prohibitions d'exportation » : l'exportation des olives fraîches « des pays de dîme » et l'exportation des femelles de tous les animaux sont en effet interdites.

[2] Les Européens y sont soumis comme les indigènes ; toutefois, ils n'ont pas à payer l'impôt de capitation.

[3] Sur les impôts auxquels sont soumis les indigènes algériens, voir le chapitre précédent, page 98.

métropolitain. Les mauvais impôts du gouvernement beylical avaient un avantage sur toutes les taxes qu'on aurait pu établir pour les remplacer, ils étaient acceptés de l'indigène et rentraient dans les caisses de l'État. Il faut reconnaître d'ailleurs que plusieurs décrets pris par Sidi Ali, souverain actuel, sous l'inspiration de notre Résident ont amélioré quelque peu la situation. On a procédé par voie de dégrèvement. C'est ainsi que les droits de douane établis autrefois dans l'intérieur du pays ont disparu, que certaines taxes de marchés ont été réduites, que les droits à l'exportation sur les céréales, les farines, les semoules, le gibier, etc... ont été supprimés, ceux sur le bétail diminués [1], mais ces premières réformes sont peu de chose si l'on songe à celles qui restent à accomplir et qu'il importe de réaliser dans un bref délai afin de ne point retarder le développement du pays. La situation prospère des finances autorise d'ailleurs des dégrèvements nouveaux ou des remaniements de taxes. Les derniers budgets se sont tous soldés par des excédents de recettes de plusieurs millions de telle sorte qu'il a été possible il y a quelques mois de constituer un fonds de réserve de 18 millions de piastres après avoir affecté une somme importante aux travaux projetés du port de Tunis [2].

[1] Cette dernière mesure, toute récente, a été prise à la date du 10 janvier 1887.

[2] Il ne faut point hésiter à reconnaître qu'une des principales réformes de l'administration française à Tunis est l'établissement d'un budget en équilibre, ou mieux, en excédent. Les ressources les plus importantes du budget tunisien proviennent directement ou indirectement de l'agriculture, et les récoltes ayant été favorables pendant une série d'années, les recettes ont dépassé les prévisions. C'est ainsi qu'un décret beylical en date du 21 juillet

Il est donc permis de dire que la situation est favorable pour entreprendre des réformes financières. La dîme et les taxes de marchés prêtent à de nombreuses critiques, mais le *kanoun* des oliviers et les droits d'exportation entravent peut-être plus encore le développement du pays. Les taxes sur les oliviers et les olives arrêtent les plantations, gênent les colons qui installent des huileries, augmentent le prix de leur marchandise. Quant aux droits d'exportation qui viennent s'ajouter aux taxes de marchés ils placent les produits tunisiens dans un état d'infériorité manifeste vis-à-vis des produits similaires d'Europe ou d'Algérie, ils les renchérissent et s'ajoutent aux droits à l'importation établie aux frontières des différents pays. C'est ainsi que les olives fraîches des pays de *kanoun* (l'exportation des olives des pays de dîme étant interdite) acquittent un droit d'exportation de 2 fr. 15 par 50 kilos, les olives en saumure de 4 fr. 65, l'huile d'olive de 6 fr. 30, la laine en suint de 6 fr. 90, la laine lavée de 13 fr. 80, l'alfa de 0,72 c., les peaux de bœufs de 3 fr. 80, les peaux de moutons de 5 fr. 50 ; les dattes de 6 fr. 90, les moutons de 0,68 c. par tête, les bœufs de 7 fr. 60, les chevaux de 19 fr. 08… Enfin l'exportation des « femelles de tous les animaux » est prohibée. Peut-on imaginer taxes plus lourdes et plus barbares ?

Le développement de la Tunisie n'est pas seulement entravé par son mauvais système financier, il l'est encore, et

1886 a pu instituer « un fonds de réserve destiné à subvenir aux dépenses de l'État en cas d'insuffisance des recettes » qui a reçu une première dotation de 18 millions de piastres. Un précédent décret (12 juillet) avait affecté une somme de 11,232,000 piastres au port de Tunis.

plus peut-être, par le régime douanier tout à fait anormal qui existe entre le pays protecteur et le pays protégé. On a peine à comprendre comment il n'a pas encore pris fin après cinq années de Protectorat.

Les beys de Tunis indépendants jusqu'en 1881, ont signé à différentes époques des traités de commerce avec plusieurs nations européennes : c'est ainsi qu'ils ont successivement accordé « le traitement de la nation la plus favorisée » aux provenances de la France, de l'Espagne, de la Belgique, de l'Autriche, de l'Angleterre et de l'Italie[1]. En vertu de ces traités les marchandises des pays contractants acquittent un droit d'importation de 8 p. 100 à la valeur; par exception quelques articles sont soumis à une taxe plus élevée, d'autres entrent en franchise.

Au lendemain du traité de Kasr Saïd qui lui assurait au regard de l'Europe une situation privilégiée dans la Régence, la France n'a rien changé à cet état de chose et à continué à s'y soumettre elle-même. En conséquence, les produits français importés en Tunisie payent toujours le droit de 8 p. 100 et, d'autre part, les produits tunisiens importés en France sont soumis à notre « tarif général ».

Est-il possible de concevoir un système plus défectueux, plus contraire au développement naturel des relations commerciales entre la France et la Tunisie? Le sujet mérite qu'on s'y arrête.

[1] Les traités avec l'Espagne (19 juillet 1791), la Belgique (14 octobre 1839), l'Autriche-Hongrie (17 janvier 1856), la Grande-Bretagne (19 juillet 1875), n'ont pas d'échéance, de telle sorte que ces pays seraient en droit de réclamer perpétuellement le traitement de la nation la plus favorisée. Le traité avec l'Italie (8 septembre 1868) a une durée de 28 ans.

Les produits français demandés par les indigènes et qui pourraient trouver un marché dans la Régence, — peaux et ouvrages en peaux ou en cuirs, bijoux, tissus de coton et de soie, bimbeloterie, etc..., — acquittent des droits qui augmentent leur valeur et restreignent leur vente. Les objets dont l'introduction à bon marché dans une jeune colonie est particulièrement désirable ne bénéficient d'aucun régime de faveur, qu'ils soient d'origine française ou d'origine étrangère. C'est ainsi que pendant les trois premières années de notre occupation, la plupart des instruments agricoles et toute la vaisselle vinaire étaient frappés à leur entrée dans la Régence, de telle sorte que les colons français apportant leurs capitaux et leur industrie dans le pays pour le mettre en valeur ne trouvaient pas grâce devant le fisc beylical[1]. Aujourd'hui encore les charrettes à foin, les foudres, les matériaux de construction, les fers, les machines supportent le droit de 8 p. 100.

D'un autre côté, et comme par réciprocité, les produits tunisiens sont soumis dans nos ports au « tarif général ». C'est ainsi que les éponges paient 35 et 65 fr. les 100 kilos, l'huile d'olive 4 fr. 50, les citrons et oranges 4 fr. 50, le blé 5 fr., l'orge 1 fr. 50, les moutons 5 francs par tête, les bœufs 38 fr., les chevaux 30 francs, le vin 4 fr. 50 l'hectolitre, etc... On trouvera cette situation anormale, injuste, si on songe que les produits algériens entrent en France libres de droits; mais il y a plus : les nations européennes qui ont traité avec notre pays bénéficiant du « tarif con-

---

[1] C'est un décret en date du 12 août 1885 qui autorise l'entrée en franchise des charrues, herses, semoirs, machines agricoles, pressoirs à vin et à huile et autres instruments.

ventionnel » jouissent pour l'importation de leurs produits en France d'un régime plus favorable que celui auquel sont soumis les provenances de Tunisie. C'est ainsi que les vins d'Espagne et d'Italie payent 2 fr. au lieu de 4 fr. 50, l'huile 3 fr. au lieu de 4 fr. 50, les citrons et oranges 2 fr. au lieu de 4 fr. 50... Enfin, il ne faut point oublier que les droits d'exportation perçus dans les ports de la Régence s'ajoutent aux droits d'importation exigés dans les nôtres de telle sorte qu'une double barrière entrave le développement des échanges [1].

Nous ne saurions relever ici toutes les anomalies qui découlent d'un pareil état de choses; deux toutefois méritent d'être signalées. Aucune ligne de douanes n'existant sur la frontière terrestre entre la Tunisie et l'Algérie et les produits algériens entrant libres de droit dans notre pays, il en résulte que les produits tunisiens récoltés dans la région desservie par le chemin de fer de Tunis à Bone trouvent avantage à venir s'embarquer dans ce port pour entrer en France comme provenances d'Algérie [2]. Le second cas que l'on peut observer est plus curieux encore : la différence existant entre les droits perçus en France et ceux

[1] Quelques exemples : 100 kilos d'huile d'olive payent 17 fr. 10 (12 fr. 60 de droit d'exportation, et 4 fr. 50 de droit d'importation), un bœuf 45 fr. 60 (7 fr. 60 + 38 fr.), un mouton 5 fr. 68 (0 fr. 68 + 5 fr.), un cheval 49 fr. 08 (19 fr. 08 + 30 fr.).

[2] Les blés récoltés aux portes de Tunis payent, embarqués à la Goulette pour Marseille, pour frais de transport à travers le lac et d'embarquement à la Goulette, 1 fr. 25, plus le droit d'importation de 5 francs, — soit 6 fr. 25 par 100 kilos. — Ces mêmes blés, dirigés par le chemin de fer sur Bone, supportent seulement les frais de transport de 0,10 c. par kilomètre et par tonne, soit pour 350 kil. et 100 kilos 3 fr. 50. Le passage par l'Algérie représente donc une économie de 2 fr. 75 par 100 kilos.

11

perçus en Italie sur les produits de la Régence est parfois assez sensible pour que les producteurs aient intérêt à diriger leurs envois sur Naples ou sur Gênes plutôt que sur Marseille. C'est ainsi que 100 kil. de blé payent 1 fr. 40 en Italie contre 5 fr. en France, les bœufs 10 fr. par tête contre 38 fr., les moutons 5 fr. contre 0,20 cent.[1].

Est-il besoin d'insister plus longtemps sur les erreurs de ce régime douanier? N'est-il pas évident qu'il est en opposition avec les intérêts commerciaux aussi bien qu'avec les intérêts politiques de la France? Il soulève de toutes parts des protestations unanimes : la Chambre de commerce de Tunis, la Chambre de commerce de Marseille, réclament l'assimilation des produits tunisiens aux produits algériens, c'est-à-dire leur entrée en franchise dans nos ports, on pourrait dire dans les ports de la Métropole.

Cette réforme si désirée, si nécessaire, ne rencontre aucune objection de droit. La France, en garantissant par l'article 4 du traité de Kasr Saïd « l'exécution des traités actuellement existants entre le gouvernement de la Régence et les diverses puissances européennes » s'est engagée à respecter les avantages commerciaux que ces puissances avaient obtenu ; elle n'aurait donc pas le droit de soumettre leurs marchandises à un tarif douanier plus élevé que le tarif actuel, mais aucune clause, aucune stipulation, ni aucune assurance donnée à une nation étrangère ne lui

[1] On pourrait encore ajouter que l'application de notre « tarif général » aux produits tunisiens, tandis que les provenances italiennes ne sont soumises qu'au « tarif conventionnel », donne un encouragement à la fraude : des marchandises tunisiennes à destination de la France touchent dans un port italien et se présentent ensuite à la douane française comme étant d'origine italienne. Ces fausses déclarations ne sont quelquefois pas découvertes.

interdit à elle-même de s'assurer une situation particulière et privilégiée. Cette situation, d'ailleurs, ne la possède-t-elle pas au regard de l'Europe? Elle entretient une armée dans la Régence, ses tribunaux y rendent la justice, la dette tunisienne a été garantie par le Trésor français, le bey a abdiqué son indépendance entre les mains de la France. Si la Tunisie n'est pas encore une « colonie », une « possession française », ce n'est plus une « nation étrangère » à qui des engagements internationaux pourraient interdire d'accorder à la France autre chose que « le traitement de la nation la plus favorisée » et à qui la France, de son côté, ne serait en droit de consentir que « le traitement de la nation la plus favorisée ». Le Gouvernement de la République peut donc sans craindre les réclamations diplomatiques, établir entre notre pays et la Régence le régime douanier qui lui semble le plus favorable à nos intérêts.

A l'appui de cette opinion, il est permis d'apporter un fait, — on dirait un « précédent » dans le langage administratif, — d'une grande valeur emprunté à l'histoire de ces dernières années. On sait que le traité de Berlin a confié l'administration de la Bosnie et de l'Herzégovine à l'Autriche-Hongrie[1]. Ces provinces n'ont point été incorporées, elles continuent en quelque sorte à faire partie de l'Empire ottoman; l'Autriche est donc en Bosnie et Herzégovine dans une situation moins privilégiée que la France en Tunisie; elle n'a pas hésité cependant à faire entrer ces deux provinces dans l'union douanière austro-

---

[1] L'article 25 du traité de Berlin porte : « Les provinces de Bosnie et d'Herzégovine seront occupées et administrées par l'Autriche-Hongrie ».

hongroise. Il résulte de cette décision que les produits bosniaques pénètrent en Autriche sans acquitter de taxes douanières et que par réciprocité les produits autrichiens entrent librement en Bosnie et en Herzégovine [1].

Rien ne s'oppose à ce qu'un semblable régime soit établi entre la France et la Tunisie. Toutefois, la suppression des droits d'importation atteignant en France les produits tunisiens paraît plus urgente encore que l'abolition des droits d'importation perçus dans la Régence sur les produits français. On ne saurait, en effet, sans injustice, traiter différemment dans nos ports les produits algériens et les produits tunisiens, les colons qui portent leurs capitaux dans notre « colonie » et ceux qui portent les leurs dans notre « Protectorat ». Peut-on conserver plus longtemps un régime où les vins d'Espagne et d'Italie sont plus favorisés que les vins récoltés en Tunisie par nos compatriotes? La libre entrée des produits français dans la Régence, n'est pas moins juste, moins désirable, mais, l'application de cette mesure devant avoir pour conséquence une diminution dans les recettes du Trésor beylical, il convient peut-être de l'ajourner quelque temps Cet ajournement, d'ailleurs, ne sera pas aussi contraire qu'on pourrait le croire, au développement de l'exportation française, si les produits tunisiens sont admis dans nos ports au bénéfice de la franchise. Il ne faut pas oublier, en effet, que les produits s'achètent avec des produits; si, donc, les produits tunisiens arrivent en quantité plus considérable dans notre pays, ils emporteront en

---

[1] Décision du 1er janvier 1880.

payement dans la Régence, pour une valeur plus considérable de marchandises françaises.

Nous avons dit qu'en matière de travaux publics il y avait en Tunisie une grande tâche à accomplir. Le Protectorat succédant à une administration indigène peu soucieuse des intérêts économiques du pays, n'a trouvé sur toute l'étendue du territoire ni routes, ni ports, ni canaux d'irrigation.

Il faut malheureusement reconnaître que jusqu'ici bien peu de choses ont été faites. On le comprend lorsqu'il s'agit des ports et des routes : l'administration française obligée dès le premier jour de parer à toutes les dépenses avec les seules recettes du budget tunisien ne pouvait consacrer des sommes importantes aux voies de communication, mais il lui était possible de confier à des compagnies la construction des lignes ferrées dont l'utilité est indiscutable et l'aménagement des ports. On peut donc regretter qu'après cinq années d'occupation il n'ait pas été construit plus de 10 kil. de chemin de fer dans la Régence et que le premier coup de pioche n'ait pas encore été donné au port de Tunis.

Au commencement de 1887, trois routes seulement, dont la plus longue n'a que 20 kil. sont achevées : de Tunis à Hamman-Lif, de Tunis au Bardo, de Tunis à la Goulette; d'autres sont en construction : de Tunis à Bizerte, de Tunis au Kef, de Tunis à Zaghouan et à Sousse. C'est au total 115 kil. de routes terminées et 170 kil. en construction.

Une seule ligne ferrée est en exploitation, celle de la vallée de la Medjerda, qui de la frontière algérienne va jusqu'à Tunis et comprend, en outre, le tronçon de Tunis à Hamman-Lif. Elle était construite avant notre occupation [1]. Pour être complet on doit citer encore le petit chemin de fer italien de Tunis à la Goulette « dernière hypothèque de l'Italie sur Tunis et Carthage ». Quant au chemin de fer Decauville installé pendant l'expédition pour les services de l'armée entre Sousse et Kairouan il fonctionne très irrégulièrement trois ou quatre fois par mois.

Est-il besoin de dire qu'une aussi grande insuffisance des moyens de communication entrave le développement commercial du pays, renchérit ses produits, éloigne même les colons qui ne veulent point acheter de terres tant qu'ils ne seront point assurés d'avoir une bonne route pour conduire leurs récoltes jusqu'au marché ou jusqu'à la mer? Les dépenses occasionnées par les transports sont aujourd'hui fort élevées : c'est ainsi que l'envoi d'un hectolitre de vin de Dar el Bey à Tunis, distants de 104 kilom., revient à 4 fr. 80 c., alors que la valeur de la marchandise elle-même ne dépasse pas 35 à 40 fr. et peut tomber à 28 ou 30. A Tunis, l'expéditeur doit supporter de nouveaux frais s'il veut exporter sa marchandise ; de la ville à la Goulette d'abord, puis de la Goulette au navire, car les bâtiments sont obligés de mouiller au large à plus d'un kilomètre du rivage.

[1] Sa longueur est de 211 kilomètres. — Elle appartient à la Compagnie de Bone-Guelma et jouit depuis sa concession, c'est-à-dire alors que la Tunisie était encore indépendante, d'une garantie d'intérêt du Gouvernement français.

La création si nécessaire d'un port à Tunis est réclamée depuis longtemps ; il faut espérer qu'elle sera prochainement entreprise puisque le budget de la Régence prévoit pour cette dépense une somme de 7,326,000 fr. [1]. Après Tunis les villes dans lesquelles il est le plus nécessaire de créer des ports sont Tabarka, Sousse et Sfax.

L'établissement d'un réseau de routes et de voies ferrées mettant en communication les principaux centres, les villes de l'intérieur avec celles de la côte, n'est pas moins urgente que la construction des ports. Les lignes les plus nécessaires sont celles de Djedeida (station sur la ligne de Bone à Tunis) à Bizerte par Mateur, de Hamman-Lif à Sousse, de Sousse à Kairouan, qui traverseront les régions les plus fertiles du pays, puis de Sousse à Mahadia et Gabès ; plus tard on pourra relier les lignes algériennes par Souk-Ahras et Tébessa à Gafsa, Tozeur, Gabès et Zarzis [2].

---

[1] Dans ce chiffre est comprise la première dotation affectée aux travaux du port par le décret beylical du 12 juillet 1886.

[2] Il ne faut point oublier que les concessions faites par l'administration du Protectorat à certaines Sociétés auront pour effet de doter la Tunisie de quelques petits tronçons de chemins de fer et de quelques ports.

Les deux Compagnies qui exploitent les minerais de fer du pays des Khroumirs, des Nefzas et des Mogods se sont engagées à creuser un port, l'une à Tabarka, l'autre au cap Serrat, et à construire à leurs frais un chemin de fer reliant à la côte les régions minières.

La Société anglaise des Alfas de Tunisie doit, au terme de son cahier des charges, relier à ses frais par une voie ferrée son centre d'exploitation de Bou-Hedma à la baie de Skira.

Enfin la Société de la mer Intérieure Africaine a le projet de construire, à l'embouchure de l'Oued-Melah, un port qui pourrait recevoir les bâtiments de la Compagnie Transatlantique. — La réalisation de ce projet est d'autant plus désirable que toute la côte des golfes de Hammamet et de Syrte est plate, ses abords peu profonds. En aucun point les navires n'approchent aisément du rivage ; à Gabès même les bateaux mouillent à une grande distance.

Il conviendrait de songer aussi, d'un côté, à assurer par des lignes stratégiques les derrières de la Tunisie, afin de la défendre contre les incursions des tribus de la Tripolitaine, contre toutes les agressions du Monde Musulman, et de l'autre, à utiliser la situation exceptionnellement favorable du port de Bizerte aujourd'hui simple lieu de rendez-vous pour les bateaux corailleurs de la côte. Le lac de Bizerte, mis par un long chenal en communication avec la mer, s'étend sur un espace d'environ 150 kil. carrés ; il a, même sur ses bords, une épaisseur d'eau de 3 à 5 mètres et dans les fonds de milieu la sonde descend jusqu'à 12 et 13 mètres. Ainsi se trouvent réunies à Bizerte toutes les conditions nécessaires pour l'établissement d'un grand port militaire qui pourrait faire échec aux positions stratégiques anglaises de Gibraltar et de Malte et intercepter entre elles la route directe de l'Angleterre aux Indes par la Méditerranée et le canal de Suez, au seul point où, pour nous, cette route est vulnérable [1].

En Tunisie comme en Algérie nous devons suivre une « politique hydraulique ». Tandis que sur certains points, à l'embouchure de la Medjerda et dans la plaine de Kairouan par exemple, il faut entreprendre des travaux de dessèchement, sur d'autres il faut construire des barrages pour conserver des pluies et préserver le pays de la sécheresse. Les plaines du Sahel manquent d'eau, sauf dans

Le port de l'Oued-Melah pourrait donc attirer à la fois le commerce de la Tunisie méridionale et peut-être certaines caravanes qui se rendent aujourd'hui en Tripolitaine.

[1] Voir sur ces questions ce qui est dit au chapitre suivant : « La France en Pays musulman. La question religieuse et la question arabe ».

certaines régions parfaitement cultivées telles que les environs de Nebeul, de Monastir, de Mahadia et de Sfax ; pour les rendre fécondes il suffit d'y creuser des puits et d'y établir des *norias*. On trouve partout à quelques mètres de profondeur une grande nappe d'eau qui amenée à la surface du sol y rendra possibles les cultures les plus riches. Enfin nos ingénieurs feront œuvre utile en recherchant dans le Sud ces fleuves souterrains dont parle Strabon ; le forage de puits artésiens augmentera, comme il l'a fait dans la province de Constantine le nombre et la richesse des oasis et fera apprécier aux indigènes les bienfaits de l'occupation française[1].

[1] On a dit plus haut les résultats obtenus dans la région de l'Oued-Melah par la Société de la mer Intérieure Africaine.

V

LE MOUVEMENT COMMERCIAL.

Toutes ces entraves résultant d'un mauvais système d'impôt et d'un régime douanier défectueux, n'ont pas empêché le mouvement commercial de la Tunisie de prendre un très grand développement depuis l'installation du Protectorat.

Avant l'occupation française le commerce de la Régence avec l'extérieur variait entre 18 millions de francs [1], chiffre minimum qui se rencontre dans l'année 1877-1878, — et 26 millions, — chiffre maximum atteint en 1878-1879. Cinq ans après l'établissement du Protectorat, en 1885-86 [2], le mouvement des échanges dépasse 50 millions et demi de francs.

La part de la France dans cette énorme progression est

[1] Les statistiques tunisiennes auxquelles une partie des chiffres suivants sont empruntés s'expriment en piastres dont la valeur, avons-nous dit, est de 0 fr. 62 c.,5.

[2] L'année tunisienne commence au 13 octobre 1885 et finit au 12 octobre suivant.

satisfaisante: en 1880 le chiffre de ses affaires avec la Tunisie était de 15 à 20 millions, il s'élève maintenant à plus de 37 [1].

[1] Commerce de la Régence de Tunis en 1885-86, d'après les « *Tableaux de la Douane* » publiés par le *Journal officiel tunisien* :

Importations.	29,685,458 fr.
Exportations.	20,894,286 »
Total.	50,579,744 fr.

A *l'importation*, la part des principales nations commerçant avec la Tunisie est la suivante :

France : 15,028,196 fr. (vins, farines, tissus de laine, de coton, de toile, de soie, produits alimentaires, modes et confections, métaux bruts et ouvrés, machines et instruments agricoles, bijoux d'or et d'argent, bois de construction et bois ouvrés, chaux et ciment, etc...).

Angleterre : 4,847,124 fr. (tissus de coton et toileries, charbon de terre, tissus de laine, etc...).

Italie : 3,961,868 fr. (vins, marbres, pierres, tissus de coton et toileries, etc...).

Autriche : 964,186 fr.

Algérie : 793,291 fr.

A *l'exportation* :

Italie : 9,492,358 fr. (blé, orge, huile d'olive, peaux de bœufs, de moutons et autres, tan, etc...).

France : 2,812,074 (éponges, huile d'olive, peaux, grignons, légumes secs).

Angleterre : 2,785,012 fr. (alfa, huile d'olives, etc...).

Algérie : 2,251,528 (blé, orge, bestiaux, tan, etc.).

Nous ne savons d'après quelle méthode sont dressées les statistiques tunisiennes ni quel degré de confiance il faut leur accorder. Nous remarquerons seulement qu'à l'importation les marchandises paraissent inscrites, non sous la rubrique du pays d'où elles viennent en dernier lieu, mais sous celle de leur pays d'origine. Ainsi les importations de la France étant évaluées à 15 millions, alors qu'elles se sont élevées en réalité à 23 millions, — « commerce général », — nous pensons que le chiffre de 15 millions est celui du « commerce spécial » et s'applique aux seuls produits français.

Voici d'ailleurs, d'après le *Tableau général des Douanes de France*, le mouvement général du commerce entre la France et la Tunisie pendant l'année 1885 (on remarquera que cette année 1885 ne correspond que très imparfaitement à l'année tunisienne 1885-86) :

Importation en Tunisie : 23,309,296 fr. au « commerce général », dont 15,329,675 au « commerce spécial » (peaux préparées et ouvrages en peaux et en cuirs 2,105,000 fr.;— vins, 1,843,000 fr.;— bijouterie d'or ou de platine, 1,479,000 fr.;— soies écrues grèges, 1,348,000 fr.;— tissus, passementeries et

En 1885-86 le mouvement maritime de la Régence accuse entrées et sorties réunies 8,770 navires, jaugeant 262,000 tonnes. La part du pavillon italien est dans ce total légèrement plus élevée que celle du pavillon français [1].

Nous venons de constater une progression énorme dans le dévoloppement commercial de la Tunisie. On appréciera plus encore quelle est son importance si l'on tient compte des deux faits suivants : d'une part le mouvement ascentionnel observé en Algérie au lendemain de notre conquête a été beaucoup moins rapide que celui constaté en Tunisie : le commerce général de l'Algérie qui était en 1831 de 8 millions de francs ne s'élevait en 1836 qu'à 26, et il n'a dépassé qu'après dix années d'occupation, le chiffre atteint en cinq ans par la Tunisie. D'un autre côté on a dès maintenant la certitude que le commerce de la Tunisie va suivre une continuelle progression : une partie des terres achetées par les Européens n'a pas encore été mise en culture, les vignobles n'entreront en rapport que dans deux, trois ou quatre années, les propriétaires ne pourront exporter leur vin qu'après avoir approvisionné la Tunisie elle-même qui importe maintenant les vins nécessaires

---

rubans de coton, 1,218,000 fr.; — vêtements, tissus de laine, céréales, etc...).

Exportations de la Tunisie : 7,766,933 fr. au « commerce général », dont 6,254,371 restent au « commerce spécial » (éponges, 1,155,000 fr.; — huile, 1,453,000 fr.; — peaux, 985,000 fr.; — amura et grignons, 915,000 fr.; — fruits, céréales, etc...).

Importations et exportations réunies : 37,076,229 fr.

[1] Part des principaux pavillons :
Pavillon italien : 4,208 navires jaugeant 111,787 tonneaux.
Pavillon français : 1,883 navires jaugeant 99,953 tonn.
Pavillon anglais : 341 navires jaugeant 46,714 tonn.
Dans les chiffres donnés ici n'est pas compris le mouvement du cabotage entre les ports de la Tunisie.

à sa consommation. La constatation de ces faits ne suffit-elle pas pour justifier de grandes espérances? Si l'on songe en outre que la Régence reçoit tous les jours de nouveaux colons, que l'industrie vinicole est assurée d'un large développement, que les routes et les chemins de fer dont la construction est imminente favoriseront l'exportation des produits, que le moment ne peut être éloigné où l'on condamnera le régime douanier barbare existant entre la France et la Tunisie, on jugera qu'il n'est pas téméraire de penser que le commerce général de ce pays pourra atteindre 100 à 150 millions dans une quinzaine d'années. Si dans ce chiffre les importations des produits français s'élèvent à une trentaine où quarantaine de millions se trouvera-t-il encore des hommes politiques regrettant l'intervention de la France dans les affaires tunisiennes et « l'utilité commerciale » de la Régence pour notre pays ne sera-t-elle pas démontrée comme l'est déjà son « utilité politique et militaire »?

VI

LES INSTITUTIONS DE CRÉDIT.

Nous avons développé dans notre étude sur l'Algérie [1] les raisons pour lesquelles il est très désirable que des Sociétés de crédit ou des banques s'établissent de bonne heure dans une colonie de peuplement, afin de mettre l'argent à bon marché à la disposition des colons. Ces raisons ont en Tunisie la même valeur qu'en Algérie : si l'argent y est abondant, si l'escompte et le prêt hypothécaire sont établis à des taux modérés, le développement de la colonisation sera plus rapide.

Il n'existe actuellement à Tunis que deux Sociétés de crédit : la Banque de Tunisie et une succursale de la Compagnie algérienne. Leur établissement qui remonte à ces dernières années a fait baisser le taux de l'intérêt que les banquiers et les usuriers indigènes maintenaient à des prix fort élevés. C'est ainsi que pendant l'exercice 1885-1886 le taux de l'escompte perçu par la Banque de Tunisie (Société

---

[1] Voir au chapitre précédent : « VII. *Les Institutions de crédit* ».

française ne jouissant d'aucun privilège, fondée en 1884 au capital de 8 millions de francs), qui concentre presque toutes les affaires, s'est abaissé à 7 0/0 tandis qu'il était de 12 0/0 au minimum chez les banquiers de Tunis en 1879. Le taux des prêts hypothécaires est, de son côté, descendu à 9 et même 8 0/0 au lieu de 20 0/0 qu'il atteignait à la même époque.

L'amélioration dans les conditions du crédit, que ces chiffres permettent de constater, ne doit pas empêcher de voir la situation sous son véritable jour. La Banque de Tunisie et la Compagnie algérienne, ne pouvant réescompter à une banque d'émission comme la Banque de France ou la Banque de l'Algérie les effets qu'elles reçoivent, ne jouissant pas du privilège d'émission qui leur permettrait de remettre en circulation une partie du numéraire déjà employé, ne possédant, enfin, l'une et l'autre, qu'un assez faible capital ne sauraient longtemps faire face à toutes les exigences économiques du pays. Déjà, elles sont dans l'obligation d'écarter une partie des demandes qui leur sont adressées et l'on doit prévoir que la mise en pratique de la nouvelle loi immobilière en donnant aux titres une mobilité qui permettra de solliciter facilement des prêts hypothécaires ne manquera pas d'accroître dans une forte proportion les demandes de numéraire.

Les colons tunisiens réclament donc la création dans la Régence d'une Banque d'émission ayant des privilèges et des obligations semblables à ceux de la Banque de l'Algérie. Il est très désirable que cette demande soit entendue et prochainement accueillie; l'intérêt de l'argent bien qu'ayant été sensiblement abaissé par les institutions françaises de crédit est encore trop élevé, et, ce qui est plus, l'argent n'est pas assez abondant pour qu'il soit possible de satisfaire à toutes les demandes qui doivent naturellement se produire dans une colonie agricole en plein développement[1].

Convient-il d'établir en Tunisie un Crédit Foncier à côté de la Banque d'émission? On a généralement pensé que cette création ne présenterait pas une grande utilité, les titres de propriété de la nouvelle loi immobilière pouvant être acceptés, en garantie de prêts hypothécaires, par n'importe quelle banque. Il semble que la Banque d'émission pourrait elle-même recevoir ces titres. La question est des plus intéressantes car il importe que l'agriculture, aussi bien que l'industrie et le commerce, soit assurée de trouver à bon marché les capitaux dont elle a besoin.

[1] Il serait possible de confier à la Banque d'émission le soin de réaliser la réforme monétaire de la Régence, dont la nécessité est généralement reconnue.

On sait que le commerce et l'industrie sont gênés chaque jour par la variation incessante du prix de la monnaie tunisienne qui n'a aucun taux légal. Cet état de choses est l'origine d'abus de toutes sortes, de manœuvres de la part des marchands d'argent. Le titre des piastres est, en outre, variable d'une pièce à l'autre. Une réforme monétaire est donc urgente. Les détails en sont à étudier, mais il paraît qu'elle doit avoir pour but et résultat la refonte des monnaies actuelles, l'attribution d'une valeur fixe aux nouvelles pièces et leur concordance avec les monnaies françaises.

Les journaux nous ont récemment informé (mars 1887) que, parmi les projets soumis par le Résident général au ministre des affaires étrangères figuraient la création d'une Banque d'émission et la réforme monétaire.

VII

CE QUE LA TUNISIE A COUTÉ A LA FRANCE.
LE BUDGET DE LA RÉGENCE.

On a vu au chapitre précédent[1] que la France avait dépensé des sommes considérables en Algérie; il n'en est heureusement pas de même en Tunisie et ce n'est point un des moindres mérites de l'administration du Protectorat d'être parvenue à faire face à toutes les dépenses du pays avec ses propres ressources et d'avoir établi l'ordre et l'économie dans le budget beylical.

La France a dépensé en Tunisie, de 1881 à la fin de 1886, une somme totale de 152,966,917 fr. se décomposant de la manière suivante: frais de la conquête et du corps d'occupation 141,995,531 fr.; services civils 4,921,386 fr.; avances au gouvernement beylical 6,050,000 fr.

Si l'on ajoute que le produit des postes, des télégraphes,

---

[1] Voir au chapitre précédent : « VIII. *Ce que l'Algérie a coûté à la France. Le budget de la colonie* ».

et les sommes remboursées au Trésor par le gouvernement beylical s'élèvent à 3,187,565 fr. on voit que les *dépenses réelles* atteignent 149,779,352 francs[1].

Il est permis de dire, en présence de pareils chiffres, que la Tunisie n'a guère coûté au Trésor français que les frais nécessités par la conquête.

On a heureusement adopté dans la Régence une méthode financière autre que celle suivie en Algérie depuis 1830. C'est ainsi que l'on ne rencontre au budget de 1886 qu'une somme de 10 millions affectée à notre Protectorat ; elle représente les dépenses du corps d'occupation, des services financiers, de la justice, de la Résidence générale

---

[1] Les chiffres se décomposent de la façon suivante :

DÉPENSES DES SERVICES MILITAIRES.

Ministère de la guerre.	132,827,587 fr. 51
Ministère de la marine (seulement pour les années 1881, 1882 et 1883 ; depuis la fin de l'expédition il n'est pas possible de dégager les dépenses faites pour la Tunisie dans les comptes de la marine).	9,167,943 fr. 93

DÉPENSES DES SERVICES CIVILS.

Services financiers (frais de trésorerie).	1,061,893 fr. 01
Personnel de la justice française.	644,871
Ministère des affaires étrangères (Résidence générale).	772,162 75
Postes et télégraphes.	2,433,789 77
Cultes.	8,670

AVANCES AU GOUVERNEMENT BEYLICAL.

Avances au gouvernement beylical (guerre et marine).	6,050,000 fr.
Total général.	152,966,917 fr. 97

RECETTES.

Produits des postes, des télégraphes et autres.	2,658,611 fr. 04
Sommes remboursées au Trésor par le gouvernement beylical.	528,954 20
Total général.	3,187,565 fr. 24

des postes et télégraphes[1]. Toutes les autres dépenses, y compris le traitement des directeurs français des principaux services et des contrôleurs civils sont inscrites au budget tunisien. L'administration du Protectorat a soigneusement conservé l'autonomie de celui-ci en adoptant ce principe que la Tunisie devait pourvoir à tous ses besoins, payer tous ses services, afin que les charges de la France fussent aussi restreintes que possible.

Le budget de la Régence pour l'exercice 1886-87, s'élève en recettes à une somme de 43,089,747 piastres, soit 25,853,848 fr.[2]. Dans ce total, figure une « recette extraordinaire » de 9,739,646 fr., provenant des excédents des exercices antérieurs; de telle sorte que les « recettes ordinaires » ne sont que de 16,114,200 fr.[3]. Nous avons

---

[1] Dépenses inscrites au budget de 1886 pour la Tunisie :

Ministère de la guerre (corps d'occupation)	8,843,420 fr.
Ministère des finances (frais de trésorerie)	156,500
Personnel de la justice française (cette dépense devrait être remboursée par le budget tunisien, mais elle ne l'a pas été jusqu'ici)	175,427
Ministère des affaires étrangères (Résidence génér.)	100,500
Postes et télégraphes	733,523
TOTAL	10,009,370 fr.

Les produits des postes, des télégraphes et autres étant inscrits la même année en *recette* pour une somme de 461,494 fr., doivent venir en déduction du chiffre précédent. Les dépenses *réelles* se sont ainsi élevées à 9 millions et demi (9,547,876 fr.).

[2] Le budget est établi en piastre. L'administration a évalué celle-ci à son taux le plus bas, qui est 0,60 centimes.

[3] Budget tunisien de 1886-1887.

RECETTES.

Contributions directes	6,576,000 fr.
Contributions indirectes	8,097,000
Droits maritimes et de ports	12,000
Produits divers (domaines, forêts, excédents des exercices antérieurs parmi lesquels la somme de 11,232,747 piastres affectée par le décret du 12 juillet 1886 aux travaux du port de Tunis)	11,168,848
TOTAL	25,853,848 fr.
	(43,089,747 piastres.)

étudié plus haut les impôts qui produisent ces recettes [1].

Les dépenses sont arrêtées à 43,087,302 piastres, soit 25,852,380 fr.[2]

Après le paragraphe où est prévue la somme nécessaire au service de l'emprunt de conversion de 1884[3] (6,307,520 fr.), le chapitre qui attire le plus l'attention est celui des travaux publics. Il comprend les ponts et chaussées, les mines, les ports et la navigation, la topographie et les forêts ; son total est de 12,140,400 fr. C'est là un chiffre que l'on jugera fort élevé, si l'on considère que l'ensemble des dépenses n'atteint que 25,850,000 fr., mais il convient de remarquer qu'il est uniquement dû à l'inscription dans le budget des recettes — et dans ce budget au chapitre des travaux publics — des excédents des exercices antérieurs (9,739,646 fr.). Si donc, de la somme de 12,140,400 fr., on retranche les 9,739,646 fr. qui ont ces excédents pour origine, la dota-

---

[1] Voir plus haut : « IV. *Le régime économique.* »

[2] Budget tunisien de 1886-1887.

DÉPENSES.

Ministère des finances (dotation du bey et de sa famille, service de la dette, etc.)	10,431,545 fr.
Administration générale	2,552,619
Ministère de la guerre	487,816
Direction des travaux publics	12,140,400
Dépenses imprévues	240,000
TOTAL	25,852,380 fr.
	(43.087,302 piastres.)

Il convient de noter que l'administration du Protectorat a négligé de rappeler « pour mémoire » dans un chapitre spécial du budget l'existence d'un « fonds de réserve » de 18 millions de piastres, soit 10,800,000 fr. Ce « fonds destiné à subvenir aux dépenses de l'État en cas d'insuffisance des recettes » a été constitué par un décret beylical en date du 21 juillet 1886. (Il doit être porté à 30 millions de piastres.

[3] Voir plus loin, p. 186, ce qui est dit de la réforme financière faite par l'administration du Protectorat.

tion du service des travaux publics payés sur les ressources
« ordinaires », normales, n'est plus que de 2,400,751 fr.
Ainsi, l'on peut dire qu'il n'est prélevé sur les recettes ordinaires de la Régence, qu'une somme de 2,400,000 fr.
pour l'ensemble des travaux publics à entreprendre dans
le pays, ceux du port de Tunis exceptés [1]. Une semblable
annuité est-elle suffisante pour mener à bien en peu d'années l'œuvre si nécessaire, indispensable même au développement de la colonisation, des chemins de fer, des
routes, des ports, des puits artésiens, de l'exploitation des
forêts...? On ne pourrait le soutenir. Tous ces travaux
sont urgents et il est nécessaire de les entreprendre dans
le même temps, car les ports ne seraient d'aucune utilité
au pays s'il n'existait pas des voies rapides permettant d'y
transporter les produits du sol.

Ces observations, cette vue exacte des choses, conduit
naturellement à penser qu'on ne saurait condamner la
Tunisie à exécuter les travaux publics dont elle a besoin
à l'aide des seules ressources provenant de ses recettes ordinaires. Différents systèmes ont donc été proposés pour
assurer au pays les « ressources extraordinaires » que réclame l'œuvre des grands travaux. Le gouvernement beylical pourrait faire un emprunt en fonds amortissables et
entreprendre directement les travaux. Il pourrait aussi,
suivant l'idée que cherche à réaliser le Gouverneur géné-

[1] Nous avons dit qu'un décret beylical en date du 12 juillet 1886 avait affecté une somme de 11,232,000 piastres, prélevée sur les excédents des exercices antérieurs, aux travaux du port de Tunis. Le budget de 1886-1887 porte cette dotation (chapitre des Travaux Publics) à 12,210,000 piastres. Ce crédit, qui ne sera certainement pas dépensé en 1886-1887, devra être fidèlement reporté aux exercices suivants.

ral de l'Algérie pour notre colonie, concéder à l'industrie privée la construction des chemins de fer, des ports et même des routes ou des travaux hydrauliques, en assurant aux compagnies concessionnaires des garanties d'intérêt. D'autres combinaisons peuvent encore se concevoir. Nous n'avons ici à en présenter aucune; c'est au Gouvernement à examiner les unes et les autres pour ensuite soumettre aux Chambres celui qu'il jugera le meilleur[1].

L'étude des différents systèmes financiers adoptés en France, en Algérie, en Angleterre ou dans quelques autres pays pour l'exécution des travaux publics, suggérerait facilement à l'administration du Protectorat des combinaisons qui n'exigeraient pas l'inscription annuelle au budget d'une somme supérieure à celle qui est prélevée sur les recettes « ordinaires » de l'exercice 1886-87 pour les travaux publics.

[1] On sait que par la Convention de la Marsa (8 juin 1883) le bey s'est interdit de contracter à l'avenir aucun emprunt pour le compte de la Régence sans l'autorisation du gouvernement français.

VIII

L'ADMINISTRATION DE LA TUNISIE.

Comment la France administre-t-elle la Tunisie ?

Le pays continue à être gouverné par un souverain musulman, Sidi Ali, frère et successeur de Mohammed el Sadok, mais deux actes qui le lient envers la France ont considérablement restreint ses pouvoirs. Le premier est le traité de Kasr Saïd analysé plus haut, le second la convention signée à la Marsa le 8 juin 1883. Celle-ci contient le mot de « Protectorat » qui ne figure pas dans le traité de 1881 et nous permet en réalité de mettre notre veto à tout acte émanant du bey qui pourrait nuire à la bonne administration du pays. Il suffit d'en citer le premier article : « Afin de faciliter au Gouvernement français l'accomplissement de son Protectorat S. A. le Bey de Tunis s'engage à procéder aux réformes administratives, judiciaires et financières que le Gouvernement français jugera utiles ».

Lé bey a deux ministres : le « premier ministre » qui

dirige les *caïds* ou gouverneurs et « le ministre de la justice et de la plume ». Mais les ministres réels, ceux dont part l'impulsion, sont les ministres français : le ministre des affaires étrangères qui n'est autre que le Résident général, le ministre de la guerre qui est le général commandant le corps d'occupation, puis les chefs des grands services publics, — les directeurs des finances, des travaux publics, de l'enseignement, — lesquels sont appelés dans les conseils de gouvernement et préparent chaque année le budget. Le conseil des ministres est présidé par le Résident général. Enfin, le secrétaire général du gouvernement beylical est un secrétaire d'ambassade français.

Dans les provinces des sortes de préfets indigènes nommés *caïds*, assistés d'un ou plusieurs lieutenants ou *khalifas* sont chargés de l'administration. A côté d'eux, placés dans un poste d'observation, sont les « contrôleurs civils » qui exercent auprès des autorités indigènes les mêmes fonctions de direction et de conseil dont est investi auprès du bey le Résident général. Ils sont aujourd'hui au nombre de treize, installés à Tunis, à la Goulette, Mateur, Bizerte, Béja, Souk-el-Arba, le Kef, Nebeul, Sousse, Kairouan, Sfax, Tozeur et Djerba. Si l'on a pu blâmer quelquefois la France d'employer trop de fonctionnaires dans ses colonies, on ne saurait lui adresser un pareil reproche pour la Tunisie, où les treize contrôleurs civils représentent le gros du corps des fonctionnaires. Les contrôleurs ne doivent pas administrer ; leur rôle n'en est pas moins considérable puisqu'ils parcourent les tribus, entendent les indigènes, se rendent compte par eux-mêmes de la manière dont les lois sont exécutées.

On ne veut point énumérer ici toutes les réformes qui ont été introduites dans la Régence par le Protectorat : réforme administrative, institution des municipalités, réforme financière, équilibre du budget, suppression de certains emplois inutiles, réduction de l'armée beylicale, réforme de l'enseignement, création d'une justice française, institution de l'état civil [1]. Il en est deux toutefois qui semblent plus importantes que les autres parce qu'elles ont établi, confirmé devant l'Europe et avec son consentement, la situation toute particulière et privilégiée de la France en Tunisie ; c'est la suppression des Capitulations et la conversion de la dette.

L'effet principal des Capitulations est de placer les étrangers, vivant en pays ottoman, sous la juridiction de leurs consuls qui seuls ont le droit de les juger, de les condamner et d'exécuter les sentences prononcées contre eux. Il n'est pas besoin d'insister sur les inconvénients, les difficultés de chaque jour qu'aurait présenté pour l'administration française le maintien de ce régime exceptionnel. Des négociations furent entamées avec les différentes puissances ;

---

[1] Parmi les meilleures de ces réformes, il faut signaler celle qui a qui a eu pour résultat d'empêcher les *caïds*, les *khalifas* et les *cheikhs* de percevoir trois ou quatre fois l'impôt comme ils le faisaient souvent avant l'occupation française. Aujourd'hui toutes les cotes sont inscrites sur des registres à souche envoyés chaque année au *caïd* ; il note sur la souche la somme perçue, détache le reçu écrit en arabe et doit le remettre à l'indigène. Les Tunisiens commencent à comprendre l'usage de ce petit papier et ne manquent pas de le réclamer, quand par hasard il plaît encore à l'autorité d'oublier de le donner.

les résistances de l'Angleterre et de l'Italie cédèrent. Il était difficile de refuser à la France une renonciation que l'Angleterre avait obtenue à Chypre en 1878 et l'Autriche en Bosnie et en Herzégovine la même année. L'accord se fit donc avec toutes les puissances; il fut seulement entendu, vis-à-vis de l'Angleterre principalement, que certaines réclamations de particuliers, au lieu d'être envoyées devant le tribunal de première instance seraient soumises à l'arbitrage. Au 1er août 1884, tous les tribunaux consulaires étrangers étaient fermés en Tunisie et notre juridiction s'étendait à toute la population européenne [1].

La deuxième grande réforme a été celle des finances. Le gouvernement beylical ayant fait à diverses époques plusieurs emprunts, auxquels avaient souscrits des rentiers français, anglais, italiens, avait dû consentir, en 1869, à l'installation à Tunis d'une « Commission financière » composée de neuf membres, trois français, trois anglais et trois italiens, dont la fonction était d'assurer l'exact payement des coupons aux porteurs des titres. Le chiffre réel de la dette tunisienne en 1884, — « dette consolidée » et « dette flottante », — s'élevait à 142 millions de francs. Le service de ses intérêts exigeait environ 8 millions ce qui était une charge fort lourde, considérable, pour un budget dont les recettes étaient alors de 14 à 16 millions. En outre, la « Commission internationale » qui n'avait pas à se préoccuper du développement des ressources naturelles du pays et qui avait encore moins souci du développement

[1] Elle a été depuis étendue aux indigènes pour toutes matières mobilières ou commerciales, lorsqu'un Européen est en cause (3 juillet 1884).

de l'influence française, rendait impossible toute réforme du budget et des impôts.

Afin de faire cesser cet état de choses, ruineux pour les finances tunisiennes, incompatible avec le fonctionnement du Protectorat le Gouvernement autorisa le bey à émettre sous la garantie du Trésor français, un emprunt pour le remboursement de la « dette consolidée » et de la « dette flottante [1] ».

Le total de cette nouvelle dette unifiée fut de 142,550,000 francs répartis entre 315,376 titres de 500 fr. rapportant 4 0/0, soit 20 fr. l'un. Elle exige l'inscription annuelle au budget de la Régence d'une somme de 6,307,520 fr., ce qui, au taux où a été fait l'émission de l'emprunt, représente pour les finances beylicales une économie d'environ 1,380,000 fr. sur le service de l'ancienne dette. En outre, comme on avait offert aux porteurs des anciens titres l'option entre le remboursement et la conversion et que tout débiteur a le droit de se libérer de ses dettes, l'opération équivalait à une novation. L'ancienne dette ainsi éteinte, les arrangements internationaux qui la concernaient n'avaient plus leur raison d'être et tombaient d'eux-mêmes : la « Commission financière internationale » disparut et le bey, c'est-à-dire l'administration du Protectorat, retrouva la faculté de disposer des impôts et de régler comme il lui convenait le budget du pays.

Telles sont dans leurs lignes générales les principales

---

[1] Loi du 9 avril 1884 approuvant la Convention de la Marsa du 8 juin 1883.
On sait que la garantie de la dette n'a imposé et probablement n'imposera jamais aucune charge au Trésor français.

réformes introduites par la France en Tunisie, les conditions dans lesquelles s'exerce notre protectorat. Il serait injuste de ne pas être satisfait des résultats obtenus : le budget est en équilibre ou ce qui est mieux en excédent, les différentes réformes introduites ont été acceptées par les indigènes sans trouble ni révoltes, chaque jour l'administration française réalise un nouveau progrès. Ainsi, et pour tout dire en un mot, les décrets du bey sont toujours datés de l'année de l'hégire et précédés des formules propres à la religion musulmane, mais une ère nouvelle a commencé et c'est de la France que vient aujourd'hui la force vive et la volonté.

IX

CONCLUSIONS.

Nous trouverons la conclusion de cette étude dans l'examen d'un dernier problème. Les colons ont demandé, — et leur demande a été quelquefois appuyée en France — la déposition du bey, l'annexion pure et simple, immédiate, de la Tunisie. C'est là une grave question mal posée ou plutôt résolue sans réflexion suffisante. Il faut, croyons-nous, distinguer ici entre ce que nous appelons « l'*annexion administrative* » et « l'*annexion morale* ».

La première supprime le bey et les fonctionnaires indigènes, remplace par un préfet et des sous-préfets le Résident général et les contrôleurs civils, fait de la Tunisie une quatrième province de l'Algérie. Elle ne semble pas aller sans difficultés, sans dangers même ; quant à ses avantages, il paraît difficile de les apercevoir. En premier lieu « l'annexion administrative » nécessiterait peut-être une préparation diplomatique, certaines négociations, le

Gouvernement français ayant déclaré au lendemain du traité de Kasr Saïd qu'il n'était pas dans ses desseins de s'emparer de la souveraineté de la Tunisie. Mais, cette considération écartée, est-il bien de l'intérêt de la France de renoncer au système du Protectorat ? Celui-ci n'est-il pas plus économique, plus simple et plus acceptable pour des populations musulmanes que le régime du gouvernement direct par la France ?

L'annexion n'amènerait pas moins de 12 à 1,500 fonctionnaires ou employés métropolitains dans la Régence ; elle imposerait à notre budget une charge annuelle de 10 et peut-être de 20 millions. Chose plus grave encore, le renversement du bey pourrait produire parmi les populations un déplorable effet, soulever des tribus qui acceptent sans protester l'état de choses actuel. On ne saurait trop se souvenir que l'établissement de notre Protectorat en Tunisie n'a soulevé presque aucune résistance, tandis que l'établissement de notre souveraineté en Algérie a demandé vingt-sept années de combats et de batailles. Les voyageurs parcourant la Régence quelques mois après l'occupation, étaient frappés de ce fait que la conservation du pouvoir nominal du bey ramenait à nous bien des hésitants, rassurait bien des consciences, encourageait bien des intérêts. « J'ai vu, parmi les indigènes, écrivait Gabriel Charmes, de fort braves gens qui, involontairement partagés entre les devoirs contradictoires d'une situation aussi troublée que celle-ci se raffermissaient eux-mêmes en disant : après tout, nous servons le bey. Puisqu'il a passé un traité avec les Français, obéir à ces derniers, c'est obéir à lui-même ». Faut-il froisser de pareils sentiments, n'est-il pas plus sage d'en tirer parti?

« L'annexion morale » tient compte de cette situation : elle n'installe dans la Régence ni préfet, ni sous-préfets, mais y appelle les colons et les capitaux français, régénère le pays, augmente le bien-être de l'indigène, établit ainsi peu à peu dans toutes les parties du territoire l'influence française. N'est-ce point là une annexion plus sérieuse, qui aura des assises plus profondes que l'établissement immédiat du gouvernement direct dans un pays musulman où l'on compte seulement 4,500 Français contre un million d'indigènes et 23,000 étrangers?

Jusqu'ici la Tunisie n'a reçu que quelques centaines de capitalistes métropolitains qui ont acheté de grands domaines pour y planter de la vigne. Il faut, ainsi que nous l'avons dit, que les petits capitalistes, les petits colons, les petits propriétaires se rendent dans ce pays comme ils se rendent en Algérie. Il ne s'agit point de faire de la colonisation officielle, mais il est très désirable que l'administration française emploie pour faire connaître le pays, pour « solliciter » l'émigration, les moyens de publicité si pratiques, si simples et si persuasifs dont se servent avec succès les colonies australasiennes. Nous les avons réclamés pour l'Algérie, ils ne sont pas moins nécessaires pour la Tunisie. Le petit colon qui s'attache au champ qu'il cultive, y établit ses enfants, pénétrera l'élément indigène, contre-balancera l'élément maltais et italien. C'est lui qui établira l'influence française dans le pays. La réforme du système de l'impôt dont nous avons montré les imperfections et les injustices, l'exécution des routes et des chemins de fer qui relieront entre elles les différentes parties du territoire, des barrages, des canaux d'irrigation, des puits qui mettront les terres en valeur et développeront les cultures, contribueront aussi dans une large mesure à ce que nous appelons « l'annexion morale » du pays. Toutes ces choses amèneront l'indigène à respecter et à aimer ceux qui lui apporteront de semblables bienfaits. La mise en pratique du régime douanier que nous avons réclamée entre la France et la Tunisie créera un lien de plus entre les deux pays. Enfin, l'école, l'église, sont de puissants moyens d'assimilation qui ne sauraient être négligés : l'école apprend notre langue aux indigènes, rapproche les catholiques, les juifs, les grecs, les musulmans, l'église fait entendre une parole française aux Italiens et aux Maltais, aux Maltais surtout qui regardent plutôt comme leur chef l'archevêque d'Alger que le consul d'Angleterre.

Si la France suit en Tunisie une pareille politique « d'annexion morale » elle est assurée de faire dans ce pays de rapides progrès. Elle y recueillera dès les premières années du siècle prochain, par le commerce, par l'industrie, par son influence de nation colonisatrice, de superbes moissons, — et l'on pourra dire alors que c'est un grand honneur pour la République d'avoir donné à la France africaine une quatrième province.

III

LA FRANCE EN PAYS MUSULMAN

LA QUESTION RELIGIEUSE ET LA QUESTION INDIGÈNE

I. — Vue générale sur le Monde Musulman.

La France est devenue par son établissement en Afrique une puissance musulmane et une puissance arabe. — Étendue du Monde Musulman. — Le Koran. — Progrès de la religion Islamique dans le monde. — Les associations religieuses musulmanes. — Leur organisation. — « *Cheikh* », « *moqaddem* » et « *khouan* ». — Les « *Zaouïa* ». — Puissance des associations religieuses. — Elles rayonnent dans tout le Monde Musulman. — La *politique panislamique*. — Part de la religion dans les derniers événements qui se sont produits en Afrique. — La France ne peut se désintéresser des évolutions religieuses du Monde Musulman.

II. — Les associations religieuses en Algérie et en Tunisie.

Importance de la « question religieuse » dans nos possessions africaines. — Caractère religieux de la défense et des insurrections en Algérie. — La « guerre sainte ». — Les insurrections de 1871 et de 1881. — Nombre et force des congrégations religieuses établies en Algérie et en Tunisie. — Les Senoûsîya. — La doctrine de l'Ordre. — Son rayonnement en Afrique. — Forces dont il dispose. — Faits qui témoignent de son hostilité à notre établissement en Afrique.

III. — Politique suivie à l'égard des indigènes.

Nécessité d'une *conquête morale* après la conquête militaire. — La *question religieuse* et la *question indigène*. — La *politique de pénétration*. Les Berbères et les Arabes. — Les Kabyles; leurs mœurs. — Les Arabes; leurs mœurs. — Proportion entre ces deux races.
L'administration française a longtemps confondu les Berbères et les Arabes. — Sévérité dans la répression au temps de la conquête. — La politique d'extermination et la politique du « refoulement ». — Tristes conséquences de la politique du « refoulement ». — L' « expropriation pour cause d'utilité publique ». — Erreurs de ce système. — Il est encore suivi. — Le « projet des 50 millions »; son injustice. — La naturalisation des Juifs; mécontentement que cette mesure a causé parmi les indigènes. — Le « Code de l'indigénat ». — La France a-t-elle deux poids et deux mesures?

IV. — Politique à suivre à l'égard des indigènes.

Les résultats de la politique suivie jusqu'à ce jour. — La *conquête morale* des indigènes est encore à faire. — Lignes générales de la *politique de pénétration* qui devrait être suivie pour résoudre la *question religieuse* et la *question indigène*.
La question religieuse. — Le clergé musulman officiel. — Les associations religieuses amies. — Les marabouts. — Services religieux que les uns et les autres peuvent rendre à notre influence. — Services que le clergé nous a rendus en Tunisie. — Le clergé officiel et les congrégations religieuses amies pourraient être opposés aux congrégations hostiles. — Le Koran peut être enseigné aux fidèles dans un esprit favorable à notre civilisation. — Importance de l'interprétation dans la religion musulmane.
Utilité de l'établissement de postes militaires dans le Sud et de la construction de lignes stratégiques. — Nos ennemis du Sud : Touareg et Arabes. — Intrigues des Senoûsîya. — Routes par lesquelles l'Algérie et la Tunisie peuvent être attaquées. — Points occupés et à occuper en Tunisie et dans nos trois provinces.
La question indigène. — Ce qu'il faut faire pour améliorer la situation matérielle des indigènes. — 7,000 enfants seulement fréquentent les écoles et apprennent notre langue. — Les colons ne font rien pour l'instruction des indigènes. — Plus de 16 millions d'impôts directs payés par les indigènes en regard d'une dépense de 79,000 fr. pour leurs écoles. — Une faute à réparer. — L'instruction primaire des indigènes en Tunisie. — Résultats satisfaisants déjà obtenus. — Les tribunaux français et les *cadis*. — Les Kabyles et les Arabes justiciables de nos tribunaux.

Les indigènes doivent être appelés à servir sous nos drapeaux. — Utilité militaire et utilité morale de cette mesure. — Le système de la conscription en Tunisie. — Exemples donnés par la Russie et l'Autriche qui soumettent leurs sujets musulmans au service militaire.

De la justice et de l'utilité qu'il y aurait à donner aux indigènes des droits politiques. — Ils ne sont représentés actuellement que dans les assemblées locales. — Pourquoi les traiter moins favorablement que les noirs des Antilles, les Indiens ou les Juifs d'Algérie ? — Il convient de leur donner des droits politiques en leur laissant leur statut « personnel ». — Il ne s'agit pas d'une « mesure générale », mais de l'établissement d'un « cens » et de « l'adjonction des capacités ».

V. — Conclusions.

L'œuvre de colonisation entreprise par la France en Afrique ne sera pas achevée tant que la « question religieuse » et la « question indigène » ne seront pas résolues. — Gravité de ces problèmes. — La Russie les a rencontrés dans ses provinces d'Europe et d'Asie. — Heureux résultats qu'elle a obtenus. — Il faut que la France entreprenne la tâche qui s'impose. — Le centenaire de l'Algérie et le cinquantenaire de la Tunisie.

I

VUE GÉNÉRALE SUR LE MONDE MUSULMAN.

La France en s'établissant en Algérie puis en Tunisie est devenue une grande puissance musulmane et la première puissance arabe du monde après la Turquie. C'est là un fait considérable dont on ne saurait oublier les conséquences et qu'il importe d'étudier : d'une part, il nous met dans l'obligation de surveiller et de suivre toutes les intrigues, toutes les évolutions religieuses du Monde Musulman, d'avoir une « politique arabe » et, de l'autre, il explique les conditions particulièrement difficiles que rencontre en Afrique notre œuvre colonisatrice, puisque nos sujets peuvent être en dehors et au-dessus de nous, sous l'action d'une autorité spirituelle et politique qui s'impose à leurs consciences aussi bien qu'à leurs volontés.

180 à 200 millions d'hommes établis en Europe, en Afrique, en Asie, du détroit de Gibraltar à l'Océan Pacifique, professent la religion de Mahomet [1] ! En Europe, le

[1] Mahomet (dont le nom réel est Mohammed), né en 570, mort en 632.
Au point où sont arrivées aujourd'hui les études musulmanes, il est presque

« commandeur des croyants » règne à Constantinople, 4 millions de Musulmans habitent la Russie, la Serbie, la Bulgarie, la Bosnie, l'Herzégovine; en Afrique, le Maroc, l'Algérie, la Tunisie, la Tripolitanie, l'Égypte, le Sahara, le Soudan, certaines régions de la Sénégambie, du bassin du Niger et de la côte de Zanzibar sont peuplés par des Arabes, des Berbères ou des noirs convertis ; en Asie l'Arabie, les provinces Turques, la Caucasie, les immenses territoires du Turkestan russe et du Turkestan chinois appartiennent à la religion du prophète; dans l'Inde, les Anglais ont recensé 48 millions de Musulmans; aux Indes néerlandaises la majorité de la population suit la religion

impossible d'indiquer avec une entière exactitude quelle est dans l'Islamisme (mot qui signifie « résignation à Dieu »), la part des emprunts faits par Mahomet à des sources étrangères et ce qu'il doit à ses contemporains, les Arabes païens. Peut-être peut-on dire cependant qu'il a emprunté aux Juifs l'idée du Dieu Un qu'il oppose au Dieu Trinitaire du Christianisme (Père, Verbe, Esprit), ses traditions, l'esprit de ses prières, la réprobation du culte des idoles, etc... ; et, d'un autre côté, qu'il s'en est écarté en admettant la mission prophétique de Jésus (Aïssa, qui est un prophète, mais non le « fils de Dieu », car Dieu est Un), méconnue par les Juifs. Aux Chrétiens, il semble que le Prophète ait emprunté la croyance au Jugement Dernier, la rétribution suivant les œuvres, la fraternité des croyants, l'aumône et le jeûne.

Mahomet se donna comme le « sceau des prophètes », envoyé par Dieu pour compléter tous ceux venus avant lui, parmi lesquels Moïse (Moussa) et Jésus. Les Musulmans l'acceptent comme le dernier des envoyés et des prophètes, ce qui implique dans leur esprit la supériorité de l'Islam sur les autres religions.

Le vrai croyant reconnait que le Pentateuque et l'Évangile sont aussi bien des révélations de Dieu que le Koran (le « Livre » par excellence); mais les hommes ont falsifié les premiers, tandis que le Koran n'a jamais été corrompu. Si donc il se trouve dans les croyances chrétiennes des dissemblances avec le Koran, c'est par la faute des hommes, mais entre le vrai Évangile et le Koran, il ne peut pas exister de différences essentielles. Enfin, le Koran étant la dernière révélation, c'est lui qui, en cas de controverse, contient la vérité. D'ailleurs, Jésus reviendra sur la terre quarante ans avant la fin du monde pour glorifier l'Islamisme, avouer la suprématie prophétique de Maho-

islamique; en Chine, les Musulmans sont au nombre de plus de 20 millions et leurs mosquées s'élèvent jusque dans Pékin[1]. C'est le Monde Musulman en face du Monde Chrétien !

En Afrique, en Asie, les progrès des marabouts sont plus rapides que ceux des missionnaires. Cela tient assurément, au moins en partie, à ce que la religion qu'ils apportent aux bouddhistes, aux idolâtres ou aux fétichistes, comprend des préceptes et des promesses si divers que le Koran satisfait à la fois les sentiments élevés de l'âme humaine, ses aspirations monothéistes et les instincts de guerre, de pillage, ou les désirs de jouissances matérielles

met et appeler tous les hommes à la foi et à la pratique de l'Islam. Le « Fatihah » ou introduction du Koran, qui est l'analogue du « Pater » des Chrétiens, condamne les Juifs « qui ont encouru la colère de Dieu », et les Chrétiens « qui sont dans l'égarement ».

Les cinq devoirs fondamentaux auxquels les fidèles ne sauraient se soustraire, les « piliers », sont : l'acte de foi musulmane, la prière, le jeûne du Radamân, le payement de la dîme et le pèlerinage à la Mekke. La « guerre sainte », ou pour prendre le mot « al djihâd » dans son sens le plus adouci, la propagande religieuse est un devoir de « la communauté musulmane », comme aussi la prière du vendredi.

Nous n'avons pas à présenter ici, — dans cette courte note, où l'on ne peut indiquer que bien imparfaitement les caractères principaux de la religion mahométane, — la critique du Koran ni du « système islamique », tel que l'ont fait les interprétations et les études des docteurs musulmans. Nous nous bornerons à remarquer que le Koran admet la prédestination qui brise les ressorts de l'âme humaine, condamne la volonté; qu'il confond la loi religieuse et la loi politique; qu'on y relève de très nombreuses contradictions, des excitations à la « guerre sainte » et au fanatisme.

[1] Nous avons omis la Perse dans cette énumération, parce que les Persans sont *chiites*, c'est-à-dire Musulmans non orthodoxes, ne reconnaissant pas comme légitimes les trois successeurs immédiats de Mahomet : Abou-Bekr, Omar et Othman. Les *sunnites* (orthodoxes) et les *chiites* sont profondément divisés, ennemis même, et l'on a vu en 1872 les *sunnites* massacrer les *chiites* dans le royaume de Cachemire. — En dehors de la Perse, les *chiites* sont peu nombreux.

des peuplades les plus barbares et les plus déshéritées[1]. Les Musulmans sont en Chine 20 millions, 25 millions peut-être, — alors que les catholiques ne dépassent pas un million d'âmes, — et leur vitalité partout, leur nombre dans certaines provinces, sont tels que l'on a craint quelquefois que l'Islamisme ne parvienne à se substituer graduellement à la doctrine de Sakia Mouni, dans ce pays qui renferme au moins le tiers de la race humaine. Aux Indes néerlandaises, l'Islam a partout ses prêtres, ses écoles, ses maisons de prières; à Sumatra, à Bornéo, la religion musulmane fait tous les jours des progrès; là, où les missionnaires comptent leurs convertis par dizaine, il y en a des centaines qui répondent à l'appel du prophète de la

---

[1] Nous ne saurions relever ici toutes les contradictions que l'on rencontre dans le Koran, les versets qui conseillent la tolérance religieuse et ceux qui ordonnent la « guerre sainte », les versets qui présentent le paradis comme un lieu de plaisirs spirituels et ceux qui promettent « aux vrais serviteurs de Dieu » les jouissances de la chair ; toutefois, nous citerons quelques lignes empruntées à différents chapitres du « Livre » :

« Ne disputez avec les Juifs et les Chrétiens qu'en termes honnêtes et modérés ». (Ch. XXIX.) — « O vous, les croyants ! combattez les infidèles qui habitent votre voisinage, qu'ils éprouvent toutes vos rigueurs. Frappez les infidèles partout où vous les trouverez, combattez-les jusqu'à ce que vous n'ayez pas à craindre la tentation et que tout culte soit celui du Dieu unique ». (Ch. II.)

« L'amour du plaisir éblouit les mortels ; les femmes, les enfants, les richesses, les chevaux superbes, les troupeaux, les campagnes, font les objets de leurs ardents désirs. Telles sont les jouissances de la vie mondaine. Mais l'asile que Dieu prépare est bien plus délicieux. Dis : que puis-je annoncer de plus agréable à ceux qui ont la piété que des jardins arrosés par des fleuves, une vie éternelle, des *épouses purifiées* et la bienveillance du Seigneur qui a l'œil ouvert sur ses serviteurs ». (Ch. III.) — « Les justes habiteront le séjour de la paix ; les jardins et leurs fontaines seront leur partage. Ils seront vêtus d'habits de soie et ils se regarderont avec bienveillance. Nous leur donnerons pour compagnes des *épouses aux grands yeux, aux yeux noirs* ». (Ch. XLIV.) — « Ils (les justes) y auront des *beautés aux grands yeux noirs, des beautés pareilles aux perles soigneusement cachées* ». (Ch. LVI.)

Mekke. En Afrique, les Maures du Sénégal, les Ouolofs, les Peulhs, les Toucouleurs du Sénégal et du Niger suivent la loi du Prophète ; chaque année, de nouvelles peuplades noires du bassin du Niger acceptent le Koran, les marabouts prêcheurs sont arrivés sur la rive droite de la Bénoué, ils menacent le Tombo, le pays de Kong et, d'un autre côté, les Arabes de la région des Grands Lacs ont fait leur apparition dans le Haut Congo. Le nègre ne demeure point fétichiste : il embrasse la religion du Christ ou celle de Mahomet et celle-ci en fait notre ennemi implacable, car elle a chez lui tous les caractères de l'Islamisme conquérant des premiers siècles de l'Hégire.

L'immense étendue des territoires habités par des populations islamiques, leur nombre, les progrès faits chaque année par la doctrine du Prophète, assurent déjà au Monde Musulman une force et une influence considérables ; mais ce qui augmente singulièrement cette force et cette influence, ce qui les rend redoutables pour le Monde Chrétien et la civilisation, c'est le rayonnement dans tout l'Islam de puissantes assocations religieuses qui entretiennent, ravivent, le zèle des croyants et, sont aux mains de leurs chefs des instruments d'intrigues, de révoltes et de guerres contre les nations européennes.

Ces associations [1] dont quelques-unes remontent aux premières années de l'Hégire furent fondées par de saints

---

[1] Louis Rinn, ancien chef du service central des affairs indigènes au Gouvernement général de l'Algérie : *Marabouts et Khouan*. Jourdan éditeur, Alger. — Les détails que nous donnons ici sur les associations religieuses sont empruntés à cet excellent ouvrage.

personnages, sous l'inspiration de Dieu, dans le but de convertir les infidèles et de conserver les Mahométans dans la pure doctrine du Prophète. Toutes sont orthodoxes[1] et enseignent l'obéissance aux cinq commandements de Mahomet ; elles ne diffèrent que parce que « chacune prétend tenir la meilleure voie pour éviter l'erreur, arriver au salut de l'âme par la connaissance de la vérité et atteindre par Dieu seul et avec Dieu seul, le but de la vie qui est l'union avec Dieu ».

Le danger — et il est immense en Algérie, — réside moins dans le « fanatisme » des associés, — car tout vrai croyant même non affilié est fanatique, — que dans *l'organisation, la discipline* et *l'argent* des Sociétés religieuses musulmanes.

A la tête de l'ordre est l'héritier spirituel de son fondateur, le « *cheikh* ». C'est le supérieur général, le grand maître, le général, le chef de la congrégation. Il réside le plus souvent à l'endroit où est le tombeau du Saint fondateur de l'ordre ou dans le principal établissement de la Congrégation qu'il dirige. Le Cheikh a pour lieutenants un nombre variable de « *moqaddem* » ou prieurs qui ont qualité pour donner l'initiation soit dans une étendue de

---

[1] La religion musulmane comporte quatre rites orthodoxes, ne différant entre eux que par des questions secondaires de droit civil et de pratiques religieuses : 1° le rite maléki spécial à l'Afrique ; 2° le rite hanéfi spécial aux Ottomans, aux populations des Indes anglaises et de l'Asie centrale ; 3° le rite chaféite spécial à l'Égypte, à l'Yemen, aux Indes néerlandaises et au Malabar ; 4° le rite hanébalite que l'on rencontre seulement dans quelques parties de l'Arabie. — En Algérie, il n'y a de « hanéfi » que dans les villes du littoral, ce sont les descendants des Turcs.

Il convient de noter qu'il n'y a aucun rapport entre l'un ou l'autre de ces rites et les associations religieuses.

pays déterminée, soit à tous les fidèles qui s'adressent à eux[1]. Les initiés, compagnons des moqaddem, simples

[1] Les moqaddem sont sédentaires et chargés d'une mission déterminée autour de leur résidence, ou voyageurs et remplissant des missions de propagande ou de diplomatie dans l'intérêt de l'ordre. — Il y a en outre un moqaddem à la tête de chaque « zaouïa » appartenant à la congrégation. Les zaouïa (lieux de retraite, monastères) sont tantôt des « maisons-mères », des « maisons-provinciales » de l'ordre, fréquentées par des savants, des étudiants, des élèves, et tantôt de simples masures, près desquelles l'enseignement religieux se donne en plein air aux enfants, des lieux de réunions accidentelles ou périodiques.

M. de Neveu, auteur d'un ouvrage intitulé *Les Khouan*, donne une intéressante physionomie des « zaouïa », qui s'applique surtout aux zaouïa importantes.

« La zaouïa, dit-il, est un établissement qui n'a aucune analogie dans les États d'Occident. C'est à la fois une *chapelle* qui sert de lieu de sépulture à la famille qui a fondé l'établissement et où tous les serviteurs, alliés ou amis de la famille viennent en pèlerinage à des époques fixes ; une *mosquée* où se réunissent les Musulmans des tribus voisines pour faire leur prière en commun ; une *école* où toutes les sciences sont enseignées, lecture, écriture, arithmétique, géographie, histoire, alchimie, magie, philosophie et théologie, et où les enfants pendant toute l'année, les étudiants (thaleb) pendant certaines saisons, les savants (euleina) à des époques fixes se réunissent, soit pour apprendre ce qu'ils ignorent, soit pour former des conciles et discuter certaines questions de droit, d'histoire ou de théologie ; un *lieu d'asile* où tous les hommes poursuivis par la loi ou persécutés par un ennemi trouvent un refuge inviolable ; un *hôpital*, une *hôtellerie* où tous les voyageurs, les pèlerins, les malades, les infirmes et les incurables trouvent un gîte, des secours, des vêtements, de la nourriture ; un *office de publicité*, un *bureau d'esprit public* où s'échangent les nouvelles, où l'on écrit l'histoire des temps présents ; enfin une *bibliothèque* qui s'accroît tous les jours par les travaux des hommes qui y sont attachés et où l'on conserve la tradition écrite des faits passés.

« Généralement les zaouïa possèdent de grands biens provenant de dotations... De nombreux serviteurs (khoddam) sont attachés à chaque zaouïa soit pour cultiver les terres qui en dépendent, soit pour servir le nombreux personnel d'écoliers, de marabouts, d'infirmes et de voyageurs fréquentant l'établissement... Une zaouïa est quelquefois un village de vingt à trente maisons... On peut affirmer que l'Algérie est divisée en circonscriptions de zaouïa, comme chez nous le pays est divisé en circonscriptions religieuses : paroisses, évêchés, archevêchés, et comme la zaouïa est également une école, le ressort de cet établissement correspond aussi à un ressort académique. Sous ce double rapport, les zaouïa méritent une surveillance et une attention toute particulière ».

membres de l'ordre, portent le nom de « *khouan* » ou frères ; ils jouissent souvent d'une grande influence parmi les Musulmans non affiliés au milieu desquels ils vivent[1]. Enfin plusieurs congrégations ont des serviteurs religieux ou des « clients laïques ».

Le premier résultat poursuivi par le cheikh et ses moqaddem est d'avoir beaucoup d'adhérents. Dans cette intention ils se gardent d'exiger de « leurs frères » des vertus transcendantes ou des pratiques austères qui pourraient les éloigner de la congrégation ; ils se bornent à vanter les mérites surnaturels des prières qu'ils enseignent et les grâces attachées au titre de Khouan : la croyance est réduite à la plus simple expression, mise à la portée des illétrés et des inintelligents. C'est ainsi que la seule pratique religieuse exigée de la masse des Khouan est la récitation du « *dikr* » ou prière spéciale et distinctive de la congrégation. Le « dikr » est une phrase très courte mais qui doit se répéter de suite un nombre considérable de fois. Lorsqu'un « frère » a redit trois mille fois pendant vingt-quatre heures sa prière : « Il n'y a pas d'autre divinité que Allah, Mohammed est l'envoyé de Dieu » il semble bien difficile qu'il puisse conserver une parfaite lucidité d'esprit et surtout qu'il ait l'intelligence disposée au raisonnement ou même à la gestion des affaires ordinaires de la vie[2]. On voit ce qui doit fatalement résulter de cette répétition mécanique, consécutive et prolongée d'une même phrase : « Peu à peu la faculté de vouloir et de ré-

---

[1] Le mot « khouan » est employé dans l'Afrique du Nord. On dit « faqir » dans l'Extrême-Orient et « derwich » en Turquie.

[2] Hanoteau et Letourneux, *La Kabylie et les coutumes kabyles.*

fléchir s'éteint, l'intelligence s'atrophie et l'adepte devient réellement l'instrument docile et aveugle des maîtres qui se sont réservés le droit de penser pour lui ». Le but poursuivi est alors atteint. Il importe en effet que les Khouan soient absolument pliés à la discipline de l'ordre; la formule musulmane est encore plus énergique que celle des Jésuites : « Tu seras entre les mains de ton cheikh comme le cadavre entre les mains du laveur (des morts) ». Et elle ajoute : « Obéis-lui en tout ce qu'il a ordonné, car c'est Dieu qui commande par sa voix, lui désobéir c'est encourir la colère de Dieu. N'oublie pas que tu es son esclave et que tu ne dois rien faire sans son ordre ».

Le premier devoir des Khouan après l'obéissance absolue est le payement de la « *ziara* », cotisation obligatoire perçue par les moqaddem suivant la fortune de chacun. Les « frères » les plus pauvres n'en sont point exemptés. Les ziara constituent le Trésor de l'ordre[1].

Telles sont les lignes générales de l'organisation intérieure que l'on retrouve dans toutes les associations religieuses : les affiliés sont aux mains du cheikh, ils se doivent mutuellement assistance, fréquentent les zaouia, se réunissent à certaines époques de l'année sous la présidence du cheikh, de son délégué ou des moqaddem, enfin, ils payent exactement la ziara. Avec des hommes disciplinés et de l'argent un chef peut faire de grandes choses, et la plupart des chefs des congrégations sont des hommes

---

[1] La perception des ziara est aujourd'hui interdite en Algérie, mais elles n'en sont pas moins payées car les Khouan, engagés par leur conscience et par leur serment à les faire parvenir aux moqaddem, s'arrangent toujours pour acquitter ce qu'ils considèrent comme une dette sacrée.

réellement supérieurs. « En Algérie, écrit M. Rinn, leur correspondance politique avec l'autorité française est tout à fait remarquable et il est peu de chancelleries européennes qui aient des rédacteurs plus habiles dans l'art de tout dire et surtout de tout cacher sous des phrases polies, correctes et parlementaires ».

Il est facile de comprendre la force considérable que représentent ces associations religieuses répandues dans tout l'Islam au nombre d'environ quatre-vingt-dix, ayant derrière elles la masse des vrais croyants, en relations les unes avec les autres et recevant de Constantinople des journaux qui leur rappellent incessamment la légitimité de l'Imamat[1]. Sous prétexte d'apostolat, de charité, de pè-

---

[1] L'imam est l'homme qui dit la prière dans la mosquée, par extension le chef des croyants. Les quatre premiers Khalifes qui réunirent, — sauf quelques exceptions, — le pouvoir religieux, politique et judiciaire, prenaient le titre d'imam. C'était alors ce que l'on a appelé « l'âge d'or de l'Islam ». Après eux, les Khalifes n'eurent plus l'autorité religieuse, mais l'idée d'un imam qui réunirait dans ses mains tous les pouvoirs ne s'est point perdue. C'est ainsi que dans un livre classique en Orient, un des catéchismes les plus autorisés et les plus en faveur chez les professeurs des établissements où se donne l'instruction islamique, on lit : « Les musulmans doivent être gouvernés par un imam qui ait le droit et l'autorité : de veiller à l'observation des préceptes de la loi, de faire exécuter les peines légales, de défendre les frontières, de lever les armées, de percevoir les dîmes fiscales, de réprimer les rebelles et les brigands, de célébrer la prière publique du vendredi et les fêtes de Beyram, de juger les citoyens, de vider les différends qui s'élèvent entre les sujets, d'admettre les preuves juridiques dans les causes litigieuses, de marier les enfants mineurs de l'un et l'autre sexe qui manquent de tuteurs naturels, de procéder enfin au partage du butin légal ».

M. le capitaine Ney a signalé dans une conférence faite le 13 novembre 1884 à la Réunion des officiers, ce fait d'ailleurs connu, qu'il existe à Stamboul une imprimerie d'où sort une petite feuille dont le tirage dépasse cent mille exemplaires et dont l'influence est considérable. Elle est rédigée par un écrivain, syrien d'origine, qui a résidé à Paris et à Londres. Les ballots qui contiennent les exemplaires de ce journal sont envoyés dans tous les pays musulmans, on les retrouve de Samarkande à Mogador. Cette feuille a des

lerinages et de discipline monacale, leurs innombrables agents parcourent ce monde de l'Islam qui n'a ni frontières, ni patrie et maintiennent en communications permanentes la Mekke, Djerboûb[1], Stamboul ou Bagdad avec Fez, Tombouktou, Alger, le Caire, Karthoum, Zanzibar, Calcutta et Java. C'est ainsi que la nouvelle du moindre soulèvement contre les Chrétiens est portée aussitôt dans mille directions avec une extraordinaire rapidité, que partout elle fait tressaillir le fanatisme ignorant des populations musulmanes et que l'annonce du moindre succès, d'un engagement heureux pour les sectateurs de Mahomet sur un point de leur empire peut soulever des provinces entières contre la civilisation.

Certes, il est douteux que toutes les forces du Monde Musulman, toutes les congrégations, tous les fanatiques puissent s'entendre et s'unir pour donner un formidable assaut au Monde Chrétien. Certaines congrégations sont divisées ou rivales, incapables d'une action commune, d'autres refusent de reconnaître la suprématie religieuse du Sultan de Constantinople, des populations musulmanes soumises depuis longtemps à des nations catholiques ont perdu leur fanatisme, enfin les Arabes ne veulent pas marcher avec les Turcs et nourrissent l'espoir qu'il leur sera donné, à eux seuls, de relever la puissance musulmane. Mais il serait imprudent de ne pas croire possible

correspondants à Tombouktou, au Maroc, en Égypte, en Arabie, en Syrie et dans l'Inde.

[1] Djerboûb, ville située sur la frontière de l'Égypte et de la Tripolitaine, est la capitale et la résidence du chef de l'ordre de Senoûsiya dont il sera parlé plus loin.

soit une manifestation, soit le triomphe momentané de la *politique panislamique* qui ferait taire les divisions, réunirait sous un même drapeau les Arabes et les Turcs et présenterait un danger redoutable pour toutes les puissances européennes qui possèdent des sujets musulmans[1].

[1] Nous craindrions de nous laisser entraîner trop loin en exposant ici les principes et les tendances de la *politique panislamique*. Cette très intéressante question a d'ailleurs été remarquablement traitée par Gabriel Charmes dans son ouvrage : « *L'avenir de la Turquie* ». (Calmann Lévy, éditeur. Paris.)

On sait que la suprématie religieuse du Sultan de Constantinople, bien que discutée par les Arabes, est reconnue plus ou moins complètement dans presque toutes les parties du Monde Musulman, en Afrique, dans l'Inde, dans le Turkestan, en Chine même ; il envoie des délégués jusque dans les provinces les plus reculées, entretient des relations avec les princes musulmans et les chefs des principales congrégations religieuses. Les événements qui se sont produits dans ces dernières années ont montré que le Sultan actuel, Abdul-Hamid, désirait resserrer ces liens religieux et prendre en qualité de Khalife, réunissant tous les pouvoirs comme les premiers successeurs de Mahomet, la direction de la politique de tous les peuples musulmans. C'est là ce qu'on a appelé *le Panislamisme*.

Gabriel Charmes voit dans la politique suivie par le Sultan au moment de l'occupation de la Tunisie par les troupes françaises une affirmation de ses idées panislamiques. Il rappelle que la Turquie, qui, depuis deux années, résistait énergiquement aux sollicitations de l'Europe réclamant en faveur de la Grèce la rectification de frontières dont le principe avait été inscrit dans le traité de Berlin, se montra tout à coup pleine de condescendance pour les ambassadeurs européens au mois de mai 1881. Abdul-Hamid, pense M. Charmes, ne céda alors à la Grèce la Thessalie et une partie de l'Épire que pour être plus à même de solliciter l'intervention de l'Angleterre et de l'Italie dans les affaires de Tunisie : le Khalife, le Commandeur des croyants, attachait plus d'importance à la reconnaissance de ses droits de suzeraineté sur la Tunisie, à la conservation d'une « terre arabe » menacée par « les infidèles » que le Sultan des Turcs n'accordait de prix à la conservation de « provinces turques ».

Nous rappellerons à propos de l'esprit avec lequel la France, puissance musulmane, doit suivre les tendances de la politique panislamique, ce que disait à la Chambre des députés M. Ribot, au cours d'une discussion sur les affaires d'Égypte (séance du 1er juin 1882). On demandait au Gouvernement l'assurance qu'il maintiendrait énergiquement vis-à-vis de la Porte les immunités et les libertés qu'ont accordé à l'Égypte les firmans reconnus par l'Europe, et M. Ribot disait : « Si l'Angleterre a dans les Indes, au delà des

Il n'est pas nécessaire d'ailleurs de remonter bien loin dans l'histoire pour rencontrer des faits qui établissent l'état d'hostilité en quelque sorte permanent dans lequel vit le Monde Musulman à l'égard du Monde Chrétien, la facilité avec laquelle des fanatiques ou des ambitieux peuvent soulever leurs coreligionnaires, la mobilité des Arabes, et, comment les événements qui se produisent à une extrémité de l'Afrique ont leur contre-coup jusque dans des régions très éloignées.

C'est ainsi que l'on a pu attribuer l'insurrection du « parti national » en Égypte, puis l'apparition et la campagne du Mahedi qui en furent la conséquence, aux événements qui venaient de se produire en Tunisie et en Algérie. Le premier jour de février 1881 quelques colonels se révoltent au Caire. Pourquoi cette médiocre émeute de

mers, des populations musulmanes parmi lesquelles il serait dangereux de laisser pénétrer certains germes, certains ferments de fanatisme, la France peut encore moins oublier qu'elle est le plus directement intéressée dans les questions de cet ordre et que, depuis 1830, depuis cette date qui l'a constituée le peuple musulman par excellence, la France a une situation, des droits, et une politique qui lui sont tracés. Ce n'est pas une politique d'hostilité vis-à-vis de l'Empire ottoman, non certes! mais il faut toujours, quand on parle de la Porte, distinguer deux situations complètement différentes.

« En Europe, la France est la vieille et traditionnelle alliée de l'Empire ottoman, parce qu'il lui importe plus qu'à aucune autre nation du monde que le démembrement de l'Empire ottoman n'amène pas un bouleversement dont nous serions les premiers à souffrir..... Mais dans l'Afrique du Nord, notre situation a un caractère particulier, et nous devons considérer comme imprudente, comme pouvant contenir certaines éventualités périlleuses, toute politique qui laisserait prendre pied trop solidement à la Turquie sur la terre d'Égypte..... Il est possible que ce soit la politique d'autres nations, qui n'ont pas en Afrique les mêmes intérêts que nous, de pousser l'Empire ottoman dans cette voie, de le porter ainsi à déserter l'Europe en lui montrant l'Égypte comme un refuge..., il est possible, je le répète, que cette politique soit bonne pour certaines puissances, mais pour nous ce serait une politique qui ne serait ni dans nos traditions, ni dans nos intérêts ».

caserne aussitôt apaisée se reproduit-elle plus énergique et plus audacieuse en septembre, pourquoi le « parti national » mené par Arabi s'impose-t-il au Khédive et menace-t-il les colonies européennes? C'est que les troupes françaises ont envahi une « terre arabe » en pénétrant en Tunisie et que Bou-Amema a exécuté dans le Sud oranais quelques razzias heureuses dont les récits enthousiastes portés au Caire ont singulièrement exagéré l'importance. L'incendie est dès lors allumé. D'un côté, la présence en Tripolitaine de quelques régiments turcs venus de Constantinople, les prédications de nombreux cheikh fanatiques, les agissements des Senoûsîya, le bruit habilement répandu que le Sultan nous somme d'abandonner la Tunisie, ont pour conséquence la révolte de Sfax. Pour pacifier le pays nous devons bombarder Sfax, occuper Kairouan la cité sainte. D'un autre côté, l'influence d'Arabi augmente en Égypte, des troubles éclatent à Alexandrie, et après le bombardement de cette ville, après la victoire de Tel-el-Kébir, les Anglais, moins heureux dans la vallée du Nil que nous ne l'avions été en Tunisie, rencontrent un nouvel adversaire, le Mahedi, qui soulève le Soudan, refoule la civilisation et s'empare de Karthoum. L'observation de ces faits, de l'époque à laquelle ils se sont passés, ne permet-elle point de regarder Arabi Pacha comme le produit direct de Bou-Amema et le Mahedi comme le successeur, l'héritier d'Arabi[1]? A une époque plus récente encore ne peut-on pas

[1] On commettrait une erreur si l'on négligeait de rappeler qu'une vieille prophétie musulmane annonçait aux fidèles la venue d'un *mahedi*, — réformateur des derniers jours, chargé de soumettre tous les hommes à la loi du Prophète, — pour le premier jour du mois de moharem de l'an 1300 de l'hé-

voir dans le soulèvemement de Mahmadou-Lamine au Sénégal le contre-coup de l'agitation islamique qui règne au Soudan?

Nous rappelons ces faits, qui semblent peut-être en dehors de notre sujet et qui cependant l'éclairent, pour montrer que l'occupation de l'Algérie a eu pour résultat d'influer sur la direction de la politique extérieure de notre pays et pour faire sentir les difficultés spéciales que nous devions naturellement rencontrer dans l'administration de trois millions de sujets appartenant à la religion islamique. Puissance musulmane, puissance arabe, la France ne saurait rester indifférente aux intrigues, aux évolutions religieuses du Monde Musulman, aux aspirations des Arabes; elle doit avoir les yeux constamment ouverts sur les capitales de l'Islam : Constantinople, Bagdad, La Mekke, le Caire, Alexandrie, Alger, Fez, Tombouctou, Nioro[1], Djerboûb; elle ne peut se désintéresser de l'échec infligé par le fanatisme à la civilisation dans la vallée du Haut-Nil, car de même que l'on trouve les causes de la crise égyptienne et de l'insurrection du Mahedi dans les événements de la Tunisie et de l'Algérie, de même il se pourrait qu'un jour une étincelle partie du Soudan ne vînt réveiller le fanatisme des Arabes de l'Afrique du Nord.

---

gire (12 novembre 1882). L'existence seule de cette prophétie était certainement suffisante pour susciter l'apparition d'un fanatique et soulever les Arabes, mais n'est-il pas permis de penser que les troubles occasionnés par Arabi ont, au moins, facilité le mouvement du mahedi?

[1] Nioro, une des anciennes capitales de l'Empire, aujourd'hui démembré, d'El-Hadji Omar, nouvelle capitale d'Amadou sultan de Ségou Sikoro, est un centre de fanatisme aux portes de notre colonie du Sénégal, la Mekke du Soudan occidental.

II

LES ASSOCIATIONS RELIGIEUSES EN ALGÉRIE ET EN TUNISIE.

Nous ne montrerions pas suffisamment toute l'importance de la « question religieuse » en Algérie, jusqu'à quel point elle s'impose à notre attention, comment elle ne saurait être séparée un seul instant de la « question de la colonisation », si après avoir donné une vue générale sur le Monde Musulman, les congrégations religieuses qui rayonnent dans toutes ses parties, les soulèvements et les contre-coups provoqués par le fanatisme qui l'anime, nous négligions d'étudier d'une manière spéciale le rôle de la religion et l'influence des congrégations religieuses en Algérie et en Tunisie.

Il ne s'agit point de refaire l'histoire de la conquête, mais seulement de rappeler que depuis 1830 jusqu'à ce jour, toutes les luttes que nous avons eu à soutenir contre les Arabes et les Kabyles, toutes les insurrections que nous avons réprimées ont eu leur cause, ont trouvé leur principal appui, dans la surexcitation du fanatisme des masses par des marabouts indépendants [1] ou le mot d'ordre donné par le cheikh d'une congrégation. Avant l'arrivée des troupes françaises en Algérie, les tribus vivaient dans un état continuel d'hostilité, ne reconnaissaient aucune espèce de gouvernement. Les Arabes méprisaient les Kabyles et ceux-ci le leur rendaient. Aucun sentiment national n'était capable de mettre un frein à ces divisions; une seule idée put grouper des hommes qui n'avaient pas de patrie, l'idée religieuse, la haine du Musulman pour le Chrétien. « Suivant moi, écrivait le général Pelet au ministre de la guerre en 1838, ce n'est pas une coalition que forme l'Émir (Abd-el-Kader), c'est une *croisade* qu'il prêche avec tout l'ascendant que lui donne son caractère fier et austère, sa position royale et sacerdotale. Il conquiert les peuples par sa haute position, par le *fanatisme* qu'il excite. » En effet, la guerre acharnée qu'Abd-el-Kader mena pendant douze années contre l'occupation française eut avant tout un caractère religieux, c'était la « *Guerre Sainte* ». Des tribus qui auraient refusé de reconnaître l'autorité de l'Émir, d'abdiquer entre ses mains

---

[1] Les « marabouts » ou religieux indépendants doivent être distingués des Khouan ou moqaddem; souvent même une grande animosité existe entre les uns et les autres, semblable à celle que l'on observe souvent en pays catholique entre le clergé séculier et le clergé régulier.

C'est uniquement par droit de naissance que l'on est « marabout », comme héritier du prestige religieux d'un ancêtre vénéré dans le pays. On rencontre des marabouts riches des présents des fidèles, jouissant d'une influence considérable, recevant dans leur « zaouïa » de nombreux élèves et clients; d'autres au contraire sont pauvres, ne possédant que leur gourbi et leur chapelet, vivant de la charité publique à côté de la tombe modeste d'un ancêtre mort en odeur de sainteté. (Rinn.)

leur indépendance, n'hésitaient pas à le suivre pour chasser les infidèles du sol de l'Islam. Pendant cette longue période de résistance et depuis dans toutes les insurrections nous avons rencontré le fanatisme des populations, provoqué, exploité par tous nos ennemis. Lorsque l'occasion lui paraît favorable, un marabout se lève ; il visite les tribus et les ksour[1], prêche « la guerre sainte », assure que l'heure est arrivée, et, toute une population auparavant tranquille se précipite à sa suite pour combattre l'infidèle et cueillir la palme du martyr en mourant pour la foi. Mahomet n'a-t-il pas dit, — et les fauteurs de troubles ne manquent pas de rappeler ces paroles aux croyants — « Tuez les infidèles partout où vous les trouverez et chassez-les d'où ils vous auront chassé... Ceux qui sacrifient la vie d'ici-bas à la vie future combattent dans la voie de Dieu ; qu'ils succombent ou qu'ils soient vainqueurs, nous leur donnerons une récompense généreuse... Les jouissances d'ici-bas sont bien peu de choses comparées à la vie future[2] » ?

Les derniers mouvements que nous avons eu à réprimer en Algérie n'ont pas changé de caractère. L'insurrection de 1871 fut soulevée par le bach-agha de la Medjana, Mokrani, personnage politique, noble d'épée sans attache religieuse et pour des motifs personnels. Mais il ne manqua pas de donner à sa révolte un caractère religieux afin de réunir autour de lui un grand nombre de partisans. C'est ainsi qu'il sollicita et obtint l'appui du principal cheikh de la con-

---

[1] On appelle « ksour » les villes ou villages fortifiés du Sahara.
[2] Koran : chap. II, chap. IV, chap. IX.

frérie des Rahmanya dont l'action s'étendait sur tout le littoral, depuis Palestro jusqu'à Bone ; des grâces spéciales furent promises à tous ceux qui se feraient tuer dans la croisade contre les Chrétiens. Dix ans plus tard, l'insurrection du sud oranais fut préparée et conduite par un homme appartenant à une famille maraboutique, marabout lui-même Bou Amema ; sa situation religieuse et ses prédications fanatiques lui assurèrent le concours d'une partie des tribus des Ouled-Sidi-Cheikh[1], et, s'il reparaît un jour c'est en prêchant la guerre sainte qu'il rassemblera des guerriers[2].

En 1884 on dénombrait en Algérie d'après les documents officiels publiés par M. Rinn (mais ces chiffres sont approximatifs et sans doute inférieurs à la réalité), seize congrégations possédant 355 zaouia importantes et comptant près de 169,000 Khouan ou moqaddem pour une population indigène évaluée alors à 2,842,000 âmes[3]. Plusieurs

---

[1] Bou-Amema et les siens appartenaient à la grande famille des Ouled-Sidi-Cheikh, mais ils étaient en même temps des Ouled-Sidi-Tadj (de Figuig) lesquels se rattachent aux *Gheraba*. Les Ouled-Sidi-Cheikh *Gheraba* sont sujets marocains en vertu du traité de délimitation conclu le 18 mars 1845 entre la France et le Maroc.

D'après le même traité, les Ouled-Sidi-Cheikh *Cheraga*, formant l'autre branche de la grande famille des Ouled-Sidi-Cheikh, sont sujets français. Ceux-ci n'ont point secondé l'insurrection de Bou-Amema. Après avoir été en état de révolte contre nous pendant une vingtaine d'années, ils sont rentrés à notre service, après certaines négociations, en 1883. M. Rinn pense que nous pouvons compter sur leur fidélité et nous servir d'eux pour couvrir le sud oranais.

[2] Bou-Amema, on le sait, nous a échappé ; il vit aujourd'hui tranquille et honoré chez nos voisins, à quelques kilomètres de nos ksour.

[3] Les ordres les plus puissants sont : les Rahmanya (96,916 affiliés), les Taïbya (16,045), les Qadrya (14,842), les Tidjanya (11,182), les Chadelya-Derqaoua (10,252), les Hansalya (3,648), les Aïssaoua (3,116).

Les Rahmanya et les Chadelya-Derqaoua sont les deux ordres que nous

de ces ordres étendaient leur cercle d'action en Tunisie [1]. Les Musulmans séduits par la force considérable et l'influence que l'union donne aux Khouan ne cessent pas de s'affilier aux congrégations. Les danses, musiques, jongleries et autres manifestations extérieures de quelques ordres religieux ne les choquent en rien et ils ne sauraient mettre en doute leur saint caractère.

Si l'on songe que le chiffre de 169,000 Khouan représente seulement les Khouan « connus », qu'il faut y ajouter les « Khouan inconnus », les femmes « Khouatat » (certains ordres admettent les femmes), les serviteurs religieux, les enfants, adultes, parents, amis et clients qui subissent l'influence de chaque Khouan, les disciples des grands marabouts, et qu'enfin, tout vrai croyant même non affilié est bien vite fanatisé par les prédications des fauteurs de troubles on n'hésitera pas à reconnaître que la France a établi sa domination sur des peuples pour qui la religion est une force considérable, un levier plus puissant peut-être que ne le serait le sentiment patriotique et que, dans l'intérêt de la colonisation, il importe de surveiller incessamment les congrégations et toutes les intrigues religieuses. Certes, de même qu'il serait difficile à une autorité supérieure de

avons le plus frappés parce que ce sont eux qui ont paru fournir jusqu'ici le plus d'inspirateurs ou de combattants aux insurrections. Au contraire, les Tidjanya, les Aïssaoua et les Hansalya jouissent de notre bienveillance, leurs chefs nous ayant rendu des services (Rinn).

[1] Il est à peine besoin de dire que les congrégations religieuses musulmanes sont répandues en Tunisie comme en Algérie. Kairouan est d'ailleurs une des grandes villes saintes de l'Islam, une « des quatre portes du Paradis »; « sept jours à Kairouan valent un jour à la Mekke ». Les congrégations les plus puissantes établies en Tunisie sont celles des Aïssaoua, des Tidjanya et des Ghilaniya.

réunir dans un but commun tous les pays musulmans, de même il serait difficile à un chef religieux ou politique de soulever toutes les congrégations et tous les fanatiques de l'Algérie contre l'occupation française. Certaines congrégations entretiennent avec l'autorité de bons rapports, leurs chefs nous ont rendu des services, d'autres sont divisées et ne se prêteraient pas un mutuel concours[1]. Nous devons cependant toujours craindre soit les désertions, soit les rapprochements, soit encore les progrès d'un ordre plus puissant que les autres, ennemi « irréconciliable » de la civilisation, qui pourrait un jour réunir contre nous plusieurs congrégations.

C'est de ce côté même que paraît être aujourd'hui le danger. Il vient d'un ordre qui, d'après les statistiques officielles, compterait peu d'adhérents dans notre colonie et dont cependant l'influence et les progrès sont considérables non seulement en Algérie mais dans toute l'Afrique musulmane : l'ordre des Senoûsîya fondé vers 1835 par Sîdi-Mohammed-Ben-Ali-Es-Senoûsi, originaire des environs de Mostagnem.

La religion senousienne[2], — car le Senousisme est une religion au même titre que d'autres cultes réformés, comme le Luthérianisme par exemple, — se distingue par son in-

[1] De nombreux exemples pourraient être cités, à l'appui de cette opinion. Il suffira de rappeler qu'en 1871 l'insurrection de Mokrani ne fut soutenue que par un des supérieurs généraux des Rahmanya. Les autres refusèrent de donner à leurs moqaddem les ordres nécessaires pour autoriser leurs Khouan à se soulever.

[2] Rinn, loc. cit., et Henri Duveyrier, « La Confrérie musulmane de Sidi-Mohammed-Ben-Ali-Es-Senoûsi ». Bulletin de la Société de géographie de Paris 2e trimestre 1884).

transigeance et ses prétentions absolutistes. Ses règles principales sont les suivantes : le culte est réservé à Dieu *seul;* l'affilié respectera l'autorité du seul chef d'État musulman qui réunit en sa personne les pouvoirs religieux et les pouvoirs politiques ; ce chef (le Sultan), perd tout droit à l'obéissance de ses sujets et au respect des Musulmans le jour où il s'écarte des prescriptions de la loi religieuse telles que les a interprétées et développées la Confrérie, — c'est même un devoir de s'élever alors contre lui ; il est défendu de parler à un Chrétien ou à un Juif, de le saluer, de faire commerce avec lui ; enfin si le Juif ou le Chrétien est affranchi du tribut aux Musulmans, c'est-à-dire s'il jouit de son indépendance politique, il devient un ennemi que la loi autorise, bien plus qu'elle recommande de piller et de tuer « là où, comme et quand on peut ».

On comprend qu'une association obéissant à de pareils principes soit un sérieux danger pour les nations chrétiennes à qui elle déclare une guerre sans merci, en même temps qu'elle est une perpétuelle menace pour le Sultan de Stanboul que le cheikh des Senoûsîya tient sous le coup d'une « excommunication majeure ». La France est jusqu'ici la seule nation qui ait été réellement combattue par les Senoûsîya ; les Anglais ont eu la bonne fortune de ne pas les voir se déclarer contre eux en Égypte, le chef de l'ordre ayant enjoint à « tous les Musulmans de ne pas prêter leur concours au prétendu Mahedi qui n'est qu'un imposteur et un menteur ». Quant aux Sultans de Constantinople ils ont entretenu avec Sîdi-Es-Senoûsî et Sîdi-Mohammed-el-Mahedi, son fils et successeur, des relations empreintes d'un caractère différend suivant les époques : tantôt l'empereur des Osmanlis comble d'honneurs le chef de l'association et le traite comme une puissance, tantôt il est mal avec lui et il sait alors qu'il ne doit pas compter sur l'appui de ses Khouan [1].

L'ordre fondé à Djerboûb, il y a environ cinquante ans, par Sidî-Mohammed-Ben-Ali-Es-Senoûsî à son retour d'un pieux voyage à la Mekke, est aujourd'hui un puissant État dont on rencontre les sujets à Constantinople, en Arabie et surtout en Afrique, de la vallée du Nil à celle du Sénégal. L'Égypte, la Tripolitaine, la Cyrénaïque, le Fezzan, le pays des Baélé et des Toubou, le Wadaï, la Tunisie, l'Algérie, le Maroc, le Sahara Indépendant, Tombouktou, certaines régions du Sénégal et du Niger, possèdent de nombreuses zaouïa dans lesquelles on enseigne les préceptes de la religion senousienne, sont habités par des milliers de moqaddem et de Khouan prêts à exécuter tout ordre envoyé de Djerboûb. M. Duveyrier croit rester dans les limites d'une estimation très inférieure à la réalité, en attribuant à la confrérie 1,500,000 sujets qui obéissent aux commandements du cheikh et lui payent l'impôt. On peut même sans risquer aucunement d'être taxé d'exagération élever ce chiffre à

[1] Cette mobilité dans le caractère des relations existant entre le Sultan et le chef des Senoûsiya est très digne de remarque. Elle vient d'abord à l'appui de l'opinion exprimée plus haut qu'il pourrait être difficile au Sultan de faire triompher la « politique panislamique » et de réunir, dans le but d'une action commune, toutes les forces musulmanes sous son autorité. Elle accuse ensuite « l'intransigeance » des Senoûsiya qui reprochent au souverain régnant à Constantinople ses relations avec les puissances catholiques. Sidi-Mohammed-el-Mahedi se plaît d'ailleurs à répéter ce mot d'un fanatique dont il fera peut-être un jour son cri de guerre : Turcs et Chrétiens se valent. Brisons-les d'un seul coup ! »

2,500,000 ou 3,000,000. Il faut en outre ajouter que la confrérie de Sîdi-Es-Senoûsî tend à s'assimiler les nombreuses associations musulmanes issues des mêmes principes religieux qu'elle. C'est ainsi que huit à dix congrégations, dont plusieurs sont établies en Algérie et en Tunisie, subissent plus ou moins le joug intellectuel des Senoûsîya et conforment chaque jour davantage leur ligne de conduite politique aux vues de Sîdi-Mohammed-el-Mahedi [1].

La zaouïa métropolitaine de Djerboûb, située dans le désert, sur la frontière d'Égypte et de Tripolitaine, à 240 kil. de la mer, est le lieu de résidence du cheikh : Sîdi-Mohammed-el-Mahedi a des ministres auxquels est confiée la direction des intérêts de la confrérie, des courriers qui portent ses ordres sur tous les points de son empire [2], des canons, des fusils, un arsenal, une garde du corps de près de 3,000 fanatiques — hommes libres ou esclaves — qui pourraient repousser une attaque si quelque jour une

[1] M. Duveyrier cite, parmi les congrégations qui se soumettent à la direction de la confrérie, les Chadelya-Derqaoua, les Aïssaoua, les Cheikhya, les Madanya, et, « paraîtrait-il aussi », les Tidjanya. Si ce dernier fait était exact, il faudrait cesser de compter les Tidjanya parmi les associations favorables à la France. Il est aussi à remarquer que M. Duveyrier indique les Aïssaoua parmi les congrégations qui conforment leur ligne de conduite aux vues de Sîdi-el-Mahedi, alors que M. Rinn les compte parmi les ordres amis.

[2] Un système de courriers à mehari ou à cheval est organisé autour de Djerboûb sur plusieurs lignes distinctes : Égypte, Marmarique, Cyrénaïque, Tripolitaine, Fezzan, Wadaï. Des zaouïa et des puits jalonnent ces différentes routes et nul ne peut arriver à Djerboûb sans avoir été signalé bien longtemps à l'avance.

La police des Senoûsîya est admirablement faite ; leur chef est informé avec une extrême rapidité de tous les mouvements qui se produisent sur un point quelconque de l'Afrique musulmane.

puissance chrétienne voulait demander au cheikh compte de ses intrigues. Chaque année, tous les moqaddem sont convoqués à un synode qui se tient à Djerboûb ; on y examine la situation spirituelle et temporelle de l'association, on y discute la politique qui doit être suivie pendant le prochain exercice.

L'influence de l'ordre est considérable ; les « frères », malheureux fanatiques, êtres inconscients, qui récitent perpétuellement le « dikr », sont aux mains de leurs moqaddem « comme des cadavres », toujours prêts à l'insurrection ou à l'assassinat ; ils viennent, chargés de présents, des régions les plus éloignées, pour saluer Sîdi-el-Mahedi dans Djerboûb et ils ne songent pas à pousser leur pèlerinage jusqu'à la Mekke, car la grande zaouïa senousienne a remplacé pour eux l'ancien pôle du monde islamique.

Jusqu'à ce jour, Sîdi-Mohammed-el-Mahedi a suivi une politique de paix ; l'étendue de son empire, le nombre de ses sujets, l'interprétation d'une vieille prophétie musulmane qui annonçait la venue d'un *mahedi* pour le premier jour du mois de moharem de l'an 1300 de l'Hégire (12 novembre 1882) ne l'ont pas encore déterminé a lancer un mot d'ordre incendiaire qui eût trouvé des échos dans la moitié du monde de l'Islam. Le *mahedi* de Khartoum qui aurait pu devenir un rival est mort et Sîdi-Mohammed paraît toujours se réserver. Les hommes qui connaissent le mieux les questions musulmanes tiennent cependant pour certain que le Senousisme n'abandonnera pas ses doctrines intransigeantes, qu'il entrera quelque jour en lutte ouverte, soit avec le Sultan, soit avec les puissances chrétiennes, et la France est parmi celles-ci la plus menacée.

Elle a déjà rencontré d'ailleurs, — nous l'avons dit plus haut — des preuves manifestes de la haine et de l'hostilité des Senoûsîya. En 1852, les troupes françaises prennent Lagouat sur des Musulmans fanatisés par un émissaire de Sîdi-Es-Senoûsî; en 1879, 1880, 1881, on retrouve la main de son fils dans les révoltes des Ouled Sidi Cheikh; en 1880, celui-ci favorise les complots anti-français qui se nouent dans l'entourage du bey de Tunis; en 1881, il excite les Tunisiens à la résistance et accueille les dissidents qui passent en Tripolitaine; en 1886, il encourage, — on est du moins autorisé à le croire, — l'insurrection de Mahmadou Lamine au Sénégal; enfin, nos explorateurs assassinés, Dournaux-Duperé en 1874, Flatters en 1881, Palat en 1886, sont assurément des victimes des Senoûsîya.

Nous en avons assez dit pour que l'on juge la situation considérable à laquelle est parvenue en un demi-siècle la confrérie religieuse fondée par Sîdi-Mohammed-Es-Senoûsî : ses principes intransigeants, ses prétentions de ramener les Musulmans aux pures doctrines de l'Islam primitif, sont un danger certain pour la civilisation et peut-être aussi un danger pour le Sultan des Turcs. L'influence considérable déjà acquise par la confrérie dans l'Afrique musulmane, les progrès qu'elle fait chaque jour en Tunisie, en Algérie, au Sénégal, sur le Niger, au Soudan, sont une menace grandissante pour notre domination : on a pu dire que ses émissaires étaient nos pires ennemis.

III

POLITIQUE SUIVIE A L'ÉGARD DES INDIGÈNES.

Nous avons exposé en détail la « question religieuse » telle qu'elle se présente en Algérie et en Tunisie, dans toute sa force, avec tous ses dangers, parce qu'il ne nous paraît pas qu'il y en ait une dont la solution s'impose davantage. La « question religieuse » domine la « question indigène » ou est l'élément essentiel de cette dernière, si l'on pense, — ce qui est bien près de la vérité, — que ces deux questions n'en font qu'une. Tant qu'elles n'auront pas été résolues, l'œuvre colonisatrice entreprise dans l'Afrique du Nord ne sera pas terminée. La France, qu'on ne l'oublie pas, — et c'est là le trait distinctif de son établissement en Algérie, — est condamnée à faire deux fois la conquête du pays, la *conquête matérielle* d'abord, la *conquête morale* ensuite. Celle-ci est assurément la plus difficile et la plus lente; elle doit se poursuivre longtemps après que la première est terminée. Un peuple bien armé, bien commandé, persévérant dans ses entreprises, est certain de réduire après un temps plus ou moins long des tribus mal préparées à la résistance et dont les moyens de défense sont insuffisants, mais la « conquête morale » qui doit suivre et compléter la « conquête matérielle » est chose moins aisée. Elle exige, en effet, chez le vainqueur des qualités particulières, l'adoption d'une « politique de pénétration » qui doit être suivie avec persévérance : il faut qu'il efface de l'âme du vaincu le ressentiment et jusqu'au souvenir de la défaite, qu'il rende meilleure sa situation matérielle, qu'il s'installe à ses côtés, lui donne sa langue, ses mœurs, quelques-unes de ses idées, — peut-être même de ses passions, — atténuant ainsi peu à peu, effaçant même, s'il est possible, les traits distinctifs de la race conquise.

On voit quels sujets s'imposent à notre examen : la « conquête morale » de l'Algérie a-t-elle été entreprise? Qu'a-t-on fait dans ce but? que doit-on faire?

Avant d'aborder l'examen de ces problèmes et pour en faciliter l'étude, il importe de s'arrêter à une question préliminaire : quelles races habitent l'Afrique du Nord? quels sont les caractères des peuples à l'égard desquels nous devons suivre une « politique de pénétration? »

Ces peuples appartiennent à deux races distinctes : la race berbère et la race arabe [1].

Les Berbères, habitants primitifs de la contrée, suivant l'opinion reçue, soumis par les Arabes conquérants du VIIe et du XIe siècle, ne constituent pas à proprement

---

[1] Nous négligeons les Maures et les Turcs qu'on ne rencontre que dans les villes de la côte, où ils se livrent au commerce, et dont le nombre va décroissant de jour en jour. Quant aux Israélites indigènes, ils ont été naturalisés par le décret du 24 octobre 1870.

Élisée Reclus, *Géographie universelle*. Tome XI. Hachette, éditeur, Paris.

parler un même groupe ethnique. L'Afrique méditerranéenne a été si souvent envahie que l'on reconnaît chez les Berbères des éléments nombreux de provenances diverses, des Ibères, des Gaulois, des Lybiens, des Numides, des Romains, des Vandales, des Bysantins qui n'ont jamais été fondus en un corps de nation. Les Kabyles de Djurdjura peuvent être considérés comme des Berbères « typiques ». Ils diffèrent peu, en moyenne, des Européens du Midi et, parmi eux, on rencontre des milliers d'individus qui s'ils changeaient de costume pourraient être confondus avec des Auvergnats, des Cadurques ou des Limousins. Mais la conquête arabe n'a pas cantonné les Berbères dans les massifs montagneux de la Kabylie; on les retrouve dans toutes les régions de la Tunisie et de l'Algérie : les prétendus Arabes des environs de Saïda et de Frenda, les Chaouïa de l'Aurès, de nombreux groupes tunisiens, plusieurs tribus nomades des Hauts Plateaux, les habitants de quelques oasis sont d'origine berbère et quelquefois même ont conservé leur langue. Aussi les savants et les administrateurs n'hésitent-ils pas à reconnaître que la race conquérante n'est point en majorité. Un des hommes qui ont le mieux étudié l'Algérie, le Dr Warnier, distinguait dans notre colonie, il y a une vingtaine d'années, 1,000,000 de Kabyles ou Berbères purs, 5 à 600,000 Arabes purs et 1,200,000 « Berbères arabisants », c'est-à-dire ayant adopté, avec le temps, la langue, les mœurs et les coutumes des Arabes.

Montagnards agriculteurs ou artisans pour la plupart, les Kabyles ne sauraient avoir des coutumes et des mœurs, des institutions politiques et sociales semblables à celles des gens de la plaine, — les Arabes, pâtres et guerriers. Les Kabyles vivent sous le régime de la propriété individuelle; habitent dans des maisons et le plus souvent ne prennent qu'une épouse. Ils se distinguent par leur âpreté au travail, leur patience, leur esprit d'entreprise, leur sens pratique des choses; ils aiment la terre comme le paysan français et sont peut-être moins routiniers que lui car ils ont déjà adopté la charrue européenne, introduit la pomme de terre dans leurs jardins et maintenant ils cultivent la vigne sur les pentes extérieures du Djurdjura; si l'on excepte les Européens, le colon n'a pas de meilleurs ouvriers agricoles, c'est avec eux que nous mettrons en valeur la terre africaine.

Les Kabyles n'ont accepté du Koran que la loi religieuse, conservant ainsi les traits distinctifs de leur constitution politique[1]. Chaque village formait, jusque dans ces dernières années, une petite république se gouvernant elle-même; l'assemblée communale ou « Djemmâ » se composait de tous les habitants riches ou pauvres; elle rendait la justice, choisissait son délégué ou « amin » et lui confiait le soin d'administrer les intérêts de tous[2].

Il suffit d'indiquer ces lignes générales du caractère des

[1] D'après leurs traditions, les Kabyles auraient été chrétiens: les croix tatouées sur le visage des femmes et même de quelques hommes, celles qui dans certaines tribus sont gravées dans les maisons et jusque sur les mosquées seraient des symboles de l'ancienne religion. Ce ne sont là toutefois que des présomptions, car il n'a pas été établi d'une façon certaine que le christianisme ait dominé dans le Djurdjura. Ce qu'il est permis de dire, c'est que les Kabyles, — bien qu'ils s'affilient comme les Arabes aux congrégations religieuses, — ne sont pas de fervents musulmans; ils ont pris quelques observances de l'Islam, mais il est rare qu'ils pratiquent avec zèle.

[2] Les Djemmâ kabyles ont été supprimées à la suite de l'insurrection

Kabyles pour montrer que de grandes affinités les attirent vers nous. Elles sont si puissantes qu'ils n'ont pu y résister. Au lendemain même de la révolte de 1871, dans laquelle ils s'étaient laissés entraîner par un mécontent qui avait réveillé leur fanatisme, on les a vu s'adresser repentants à l'autorité française pour obtenir la naturalisation et les écoles [1]. Peut-être de nombreuses tribus seraient-elles aujourd'hui incorporées à la société française si elles ne s'étaient heurtées à l'hostilité de maints fonctionnaires.

Quoique dans l'ensemble les Berbères de l'Algérie se soient, par l'agriculture, élevés à un degré de civilisation supérieur à celui des Arabes, ils sont encore à certains égards soumis à leur influence prépondérante. Ceux-ci sont les fils des conquérants et gardent un peu du prestige que la victoire leur assura jadis; en outre ils ont donné aux vaincus leur religion et dans beaucoup de tribus leur langue a remplacé la langue berbère; ils fournissent les marabouts et les lettrés. C'est pourquoi malgré leur vie nomade les Arabes ont gagné sur les Berbères beaucoup

de 1871; celles qui existent aujourd'hui n'ont plus les attributions des anciennes et sont nommées par les administrateurs.

[1] « Dans les premiers jours du mois de septembre 1871, la population de Bougie vit avec surprise arriver de nombreux groupes indigènes appartenant à diverses tribus qui se rendaient auprès du juge de paix pour remplir les formalités nécessaires à la naturalisation. Que fit l'autorité militaire de qui ces indigènes relevaient? Elle mit en prison les plus influents de manière à intimider les autres. Puis les cavaliers du bureau arabe furent envoyés dans toutes les directions pour enjoindre aux Kabyles que la contagion aurait gagnés, de rester chez eux... Pour leur demande de création d'écoles, ils (les Kabyles) firent le voyage d'Alger. Ce fut le recteur de l'Académie qui reçut leurs délégués, au nombre de 142. C'étaient leurs chefs eux-mêmes. Ils voulaient des instituteurs français. Peu après, les Jésuites fondèrent des écoles qui eurent un plein succès ». — *Le Peuple algérien*, Gastu, ancien député d'Alger. Challamel, éditeur, Paris.

plus que les Berbères sur eux : on rencontre de nombreuses tribus de « Berbères arabisants » et très peu d' « Arabes berberisants ».

Le contraste par excellence entre l'Arabe et le Kabyle est que le premier se plaît surtout à la vie pastorale tandis que le montagnard berbère vit dans une demeure fixe à côté de son champ. Les véritables Arabes sont de très médiocres agriculteurs ; ils n'aiment pas la vie calme du résident et lui préfère l'existence du nomade sous des tentes érigées sur l'herbe ou sur le sable. Tantôt la tribu cultive sans presque retourner le sol, les champs qu'elle possède dans un fond, tantôt elle pousse ses troupeaux vers les pâturages des hauteurs ; la terre n'appartient pas à chacun mais à l'ensemble de la tribu [1]. L'organisation de la société arabe est presque toujours féodale. La tribu, réunion de familles qui se croient issues d'une souche commune, reconnaît un chef à la fois militaire et religieux ; le groupement d'un certain nombre de « douars » ou « ronds de tentes » constitue les tribus. Plusieurs douars réunis sont administrés par un cheikh, la tribu

[1] L'Arabe qui mène ainsi la vie nomade prend plusieurs femmes, et cela simplement parce qu'il y trouve un avantage matériel. La femme arabe remplace dans la tente de son mari les arts manuels qui manquent autour de lui et dont l'usage est indispensable à son existence, quelle qu'en soit la simplicité. Elle tient lieu du meunier, du boulanger, du cuisinier, du pâtissier-confiseur, du tisserand, du tailleur, du maçon (c'est elle qui tisse l'étoffe épaisse et solide, faite de laine et de barbe de palmier nain, qui constitue la tente, la maison mobile de la famille). Ainsi la femme assure à l'homme trois choses essentielles à la vie matérielle : aliment, vêtement et abri.

Partout où ces arts manuels sont mis à la portée de l'Arabe, il renonce à la polygamie. C'est ainsi qu'en « territoire civil » les Musulmans ayant plusieurs épouses sont en infime minorité ; il est vrai que les divorces sont chez eux très fréquents.

par un caïd, plusieurs tribus par un agha et un bach-agha[1]. Toutefois, cette organisation primitive se modifie lentement au contact des villages européens : alors la vie stable succède à l'état nomade, la propriété individuelle tend à se constituer, l'Arabe s'engage chez le colon pour le labour et les autres gros travaux de l'agriculture.

La différence entre le Kabyle et l'Arabe n'en reste pas moins profonde : le premier est un paysan attaché à la terre, susceptible de progrès, qu'aucun trait essentiel ne sépare de notre race ; le second est d'une autre origine : il sera souvent difficile, quelquefois impossible de le fixer au sol et de l'amener à améliorer ses procédés de culture ; les horizons fuyants, les mirages de la steppe auront toujours pour certaines tribus un attrait irrésistible ; celles-ci s'enfonceront dans l'intérieur pour fuir le contact de la civilisation française.

Il serait intéressant de savoir dans quelle proportion se reproduisent ces deux races, et l'on doit regretter que l'administration française ait toujours recensé la population indigène sans distinction d'origine berbère ou arabe. Peut-être aurait-on constaté l'accroissement des populations berbères coïncidant avec la diminution des populations arabes ; c'est du moins ce qu'affirment plusieurs écrivains en s'appuyant sur les résultats des statistiques urbaines. Une seule chose est certaine, c'est que la

[1] Cheikh, caïd, agha et bach-agha reçoivent leur investiture de l'autorité française. Leur pouvoir de police a été strictement limité ; mais ils ont conservé le droit de lever l'impôt, ce qui est la source de criantes injustices. — En « territoire civil » il n'y a plus que des caïds que l'on appelle « adjoints indigènes ».

population des massifs montagneux du Djurdjura est considérable, que le chiffre des naissances y dépasse de beaucoup celui des décès. Plus de quatorze cents villages sont épars sur les pitons, les terrasses et les promontoires de la « Grande Kabylie ». Au recensement de 1881 sa population était de 417,012 habitants ; elle est en 1886 de 468,839 âmes, ce qui représente un accroissement annuel de plus de 10,000 individus. Les progrès constatés dans la « Petite Kabylie » que forme la région montagneuse des Bibân et du Babor, ne sont pas, d'ailleurs, sensiblement moindres. On y avait recensé en 1881, 200,615 habitants ; ils sont aujourd'hui 245,293 ; c'est donc un accroissement annuel de 9,000 individus [1]. Si la densité de la population était la même dans le reste de l'Algérie, entre le bord de la mer et la lisière du désert, que dans les deux Kabylies on y compterait 30 à 40 millions d'hommes.

Les différences si profondes qui séparent les Berbères des Arabes ont été longtemps méconnues par l'administration et aujourd'hui encore elle ne semble pas leur accorder tout l'intérêt qu'elles méritent. Lorsque furent soumis les habitants de l'Aurès, appartenant à la race berbère, — nous abordons ici l'examen de la politique suivie jusqu'à ce jour à l'égard des indigènes, — l'administration se crut en pré-

---

[1] Grande Kabylie : arrondissement de Tizi-Ouzou, avec les communes de Bougie, Akbou et Fenaïa. Superficie : environ 5,250 k. car.
En 1881 — 417,012 hab. Soit 79 hab. 43 par k. c.
En 1886 — 468,839 hab. Soit 89 hab. 30 par k. c.
Petite Kabylie : arrondissement de Bougie, moins les communes de Bougie, Akbou et Fenaïa. Superficie : environ 4,840 k. car.
En 1881 — 200,615 hab. Soit 41 hab. 44 par k. c.
En 1886 — 245,293 hab. Soit 50 hab. 67 par k. c.

sence de populations semblables à celles qu'elle avait rencontrées sur la côte ou dans la plaine et leur appliqua le même régime. C'est ainsi que l'on substitua ou que l'on superposa aux institutions municipales et démocratiques des Berbères la féodalité arabe incompatible avec leurs mœurs et leurs traditions. Le Koran remplaça, en fait de Code civil, les vieux « *kanoun* » (coutumes) des villages et les « cadis », la justice des « djemmâ ». Lorsque l'on désira donner une loi aux Aurasiens on choisit la loi musulmane dont ils s'étaient défaits; quand on voulut entrer en relations avec eux, on leur parla la langue religieuse du Koran au lieu de leur parler leur langue. Il ne serait pas excessif de dire que nous avons « islamisé » l'Aurès. Ces erreurs eurent de tristes conséquences : les exactions des caïds — hommes étrangers, d'origine arabe, — soulevèrent de nombreux mécontentements, des insurrections même, comme celle de 1879, et ainsi, des populations de race berbère ayant des affinités qui les attiraient vers nous furent poussées vers l'Islam et les associations religieuses par ceux mêmes qui avaient intérêt à les soustraire à ces influences [1].

Cette confusion que nous avons longtemps faite entre les Berbères et les Arabes n'est malheureusement pas la seule erreur commise, — d'autres s'ajoutent à celle-là qui ont retardé l'établissement si nécessaire d'une paix véritable entre vainqueurs et vaincus; « la politique de pénétration » cela est presque un mot nouveau en Algérie,

---

[1] Masqueray, directeur de l'École supérieure d'Alger. — *Étude sur les Ouled-Daoud.* (Tribu de l'Aurès.)

SÉVÉRITÉ DANS LA RÉPRESSION. 231

si l'on songe combien de cruautés ont été commises pendant la guerre, combien de mesures injustes ou au moins inhabiles, prises pendant la paix !

Il y a plus d'un demi-siècle que les troupes françaises ont débarqué en Afrique, près de trente années que la période de conquête est close et cependant, dans tous les douars et villages le souvenir est encore vivace des razzias qui laissaient l'indigène sans blé ni troupeaux, des confiscations qui obligeaient des tribus entières à s'expatrier[1]. Alors quelques-uns pensaient en France que « sans violer les lois de la morale », nous pouvions « combattre nos ennemis africains par la poudre et le fer joints à la famine, les divisions intestines, la guerre entre les Arabes et les Kabyles, entre les tribus du Tell et du Sahara, par l'eau-de-vie, la corruption et la désorganisation[2] ». Le temps où l'on osait écrire de pareilles choses est heureusement passé, mais n'est-il pas permis de dire qu'à une époque bien proche de nous, la répression de l'insurrection de 1871 a été d'une extrême sévérité ? Toutes les terres des rebelles furent provisoirement frappées de séquestre, 446,000 hectares, d'une valeur approximative de 19 millions, définitivement confisqués, 36,582,000 fr. exigés à titre de contribution de guerre[3]. Les journaux algériens eux-mêmes protestèrent: « Que dirions-nous des Prussiens, s'ils séquestraient les terres alsaciennes pour

---

[1] Troupeaux enlevés aux indigènes de 1830 à 1845 : 18,720,000 moutons; 3,604,000 bœufs; 917,000 dromadaires. (D'après Reclus.)

[2] Bodichon, docteur-médecin à Alger : *Disparition des Musulmans au contact des Chrétiens.* — *Revue de l'Orient*, 1851.

[3] *Bulletin de la Société française pour la protection des indigènes.* — Mars 1882.

les donner aux Allemands sous prétexte de colonisation?...
J'admire le cynisme avec lequel les amis de la colonie prêchent la confiscation et la facilité avec laquelle le Gouvernement l'établit... Ce n'est point en spoliant les indigènes que l'on assurera la sécurité du pays [1] ».

Nous ne demanderons pas si de semblables répressions étaient humaines, mais seulement si elles étaient habiles de la part d'un peuple qui ne songeait pas à repasser la mer après avoir châtié quelques pirates, mais qui voulait au contraire s'établir pour toujours à côté des indigènes et qui ne pouvait faire sans eux œuvre de colonisation ?

En 1847 le maréchal Bugeaud écrivait entre deux expéditions : « Nous devons tendre par tous les moyens possibles, à nous assimiler les Arabes, à modifier graduellement leurs mœurs. En leur rendant notre joug tolérable nous affaiblirons beaucoup chez eux l'esprit de révolte. Pour atteindre notre but il ne faut pas selon nous *les mettre dans une zone et nous dans une autre...* Il nous paraît infiniment plus sage de *mêler les indigènes à notre société et de les faire jouir de tous les avantages qu'elle comporte.* C'est par le contact continuel que leurs mœurs se modifieront, qu'ils prendront d'autres habitudes agricoles; le goût de la propriété bâtie et des cultures sédentaires leur viendra par l'exemple... D'après ces grandes considérations *nous voudrions voir marcher de front la colonisation arabe et la colonisation européenne* ».

Ces observations si sages, ce programme si élevé de la

---

[1] Le *Tell*, journal républicain de Blida (n° du 12 juillet 1872).

« conquête morale » du peuple vaincu ne furent point suivis, et l'on préféra le système barbare « du refoulement ». L'administration, voyant les Gouverneurs généraux confisquer une partie des terres des tribus après chaque insurrection, pensa qu'elle pouvait en toute justice faire choix des meilleures terres pour les colons et « refouler » les indigènes[1]. A mesure que l'élément européen se développait les indigènes étaient renvoyés de l'héritage de leurs pères, des tribus entières transportées loin de la région qui était en quelque sorte leur patrie. En même temps les bureaux arabes s'opposaient de toutes leurs forces à la fusion des indigènes et des Européens : quelques « familles » voulaient-elles se porter en territoire civil, le commandant du cercle les en empêchait ; quelques colons témoignaient-ils l'intention de s'établir en « territoire militaire » à portée ou au sein des tribus, le même commandant se récriait et imaginait mille formalités ou restrictions[2]. Les résultats d'une pareille politique suivie pendant plus de trente ans ne pouvaient être douteux : ici, l'Arabe incessamment refoulé, toujours plus incertain de de recueillir le fruit de son travail ne songeait ni à bien cultiver, ni à améliorer le sol ; là, privé des terres labourables de sa tribu, de la jouissance et même de l'accès des cours d'eaux, ne pouvant lutter contre la sécheresse il ne recueillait pas le blé suffisant à sa nourriture et voyait ses

[1] Lamartine a cité en 1846 une instruction qui contenait la phrase suivante : « Quant à l'extermination des indigènes, quant à leur refoulement violent de la population, examinez s'il est praticable ! » — (Rapporté par Yves Guyot.)

[2] Jules Duval, *loc. cit.*

troupeaux diminuer ou disparaître ; partout, enfin, ces mille souffrances entretenaient les haines de l'indigène contre le colon et creusaient, au lieu de le combler, le fossé déjà profond qui sépare les deux races.

Le Sénatus-Consulte de 1863 qui déclara les tribus propriétaires des territoires dont elles avaient la jouissance n'a pas mis fin au système du « refoulement », mais il a changé de forme et de nom. Aujourd'hui il s'appelle le système de « l'expropriation pour cause d'utilité publique ».

Chaque année, des commissions présidées par les administrateurs et composées d'agents spéciaux pris dans les ponts et chaussées, le corps des géomètres-arpenteurs et d'un représentant du Conseil général parcourent les territoires des communes mixtes et président au choix et à la délimitation des terrains, qui, par leur fertilité, leur salubrité et le voisinage de l'eau, leur paraissent le plus propres à l'établissement des centres européens. Le travail des Commissions est soumis au Gouverneur général, qui, se plaçant au point de vue des besoins de la « colonisation », arrête le programme des créations à faire. Celui-ci n'est exécuté que deux ans après. Cette période doit servir à rendre libre, par voie d'achat ou d'expropriation[1], les périmètres compris dans le plan d'ensemble, à préparer les lotissements, à doter les villages futurs des voies de communication et des installations les plus nécessaires,

---

[1] En vertu de la loi du 16 juin 1851, un arrêté du Gouverneur général remplace en Algérie le décret d'utilité publique exigé par la loi du 1ᵉʳ octobre 1844. Les indemnités à allouer aux individus expropriés sont fixées, non par un jury, mais par le tribunal.

telles que distribution d'eau, maison d'école, mairie, église, et enfin, à donner à la campagne coloniale qui va être entreprise toute la publicité possible.

Deux traits essentiels caractérisent ce système : d'une part, il ne procure la terre aux colons qu'en l'ôtant aux indigènes ; il constitue des cercles exclusivement européens d'où les indigènes sont écartés avec soin en tant que propriétaires [1] ; — d'une autre, il condamne à la misère l'indigène dépossédé. L'ancien propriétaire du sol reçoit une indemnité en argent qui est fixée par les tribunaux ; elle varie généralement de 50 à 60 fr. par hectare. L'indigène se trouve donc échanger les 30 ou 40 hectares sur lesquels il vivait aisément avec sa famille contre une somme de 1,500 à 2,000 fr., c'est-à-dire qu'au lieu d'un fond de terre suffisant à ses besoins pour toute sa vie il n'a plus qu'un capital qu'il épuise en une ou deux années [2].

On a pu se demander si dans ces conditions l'expropriation ne ressemble pas à une spoliation ? Si le système que nous venons d'exposer n'est pas exactement le contre-pied de celui qui devrait être suivi ? La « politique de pénétration » *resserrerait* les indigènes sur le territoire qu'ils

---

[1] En vertu de l'article 43 du décret du 30 septembre 1878, qui fixe le régime des concessions, il est interdit à tout individu, devenu propriétaire par voie d'attribution gratuite, de vendre ou céder sa concession, sous quelque forme que ce soit, aux indigènes non naturalisés pendant une période des vingt ans, si elle provient de lots de fermes, et de dix ans si elle provient de lots de villages. Ces délais partent du jour de la concession définitive.

[2] Regnault, ancien directeur des affaires civiles en Algérie : *La question algérienne*. Georges Jacob, imprimeur, Orléans.

possèdent lorsque le territoire est *disproportionné* à leur nombre, offrirait aux colons les champs devenus libres, et favoriserait ainsi la constitution de groupes européens, apportant aux tribus au milieu desquelles ils seraient établis les bienfaits matériels de la civilisation, l'eau, les routes, les procédés de la culture européenne, en même temps que leurs usages et leurs idées. A cette politique humaine, bienfaisante, si favorable à l'oubli des haines et des ressentiments du vaincu, à la fusion des races, l'administration algérienne semble préférer un système qui sous une apparence de justice « refoule » les indigènes, les chasse de leur foyer, en fait des exilés ou des vagabonds, à moins qu'ils ne consentent à rester comme mercenaires sur ce sol où ils furent maîtres.

Chose particulièrement grave, ce système est toujours en vigueur ! Les Ministres, le Parlement, le Gouverneur général, les Conseils élus de l'Algérie, les colons ne semblent pas en voir le danger ! Tous les ans, les Chambres votent un crédit pour les « dépenses de colonisation », et souvent, il sert en partie à payer les indemnités pour expropriation [1]; tous les ans le Gouverneur annonce dans « l'Exposé de la situation générale » de la colonie l'ouverture au peuplement européen des nouveaux centres, c'est-à-dire l' « expropriation » de nouvelles familles indigènes !

Afin de montrer la vérité tout entière, il faut rappeler que les indigènes habitant le Tell ont été menacés il y a

[1] De 1875 à 1883, il a été dépensé une somme de 8,037,267 fr. pour « achats de terres, expropriations et indemnités de dépossession ».

trois ans d'une mesure de « refoulement » général. Il s'agissait de leur acheter « par voie d'expropriation pour cause d'utilité publique » environ 300,000 hectares sur lesquels on aurait établi 38,596 colons amenés de France. C'est le projet dit des « 50 millions » dont nous avons parlé plus haut[1]. Ses partisans s'étaient livrés à des calculs ingénieux : on ne prendrait, disaient-ils, que 8 ares à chaque indigène, il lui resterait ainsi, — ce qui était bien suffisant, — 4 hectares 29 ares. Mais un orateur[2] put démontrer à la Chambre, avec les chiffres mêmes de la statistique officielle, que ces allégations étaient inexactes : d'abord les indigènes ne possédaient en moyenne, dans le périmètre du territoire où l'on voulait concentrer la colonisation officielle que 3 hectares 6 ares, ensuite, il résultait des tableaux annexés au programme de colonisation, que, sur un très grand nombre de points on ne laisserait aux indigènes que 2 hectares, 1 hectare, 35 ares ou même « rien ou presque rien ». Après avoir cité ces chiffres M. Ballue ajoutait : « Voici donc un Européen laborieux, disposant d'un outillage agricole meilleur, supérieur à celui des Arabes ; vous reconnaissez que vous ne pouvez pas lui faire des conditions possibles d'existence en Algérie à moins de mettre à sa disposition 10 hectares de terre, (c'était le chiffre prévu dans le projet) — et aux indigènes, dont vous incriminez l'indolence, l'incurie, ne possédant que des outils rudimentaires, imparfaits, vous laissez par faveur grande, 4 hectares — je dis 4 quoi que ce ne soit

---

[1] Voir chap. 1er, page 40.
[2] Discours de M. Ballue. — Séance du 27 décembre 1883.

pas exact, — et vous ajoutez : « Est-ce que cela causerait vraiment un dommage appréciable ? » Je soumets ces chiffres à vos réflexions[1] ».

Le projet des « 50 millions » fut heureusement repoussé, — mais on peut se demander quels désespoirs il aurait soulevés chez les indigènes « dépossédés », quelles haines éteintes il aurait pu rallumer ?

Lorsque l'on relève les erreurs qui ont été commises dans l'administration des indigènes, les fautes qui ont soulevé leur mécontentement et les ont éloignés de nous, il faut encore rappeler le décret du 24 octobre 1870 qui a naturalisé en bloc tous les Juifs indigènes d'Algérie. Ceux-ci méritaient-ils une semblable faveur ? Des colons qui vivaient à leur côté, des voyageurs qui les avaient observés ne le pensèrent pas : il leur parut que les Juifs algériens n'avaient guère de ressemblance avec leurs coreligionnaires de France et formaient sur la terre africaine une classe à part et peu intéressante[2]. Une chose certaine,

[1] Le discours de M. Balluc contient d'autres chiffres qu'il est intéressant de relever :

« J'ai recherché, disait-il, quelle superficie est occupée, dans le périmètre du territoire où vous voulez concentrer la colonisation officielle, par la population agricole européenne et par la population agricole indigène. Voici les chiffres : dans le département d'Alger, les Européens ont par tête, — c'est une moyenne bien entendu, — 4 hectares 6 ares ; les indigènes, 2 hectares 10 ares. Dans le département d'Oran, celui qui est dans les meilleures conditions, les Européens possèdent 6 hectares 6 ares par tête ; les indigènes, 5 hectares 8 ares. Dans le département de Constantine, les Européens ont 15 hectares 3 ares ; les indigènes, 2 hectares 2 ares. — Ainsi, on résumé, il y a par tête d'Européen 8 hectares, et par tête d'indigène, 3 hectares 6 ares ».

[2] Lorsque la loi militaire a été appliquée en Algérie, beaucoup d'Israélites se sont soustraits à ses effets en se faisant reconnaître sujets marocains ou tunisiens.

c'est que l'opinion des indigènes ne leur était pas favorable. Arabes et Kabyles méprisaient les Juifs à la fois pour leur religion et le métier que beaucoup d'entre eux exerçaient[1]. Avant notre occupation les Musulmans leur faisait subir de nombreuses humiliations ; ainsi, ils étaient obligés de porter des vêtements de couleur noire, il ne leur était permis de sortir qu'avec des pantoufles dont le quartier devait être rabattu, ils ne pouvaient monter ni bête de selle, ni bête de somme[2]. Depuis, la haine des indigènes pour les Juifs a crû au lieu de disparaître : ruinés par les anciennes razzias, le séquestre et la confiscation des terres, le « refoulement », les famines et les mauvaises récoltes, des milliers d'Arabes et de Kabyles, — d'Arabes surtout, agriculteurs si imprévoyants qu'ils ne savent se constituer une réserve dans les années de bonne récolte, — sont obligés de s'adresser aux usuriers juifs qui leur imposent les conditions les plus dures : souvent l'emprunteur ne peut s'acquitter à l'échéance, il renouvelle sa dette et celle-ci s'augmente impitoyablement jusqu'au jour du jugement et de la saisie. Alors le malheureux indigène doit quitter son champ et, pour vivre, s'engager chez un propriétaire en qualité de « khemmas ».

Pourquoi la France naturalisait-elle des hommes flétris par le « Livre », et, qui, en vivant de l'usure, maintenaient les croyants dans une profonde misère ? Les indigènes ne

[1] « Tu reconnaîtras, dit le Koran (chapitre v), que ceux qui nourrissent la haine la plus violente contre les fidèles sont les Juifs et les idolâtres ». Et ailleurs (ch. ii) : « Ceux qui avalent le produit de l'usure se lèveront au jour de la résurrection comme celui que Satan a souillé de son contact ».

[2] Trumelet. *Les Français dans le Désert*. Garnier frères, éditeurs. Paris.

le comprirent pas, — ils ne le comprennent pas encore. Eux, dont les fils et les frères étaient venus mourir bravement sur nos champs de bataille, étaient moins favorablement traités : en 1871, l'insurrection de Kabylie était cruellement réprimée, — en 1874, on imaginait, pour les indigènes habitant le « territoire civil », des « infractions spéciales à l'indigénat non prévues par la loi française », que l'on frappait des peines de simple police [1].

La France avait donc deux poids et deux mesures pour les populations qu'elle avait rencontrées sur le sol de l'Algérie ?

---

[1] Le décret du 29 août 1874 « relatif à l'organisation judiciaire de la Kabylie » contient un article 17 ainsi conçu : « En territoire civil, les indigènes non naturalisés pourront être poursuivis et condamnés aux peines de simple police fixées par les articles 464, 465 et 466 du Code pénal pour infractions spéciales à l'indigénat, non prévues par la loi française, mais déterminées dans des arrêtés préfectoraux rendus sur les propositions des commissaires civils, des chefs de circonscription cantonale ou des maires. — La peine de l'amende et celle de la prison pourront être cumulées et s'élever au double en cas de récidive prévue par l'article 483 du Code pénal. — Les juges de simple police statueront en cette matière sans frais et sans appel ».

Depuis est intervenue une loi en date du 28 juin 1881 qui, modifiant le dernier paragraphe du décret précité, a retiré aux juges de paix pour la confier aux administrateurs des communes mixtes en territoire civil la répression des infractions spéciales à l'indigénat.

Parmi ces infractions, déterminées arbitrairement par les préfets, M. Yves Guyot (*la Politique coloniale*) cite les suivantes :

« Négligence à comparaître sur simple invitation, même verbale, devant les autorités ;

« Acte irrespectueux ou propos offensants vis-à-vis d'un représentant ou agent de l'autorité, même en dehors de ses fonctions ;

« Propos tenus en public dans le but d'affaiblir le respect dû à l'autorité ;

« Habitation isolée sans autorisation en dehors du douar ;

« Départ du territoire de la commune sans permis de voyage ;

« *Réclamation renouvelée après solution régulière* ».

Est-il besoin de dire que bien des injustices peuvent se commettre à l'abri d'une législation aussi rigoureuse, aussi arbitraire ?

IV

POLITIQUE A SUIVRE A L'ÉGARD DES INDIGÈNES.

Nous avons pensé qu'il convenait de rappeler les fautes commises, quelque douloureux que puissent être certains souvenirs, parce que cette revue du passé fait comprendre l'absolue nécessité qu'il y a pour l'administration algérienne à renoncer aux errements suivis, pour adopter enfin une véritable « *politique de pénétration* » vis-à-vis des indigènes. Certes, — et l'on ne présenterait pas un tableau complet de l'action de la France en Afrique depuis 1830, si on négligeait de le dire, — certes, notre domination, malgré les mesures sévères ou injustes qui ont été prises, a procuré aux indigènes d'importants bienfaits : l'occupation française maintient la paix entre les tribus qui, sous le gouvernement des fonctionnaires turcs, vivaient dans un état de guerre et de pillage continuel; les 425,000 colons établis à l'ombre de notre drapeau donnent du travail aux indigènes, achètent leurs produits, et ainsi augmentent leur richesse et leur bien-être; les agriculteurs européens enseignent, par l'exemple, aux Arabes et aux Kabyles l'usage des instruments aratoires et leur apportent de nouvelles cultures; nos ingénieurs ont rendu la vie aux oasis de l'Oued Righ, quintuplé la valeur des palmeraies, aménagé les eaux, ouvert des routes, construit des chemins de fer, etc.....

L'œuvre qui reste à accomplir, qu'il est urgent d'entreprendre et de suivre avec résolution, n'en est pas moins considérable. La « question religieuse », dont nous avons montré toute l'importance dans la première partie de ce chapitre, se pose la première : la France n'a rien fait, rien tenté, pour en diminuer le danger, pour atténuer le fanatisme des croyants, restreindre l'influence hostile des associations musulmanes. La « question indigène » n'est pas résolue ; la *conquête morale* du vaincu n'a point été entreprise. Une paix profonde règne en Algérie, mais aucun rapprochement ne s'est opéré entre les deux races ; les Français se sont superposés aux indigènes, ils ne les ont pas « pénétrés » ; les colons vivent dans leurs villages, les Arabes dans leurs douars ; les mariages mixtes entre Musulmans et Européens sont extrêmement rares[1] ; les demandes en naturalisation introduites par les indigènes atteignent un chiffre insignifiant[2] ; ils ne

---

[1] Mariages entre Musulmans et Européens : en 1882, 20, — en 1883, 16, — en 1884, 14.

[2] Le nombre des Musulmans algériens naturalisés en 1885 est de 55, et le nombre de ceux qui l'ont été de 1865 à 1885, — en vingt ans ! — est de 667.

Il convient toutefois d'accompagner ces chiffres de quelques observations: en premier lieu, nous avons dit plus haut que l'administration française avait malheureusement refusé d'accueillir les demandes en naturalisation de plusieurs tribus kabyles. D'autre part, il importe de noter que la naturalisation

parlent pas notre langue. C'est ainsi que 425,000 Européens protégés par une armée de 50,000 hommes sont établis au milieu d'une population de 3,260,000 Musulmans.

Quelle est, dans ses lignes générales, la « politique de pénétration » que la France doit suivre en Afrique, — en Algérie comme en Tunisie, — pour faire œuvre durable de colonisation? Nous voudrions aborder l'examen de ce problème à la fois si intéressant et si délicat; nous savons combien il est difficile : d'une part, on s'expose à soulever les protestations de ceux qui nient « la question indigène » ou qui sont possédés d'une prévention instinctive contre l'Arabe, de l'autre, on est quelquefois porté à se laisser entraîner par de beaux rêves, à oublier les distinctions profondes qui existent entre la race conquérante et la race conquise. Nous voudrions éviter ces écueils et ces illusions ; ce n'est point d'ailleurs un « système » que nous entendons développer, mais seulement quelques idées qui nous semblent justes et sur lesquelles il nous paraît qu'il importe d'appeler l'attention.

La France n'a jamais songé à entreprendre la conversion des Musulmans. Si l'on se rappelle les traits principaux de la religion islamique, ce que les croyants pensent des erreurs et de la conversion future de N.-S. Aïssa (Jésus) [1],

des Musulmans est régie par le Sénatus-Consulte du 14 juillet 1865 et par le décret impérial du 21 avril 1866, qui entourent les demandes en naturalisation de formalités et d'enquêtes si nombreuses qu'elles doivent avoir pour effet d'éloigner les indigènes. Enfin, la naturalisation oblige celui qui en est l'objet à renoncer à son *statut personnel*, chose particulièrement grave pour un Musulman. (V. sur ce dernier point ce qui est dit plus loin à la page 273.)

[1] Voir la note 1 de la page 196.

on n'hésitera pas à dire que c'eût été une « folie », un « crime » même, ainsi que l'a écrit Mgr Lavigerie, de surexciter, par des actes de prosélytisme imprudent, le fanatisme des populations algériennes. Leur liberté religieuse a été respectée.

Notre intervention s'est bornée à l'établissement d'une sorte d'union entre l'Église et l'État par l'inscription dans le budget métropolitain d'un crédit annuel pour le « personnel du culte musulman »[1]. Les *mofti* et les *imam*[2] du clergé officiel sont choisis parmi les lettrés, savants, magistrats et personnages religieux ralliés à la cause française. Malheureusement leur influence sur les fidèles est peu considérable ; les marabouts et les associations religieuses leur reprochent d'enseigner le Koran et la théologie pour un salaire, ce qui, disent-ils, est défendu par les docteurs musulmans.

Certaines congrégations qui ne nous sont point hostiles, et souvent même nous ont été utiles, telles que les Tidjanya[3], les Aïssaoua, les Hansalya…, servent nos inté-

---

[1] Au budget de 1886, les dépenses pour les cultes subventionnés en Algérie étaient les suivantes :

Religion catholique.	880,900 fr.
Religion musulmane.	216,340
Religion protestante.	93,500
Religion juive.	26,600

[2] Le *motif* est l'interprète de la loi qui donne des décisions sur les questions de religion ou de droit. Dans les pays musulmans, le mofti est le supérieur du juge ou cadi. En Algérie c'est un titre purement honorifique donné par nous à quelques imam importants. — L'*imam* est chargé de dire la prière dans la mosquée.

[3] Nous avons dit plus haut que M. Duveyrier craignait que l'influence si hostile pour nous, des Senoûsiya, n'ait depuis quelque temps pénétré les Tidjanya.

rêts et nous sont d'un plus précieux concours que le clergé officiel. D'un autre côté, la plupart des marabouts indépendants s'emploient à notre service et entretiennent avec nous des relations très courtoises ; plusieurs même acceptent des emplois lucratifs, sont aghas ou caïds.

Mais ces diverses autorités ne possèdent pas aujourd'hui un pouvoir suffisant pour combattre dans l'esprit des Musulmans fanatiques, si prompts à l'insurrection religieuse, la grande influence des congrégations ennemies, la propagande occulte des Khouan, les intrigues et les progrès des Senoûsîya. Il semble, cependant, qu'il ne serait pas impossible au Gouvernement général de se servir de la religion plus qu'il ne l'a fait jusqu'à ce jour, — et ce n'est point une mauvaise politique d'employer l'arme de son adversaire pour la retourner contre lui-même.

L'administration algérienne a commis la faute de ne pas conserver assez forte, assez respectée, l'autorité des *mofti* et des *imam*. Ces personnages religieux, acquis à la cause française, appuyés, soutenus par l'administration, formant vis-à-vis des associations une sorte de clergé « séculier » naturellement jaloux de l'influence que voudraient prendre sur les fidèles les ordres « réguliers », seraient peut-être un obstacle au développement des associations religieuses. Aussi paraît-il regrettable que nous n'ayons pas institué, dès le début de notre occupation, un « *cheikh-el-Islam* », chef suprême de la religion en Algérie. Ce personnage, qui eût été notre créature, aurait à la fois contribué à isoler les Musulmans algériens de leurs frères d'Orient et rendu plus grand le prestige du clergé de notre colonie en lui donnant une tête. Peut-on corriger ces erreurs ? Un fait certain et bien digne de remarque, — car il contient un enseignement, — c'est que l'administration du Protectorat s'est gardée en Tunisie d'affaiblir l'autorité des personnages religieux jouissant de la confiance et du respect des fidèles; elle a pris soin, tout au contraire, de s'assurer leur concours aux yeux des croyants. C'est ainsi que le Résident général a fait entrer dans la Commission chargée de préparer le projet de réforme foncière, c'est-à-dire de modifier les conditions de la propriété dans un pays musulman, les quatre personnages religieux les plus considérables de la Régence : le bach-mofti maléki ou cheikh-el-Islam, le bach-mofti hanéfi, le cadi maléki et le cadi hanéfi[1]. Le bey lui-même, qui est, de par la loi de Mahomet, la plus haute autorité politique et religieuse de la Régence, prend sur la demande de notre Ministre Résident des décrets religieux pour affirmer aux yeux des croyants la légitimité des mesures que nous jugeons devoir prendre[2].

[1] Nous avons dit que la religion musulmane comporte quatre rites orthodoxes : maléki, hanéfi, chaféite, hanebalite, — le premier étant le plus répandu en Afrique. Les rites maléki et hanéfi ont chacun leur bach (grand) mofti, qui interprète les questions de religion et de droit musulman.

[2] Un mois et demi après la promulgation de la loi foncière, l'administration du Protectorat jugeant nécessaire de faire confirmer, par la première autorité religieuse de la Régence, les dispositions de cette loi relatives à l'*enzel* des biens *abbous*, a obtenu du bey le décret suivant, publié dans le « Journal officiel tunisien » du 1er juillet 1886 :

« Louanges à Dieu :

« La location perpétuelle ou à longue durée des biens *abbous* qu'on appelle *enzel* a fait l'objet d'une controverse entre les illustres jurisconsultes de notre religion. Les uns émettent l'opinion que la constitution d'un bien *abbous* à *enzel* ne peut être tolérée par la loi; d'autres estiment, au contraire, qu'elle peut être autorisée quand le bien *abbous* en retire un avantage. La première

Parmi les associations religieuses, les unes nous étant favorables et les autres hostiles, il semble qu'il conviendrait d'adopter vis-à-vis d'elles une politique différente. M. Rinn n'hésite pas à reconnaître que jusqu'à ce jour, nous n'avons osé ni nous appuyer sur les ordres religieux, ni les supprimer ; notre circonspection hésitante a oscillé entre des répressions souvent sévères et des tolérances toujours méfiantes. C'est ainsi que nous n'avons ni fait disparaître nos ennemis, ni augmenté le crédit et l'influence de nos amis. Il est cependant permis de penser que l'intérêt, l'ambition et toutes les mauvaises passions humaines ne manqueraient pas de jeter dans les ordres religieux, favorisés par nous, beaucoup de Musulmans algériens ; quant à leurs chefs, ils seraient conquis par des avantages pécuniaires et honorifiques. Le Sultan de Constantinople, l'empereur du Maroc, le bey de Tunis ont suivi une pareille conduite dans leurs relations avec plusieurs congrégations importantes. Pourquoi la France, bien que « nation infidèle », ne tenterait-elle pas de faire de même puisqu'elle est devenue, par la conquête, « puissance mu-

---

de ces opinions a fini par prévaloir dans ces derniers temps ; la deuxième a été préconisée dans plusieurs *Fétouas* (consultations de religion et de droit) par le savant Sidi-Brahim-Erriahi qui fut autrefois bach-mofti.

« Considérant qu'il nous appartient en vertu de notre loi sacrée, de décider, quand l'intérêt général est en jeu, l'opinion qui doit prévaloir dans la jurisprudence,

Nous avons décrété ce qui suit :

Article 1er. — Les membres du Medjless du Chaâra (tribunal) appartenant au rite maléki sont tenus, à l'avenir, d'autoriser la constitution des immeubles *abbous* à *enzel*, lorsque le bien *abbous* doit en retirer un avantage.

Article 2. — Ils devront se prêter un mutuel appui pour l'exécution du présent décret..... »

sulmane » ? Elle devrait en même temps et par opposition, maintenir sous un régime sévère, une surveillance perpétuelle, les congrégations hostiles et surtout celles qui sont, à n'en point douter, comme les Senoûsîya, des ennemis irréconciliables. Certes, il conviendrait d'apporter ici une très grande habileté, car certaines mesures vexatoires faisant croire à un système de persécution organisée pourraient aller contre le but poursuivi, pousser les « vrais » croyants à s'affilier en grand nombre aux ordres « persécutés », et, il serait peut-être dangereux d'entrer ouvertement en lutte avec quelqu'une de ces associations insaisissables, dont les agents parviennent à échapper à toutes les recherches. Mais ne pourrait-on pas rendre plus difficile la perception des « ziara » qui alimentent le Trésor des ordres hostiles? mieux observer les lieux de réunion des Khouan, leur nombre, les résidences des moqaddem, leurs intrigues, leurs voyages...? Les Senoûsîya ont fait et font chaque jour de grands progrès dans notre colonie, — une surveillance plus active que celle exercée n'aurait-elle pu entraver ces progrès?

Il ne serait donc peut-être pas impossible, on le voit, de trouver un double appui, un concours précieux, d'une part, dans un clergé officiel soutenu par l'autorité française, plus nombreux qu'il ne l'est aujourd'hui, dont on paraîtrait respecter l'indépendance et la dignité aux yeux des croyants, et de l'autre, dans les associations religieuses dont les chefs nous seraient dévoués. S'il y avait dans chaque douar ou village un imam, un marabout ou un khouan d'un ordre ami, investi et salarié par le Gouvernement pour exercer gratuitement les fonctions sacerdotales; si en Algérie et en Tunisie, les congrégations favorables à notre cause étaient soutenues et favorisées dans une juste mesure, le Gouvernement aurait à sa disposition des forces puissantes et bénéficierait de la concurrence active que les imam, les Khouan et les moqaddem feraient aux congrégations ennemies. Il serait, d'ailleurs, facile aux personnages religieux ralliés à l'influence française, de relever dans le Koran, — où tant de choses contradictoires sont écrites, — et d'enseigner aux fidèles les versets dans lesquels Mahomet conseille aux Musulmans de vivre en paix avec les Chrétiens [1]. C'est même là une chose très digne d'attention. Ainsi qu'on l'a dit[2], l'Islamisme en se faisant loi, — car Mahomet a donné le Koran comme une loi immuable, — a subi le mal des lois, la jurisprudence. Les jurisconsultes habitués et rompus qu'ils sont à la pratique des lois, aux subtilités captieuses, aux accommodements ingénieux et inattendus, savent toujours trouver dans les textes de quoi justifier ou autoriser ou motiver ce qui a besoin d'être motivé ou autorisé ou justifié, ou bien, motivé et autorisé et justifié. La Société musulmane n'a pas échappé et surtout n'échappera pas à cette règle : un gouvernement européen habile peut donc obtenir des personnages religieux et des docteurs ralliés à sa cause, un

---

[1] « Dieu ne vous défend pas d'être bons et équitables envers ceux qui n'ont point combattu contre vous à cause de votre religion et qui ne vous ont point banni de vos foyers ». (Ch. lx.) — « Tu reconnaitras... que ceux qui sont le plus disposés à aimer les fidèles sont les hommes qui se disent chrétiens; c'est parce qu'ils ont des prêtres et des moines et parce qu'ils sont sans orgueil ». (Ch. v.)

[2] Le Dr Perron : *L'Islamisme, son institution, son influence et son avenir*. Ernest Leroux, éditeur. Paris.

enseignement et des consultations (*fétouas*) favorables à ses désirs [1].

Il ne faudrait assurément pas croire à la toute puissante efficacité de cette « politique religieuse » : les « vrais » croyants, ceux attachés aux pures doctrines de l'Islam, en dénonceront le caractère, ils continueront à s'affilier aux ordres « indépendants », « irréconciliables », ils considéreront les « fétouas » obtenus par les Français

---

[1] On pourrait citer à l'appui de cette opinion de nombreux exemples empruntés aux hommes qui ont le mieux étudié l'histoire de la religion et des populations islamiques. Il suffira d'en rapporter deux.

On lit dans un ouvrage arabe qu'Abd-el-Kader adressait il y a quelques années à la Société asiatique de France : « Tous les prophètes depuis Adam jusqu'à Mohammed se sont accordés sur les points fondamentaux, tous ont proclamé l'unité de Dieu et l'obligation de lui rendre un culte... Une même pensée leur est commune : c'est de proclamer le respect pour la divinité et la charité pour sa créature. Les modifications qui sont survenues à différentes époques portent sur des principes de circonstance, sur des dispositions qui ont été utiles dans un moment et qui ne le sont pas dans un autre. Il en a été de cela comme des ordonnances d'un médecin : aujourd'hui il prescrit une potion, demain il en prescrit une autre...

« On voit qu'au fond ces trois religions (juive, chrétienne et musulmane) n'en font qu'une et que les distances qui les séparent ne portent que sur des points de détail. On pourrait les comparer aux enfants d'un même père qui sont nés de mères différentes. Si les Musulmans et les Chrétiens voulaient m'en croire, ils se mettraient d'accord. Ils se traiteraient en frères et pour le fond et pour la forme ».

Le second exemple touche particulièrement notre établissement en Algérie. En 1841 le maréchal Bugeaud désirant, dans un intérêt de pacification, faire reconnaître notre conquête par une autorité religieuse respectée des Musulmans, envoya en mission secrète à Kairouan M. Léon Roches, depuis consul général à Tunis et ministre plénipotentiaire, qui obtint des *ulémas* (docteurs) de la cité sainte une importante consultation, un *fétoua*, dont la conclusion était la suivante : « Quand un peuple musulman dont le territoire a été envahi par les infidèles, les a combattus aussi longtemps qu'il a conservé l'espoir de les en chasser et quand il est certain que la continuation de la guerre ne peut amener que misère, ruine et mort pour les Musulmans, sans même chance de vaincre les infidèles, ce peuple, tout en conservant l'espoir de secouer leur joug avec l'aide de Dieu, peut accepter de vivre sous leur domination à la condition expresse qu'il conservera le libre exercice de sa religion et que les femmes et les filles seront respectées ».

comme des « mensonges officiels », mais les autres, moins éclairés, moins fervents ou accessibles à certains intérêts, entreront dans les ordres soumis à notre influence, obéiront à la direction religieuse de nos amis. Nous aurons ainsi obtenu un résultat considérable, celui de désarmer une partie de nos adversaires et de hâter la « désagrégation » des populations musulmanes de l'Afrique du Nord.

Tandis que le clergé officiel et les congrégations religieuses amies défendront la France africaine contre l'ennemi intérieur, — la propagande et les intrigues des Khouan hostiles, — des postes militaires et des lignes ferrées devront la mettre à l'abri des incursions de ses ennemis extérieurs : les Touareg et les Arabes du désert [1].

Depuis des siècles, ces Touareg sont les transitaires et les convoyeurs des caravanes allant du Soudan au Sahara. Pendant assez longtemps, la France, établie en Algérie, n'a pas eu à les redouter, non plus que les Arabes nomades qui dominent le Tidikelt, le Gourara et le Touat; mais la propagande des Senoûsîya, l'extension de notre influence, l'affermissement de notre domination, ont fait penser aux chefs Touareg et Arabes que nous étions un danger pour eux au point de vue de leur indépendance, de leurs intérêts commerciaux, de leurs tendances panislamiques. Nous sommes désormais pour eux « un ennemi »; Touareg et Arabes n'ont pas hésité à faire alliance avec les Senoûsîya contre nous : Flatters et Marcel Palat sont tombés sous les coups des Touareg.

[1] Les Touareg sont d'origine berbère.

Trois routes, insuffisamment gardées, offrent aujourd'hui passage à nos ennemis pour venir piller les tribus du désert et des Hauts Plateaux dévouées à notre cause : l'Oued Igharghar, l'Oued Mya et l'Oued Nsaoura. En outre, la frontière sud de la Tunisie est ouverte aux incursions des tribus de la Tripolitaine et aux intrigues du Monde Musulman. Est-il besoin de dire que c'est pour nous une nécessité absolue, urgente, de fermer les territoires algériens et tunisiens, autant qu'il est possible, aux intrigues panislamiques, de les isoler de nos ennemis fanatiques du Soudan et de la Tripolitaine, et en même temps, d'assurer la sécurité la plus complète à la colonisation, partout où ses intérêts peuvent la conduire? Nous devons dans ce but, ainsi que l'a bien montré M. Rinn [1], « défendre notre sud en portant notre ligne de postes militaires en avant des terrains à protéger », à l'entrée des grandes voies naturelles qui ouvrent de larges chemins aux incursions des bandes transahariennes. Puis, pour donner à ces postes militaires indispensables une action toujours réelle, il est nécessaire de les relier par des lignes ferrées à notre réseau du Tell.

En Tunisie, nos postes extrêmes sont à Gabès et Metameur. Des hommes compétents réclament depuis longtemps l'occupation du port de Zarzis ainsi que de deux ou trois points situés sur la frontière de Tripolitaine, — qui est à la Sebkha-el-Mekta, — et en avant de la ligne des chott, afin d'assurer la tranquillité du sud de la Régence et de ne point permettre qu'elle devienne un foyer possible d'insur-

---

[1] Rinn. — *Nos frontières sahariennes*. — Jourdan, éditeur, Alger.

rections. Les lignes ferrées qui desserviront le nord et le centre du pays devront être prolongées jusqu'à Gafsa, Tozeur, Gabès, Zarzis et peut-être plus avant.

En Algérie, Biskra et Ouargla, défendent la province de Constantine et les riches palmeraies de l'Oued-Righ; Lagouat et Gardaïa couvrent la province d'Alger, mais El-Goléa, que nous visitons tous les deux ou trois ans, est bien peu à nous, et il faudrait occuper ce point ou même la position avancée de Haci-Inifel pour couvrir la confédération amie des Chamba périodiquement razziés par les Touareg. Dans la province d'Oran, la situation de nos frontières est beaucoup moins bonne que dans les deux autres. Avant l'occupation toute récente de Mechéria et d'Aïn-Sefra (1881-1882), nous n'avions sur les Hauts Plateaux oranais, comme place forte, que le petit centre de Geryville. La nécessité de porter notre drapeau à Djenan-bou-Rezg, — à peu près à la latitude des oasis marocaines de Figuig, dont les populations sont pour nous si dangereuses, — puis ensuite à Igli, clef de la vallée de l'Oued Nsaoura, est dès maintenant reconnue. Nous avons dit plus haut [1] que quelques-unes des lignes stratégiques, qui doivent relier plusieurs de ces points, sont en construction et les autres instamment réclamées. Il est, en effet, désirable que dans un avenir prochain des chemins de fer à voie étroite, économiquement construits, relient au réseau Tellien, d'une part, Tougourt, Ouargla, Lagouat et Metlili à Haci-Inifel, et d'une autre, Mécheria et Aïn-Sefra à Igli.

La constitution de ces lignes de défense dans le sud est

---

[1] Chap. I, page 75.

d'autant plus nécessaire et urgente, que les assassinats de Flatters et de Marcel Palat étant restés impunis, les Touareg sont aujourd'hui convaincus de notre faiblesse. Tous ceux qui ont étudié la deuxième mission Flatters ont exprimé cette même opinion qu'un indigène ami avait formulé en ces termes à Tripoli, à notre Consul général, M. Féraud : « Si vous ne faites rien, qu'aucun des vôtres n'essaie plus à l'avenir de s'avancer dans le sud, le Targui (singulier de Touareg), convaincu de votre faiblesse, tuera et tuera toujours les vôtres [1] ». On pourrait encore ajouter en faveur du prompt établissement des lignes stratégiques dans nos possessions africaines, qu'elles assureront la tranquillité des pays parcourus : on ne connaît pas d'exemple, en Algérie, de contrée traversée par un chemin de fer, qui se soit insurgée. Est-il téméraire d'affirmer que le jour où il y aura partout des chemins de fer, il n'y aura nulle part d'insurrection?

Fortifier le clergé officiel, se servir des congrégations religieuses amies, construire des postes et des lignes stratégiques pour arrêter les intrigues des Khouan ennemis ou les incursions des bandes du désert, — ces différentes mesures ne constituent pas à elles seules tous les moyens dont la « politique de pénétration » doit faire usage pour résoudre la « question religieuse » et la « question indigène ». Si la France veut rendre les populations algériennes et tunisiennes peu à peu insensibles aux appels du fanatisme, aux mouvements religieux du Monde Isla-

---

[1] Rapporté par Rinn. — *Loc. cit.*

mique, si elle veut leur faire supporter sa domination, les rapprocher graduellement de la race conquérante, et enfin les fondre avec elle-même, d'autres mesures sont nécessaires qui amélioreront leur situation matérielle et morale, leur donneront quelque chose de notre civilisation et nos idées. Ces mesures ont été déjà bien souvent réclamées par les hommes prévoyants et soucieux de l'avenir. D'une part, ils demandent que l'on essaye de donner aux indigènes quelques-uns de nos procédés de culture et d'élevage, qu'on leur assure de l'eau et des routes ; de l'autre, que notre langue soit partout enseignée afin que nos idées pénètrent jusque dans les villages et les douars les plus éloignés, que les indigènes soient justiciables des tribunaux français, que le service militaire appelle les Arabes et les Kabyles sous nos drapeaux, que les droits électoraux, enfin, les associent, dans une mesure à déterminer, à la vie politique du pays qui les aura conquis d'abord, puis adopté comme ses enfants.

Nous avons dit[1] que si les Kabyles sont des agriculteurs intelligents, ayant déjà fait des progrès au contact des colons, cultivant les céréales, l'olivier, le figuier, la vigne... les Arabes sont de mauvais agriculteurs, ne sachant ni fumer leurs terres, ni recueillir leurs récoltes, et de mauvais éleveurs incapables de donner aucun soin à leurs troupeaux. Kabyles et Arabes employent le plus souvent des charrues avec lesquelles on ne peut remuer profondément le sol, leur matériel agricole est d'une faible

[1] Chap. I, page 58, note 1, et pages 59 et 60 ; chap. II, p. 145 et chap. III, p. 219.

valeur et, par une conséquence naturelle, le rendement qu'ils obtiennent à l'hectare est très médiocre. En France, le Gouvernement soucieux de conduire les populations rurales dans la voie du progrès, entretient ou subventionne des fermes-écoles, des écoles d'agriculture, ouvre des champs d'expériences, appointe des professeurs d'agriculture…, etc. Serait-ce une entreprise si folle qu'elle ne doive point être tentée, d'ouvrir en Algérie et en Tunisie, quelques fermes-écoles élémentaires pour les indigènes? Le Tunisien est intelligent et capable d'apprendre, le Kabyle a les fortes qualités du paysan, des tribus Arabes, — « Berbères arabisant » pour la plupart, — vivent près des centres européens et ont en partie renoncé à la vie nomade : serait-il impossible d'apprendre à de jeunes indigènes, pris parmi ceux des principales familles, comment on sème le blé, quels soins il convient de donner aux troupeaux ?

Les routes et les chemins sont en nombre très insuffisant en Algérie [1]; nous pourrions ajouter que, dans bien des cas, ouverts pour desservir les centres européens, ils passent à de longues distances des villages Kabyles ou des douars Arabes. Faut-il rappeler que la sécheresse étant un des grands ennemis de la terre africaine, les populations réclament partout de l'eau comme la chose la plus précieuse qu'on puisse leur donner [2]. Jules Duval s'est servi d'un mot extrêmement juste lorsqu'il a dit qu'il fallait suivre dans notre colonie une « politique hydraulique »; le reboisement des montagnes, la construction des bar-

---

[1] Chap. I, page 77.
[2] Chap. I, page 72.

rages, la recherche des sources, et, en général, tous les travaux qui peuvent procurer à la terre l'eau dont elle a besoin, doivent faire l'objet des préoccupations constantes du Gouvernement. « L'Arabe, dit un vieux proverbe, ne réclame que deux choses : la justice et de l'eau ». Si l'on songe aux marques d'enthousiasme et de reconnaissance avec lesquelles les habitants de l'Oued Righ ont accueilli le forage des puits exécutés par nos ingénieurs, on demeure persuadé que l'adduction des eaux dans les régions qui en sont privées est, dans ce pays, un des moyens de gouvernement les plus puissants [1].

Une des choses dont on est le plus frappé lorsque l'on étudie l'œuvre de la colonisation française en Algérie, c'est de voir combien ont été insuffisantes les mesures prises dans tous les temps par l'administration pour faire apprendre notre langue aux indigènes. Il semble que l'utilité de cet

---

[1] Parlant du forage des puits de l'Oued-Righ, Jules Duval écrit (loc. cit.) : « Quant aux indigènes, il est facile de comprendre quelle joie transportait leur âme. Des rivières, au Désert c'est le rêve suprême des imaginations, le gage de la fortune, la condition même de la vie. A Tamerna, quand l'eau jaillit pour la première fois, tous les spectateurs s'embrassèrent dans un accès d'enthousiasme ; une chèvre fut immolée sur le puits même comme sacrifice à Dieu qui avait béni l'oasis ; le cheikh récita la prière publique avec une émotion que partageaient tous les assistants... A Sidi-Rached, où le succès fut plus merveilleux, parce qu'il fut plus rapide, l'émotion fut plus vive encore. Pour bénir leurs enfants, les mères les baignaient dans cette rivière qui coulait des mystérieuses profondeurs de la terre. Le vieux cheikh du lieu, à la vue de ces flots qui rendaient la vie à sa famille et à l'oasis de ses pères, tombant à genoux les yeux remplis de larmes, élevait ses mains tremblantes vers le ciel, glorifiant Dieu et les Chrétiens. Tout fanatisme s'éteint en de pareils moments! A Oum-el-Thiour, le résultat fut plus remarquable encore : une fraction de la tribu des Selmia, son cheikh en tête, se mit, dès que l'eau eut jailli, à bâtir un village et à l'entourer de douze cents dattiers, tant elle était pressée de renoncer à la vie nomade pour se fixer au sol ».

enseignement ait été méconnue. Et cependant la première marque que le vainqueur puisse imposer au vaincu n'est-ce point de lui donner sa langue? Doit-il rien désirer plus ardemment que d'appeler l'enfant dans l'école, de former sa jeune intelligence, d'y combattre les antipathies ou les répugnances qui doivent exister contre le nouveau venu, l'ennemi de la veille, d'y faire pénétrer avec sa langue quelque chose de son esprit et de ses idées? Un mois avant que le traité de Francfort fut signé, les Allemands proscrivaient la langue française de l'école en l'Alsace-Lorraine et décrétaient l'enseignement obligatoire. On est bien loin d'avoir agi aussi vigoureusement dans notre colonie africaine!

Le décret du 13 février 1883 sur l'enseignement primaire en Algérie témoigne, à la fois, des regrets que le Gouvernement a éprouvés devant l'insignifiance des résultats qu'il constatait un demi-siècle après la conquête et de sa résolution de réparer les erreurs passées, d'ouvrir partout des écoles aux enfants indigènes. Le principe de l'obligation lui-même est inscrit dans ce décret, mais il est loin d'être appliqué et l'on ne sait quand il le sera[1].

---

[1] Décret du 13 février 1883 :

Article 1er. — « Toute commune algérienne de plein exercice est tenue d'entretenir une ou plusieurs écoles primaires publiques, ouvertes gratuitement aux enfants européens et indigènes ».

Article 15 (titre III). — « Dans les communes de plein exercice et dans les communes mixtes, l'instruction primaire est *obligatoire* pour les enfants des deux sexes âgés de six ans révolus, *quelle que soit la nationalité des parents... Le présent article ne sera applicable à la population indigène musulmane, même dans les communes de plein exercice, que dans les conditions déterminées par l'article 34* ».

Article 34. — Des arrêtés du Gouverneur général détermineront, à mesure

Les chiffres fournis par les statistiques sont tristes à citer. A la fin de 1886, cinquante-six après la prise d'Alger, sur 400,000 enfants environ ayant l'âge scolaire, c'est-à-dire de 6 à 13 ans, 7,000 seulement fréquentent nos écoles et sont initiés à notre civilisation [1]. Le décret de 1883 paraît, à la vérité, avoir donné déjà quelques heureux résultats, mais l'œuvre à entreprendre reste considérable. « Le nombre des écoles-arabes françaises, dit un rapport officiel [2], était en 1875 de 23 seulement, contenant 1,069 élèves dont 737 musulmans. Il y a aujourd'hui 55 écoles particulièrement affectées aux indigènes et l'on compte en outre 28 classes d'indigènes annexées à des écoles ordinaires et confiées à des moniteurs arabes ou kabyles. Sur ces 55 écoles, 19 ont été ouvertes depuis dix-huit mois, c'est-à-dire sous les auspices du décret de 1883 [3] ». On lit malheureusement dans le même rapport la phrase suivante qui donne à réfléchir sur la façon dont les Français

que le nombre des locaux scolaires le permettra, les communes ou les fractions de communes dans lesquelles les prescriptions du titre III relatives à l'obligation scolaire seront applicables aux indigènes ».

Article 42. — Dans les communes indigènes, des écoles peuvent être créées par décision du Gouverneur général, sur la proposition du général commandant la division ou à la requête de l'inspecteur d'Académie, et dans les deux cas, après avis du Conseil départemental ».

[1] Enfants indigènes des deux sexes qui fréquentent les « écoles indigènes », 3,823.

Enfants indigènes qui fréquentent les écoles primaires publiques européennes de garçons, 3,230.

Soit au total : 7,053 élèves.

[2] Rapport de M. Ch. Glachant sur l'Instruction publique en Algérie. *Revue pédagogique* du 15 novembre 1886.

[3] Les maîtres sont ou des instituteurs français brevetés ayant passé l'examen et obtenu « la prime de la langue arabe » ou des moniteurs arabes ou kabyles préparés dans une école spéciale à Alger. — Les instituteurs français sont préférés par les indigènes.

d'Algérie comprennent leurs devoirs envers le peuple conquis : « Dans la pratique, la question (de l'instruction des indigènes) se complique de difficultés matérielles, d'oppositions de race, de préjugés sociaux et religieux, enfin, pourquoi le taire ? *de la prévention instinctive du colon contre l'indigène,* dont il craint les révoltes, avec qui il ne peut lier aucun commerce sûr. *Si la puissance publique n'intervenait, il est probable qu'on lui fermerait les écoles communes et très certain qu'on ne se mettrait pas en dépense pour lui en ouvrir de spéciales* [1] ».

Ce jugement est-il trop sévère ? On le souhaiterait, mais il faut avouer qu'il paraît trouver sa confirmation, sa justification, dans le budget lui-même : le rendement des impôts directs payés par les Arabes et les Kabyles augmente tous les ans; il a atteint en 1886, — principal et centimes additionnels réunis, — une somme d'environ 16,300,000 fr. qui est répartie entre le Trésor, les départements et les communes. Sait-on à quel chiffre se sont élevées, dans la même année, les dépenses consenties par l'État, les départements et les communes pour l'instruction des indigènes ? à 79,000 fr. [2]. Une pareille disproportion entre les impôts

[1] « Les communes de plein exercice et même les grandes villes sont celles qui montrent le moins d'empressement à créer des écoles indigènes. Il n'existe aucune école de cette sorte à Blida, Médéa, Miliana, Tizi-Ouzou, etc... Alger n'en a qu'une pour 30,000 Musulmans ». — Rapport cité.

[2] Le budget du ministère de l'instruction publique pour 1886 prévoyait (chapitre LIII) une dépense de 45,000 fr. pour « subventions aux communes de l'Algérie et encouragements pour le développement de l'instruction primaire chez les indigènes algériens ». — La même année « quelques communes ont bien voulu consentir à prendre provisoirement à leur charge les dépenses d'instruction » des 19 écoles indigènes nouvellement créées. La dépense totale s'élevait à 34,200 fr. C'est donc au total une somme de 79,200 fr.

Nous sommes heureux d'ajouter que le Gouvernement, désireux de pour-

exigés des indigènes et les sacrifices faits pour leur instruction, leur amélioration morale, n'est-elle pas profondément injuste[1]? Encore faut-il ajouter qu'elle n'est point seulement injuste ; elle est aussi imprudente. Les enfants à qui n'est ouverte aucune école française fréquentent les zaouïa dans lesquelles on leur enseigne les préceptes du Koran et la haine de notre domination. N'est-ce point là, en quelque sorte, une « préparation » qui les conduira à s'affilier plus tard aux ordres religieux?

On pourrait encore ajouter que le plus généralement les indigènes, Arabes et Kabyles, — Kabyles surtout, — apprennent notre langue avec facilité et souvent même cherchent à l'acquérir. Mais il est utile de rien dire de plus pour montrer quelle lourde faute a commise l'administration algérienne en négligeant pendant cinquante années l'instruction indigène. Combien serait meilleure

---

suivre l'application du décret du 13 février 1883 a demandé et obtenu des Chambres, il y a quelques mois, que le crédit annuel de 45,000 fr. porté au budget du ministère de l'instruction publique fût élevé à 219,000 fr. C'est ainsi que le budget de 1887 prévoit, — le premier, — une dépense de 219,000 fr. pour l'instruction primaire des indigènes. (Chap LVII.)

[2] Si l'on compare le budget des affaires indiennes aux États-Unis avec le budget algérien, on jugera plus encore combien la France est restée jusqu'ici au-dessous de sa tâche en cette matière.

« D'après le rapport des affaires indiennes pour 1878, les cinq tribus civilisées du territoire indien, Cherokis, Criks, Chactas, Chicassas et Seminoles (57,000 individus) possédaient 198 écoles fréquentées par 5,993 enfants. Le montant des dépenses faites pour l'instruction s'élevait à 137,775 dollars (près de 690,000 fr.) ou plus de 12 francs par tête entièrement prélevés sur les allocations payées à ces tribus par le trésor fédéral. Les autres tribus (193,000 individus) moins avancés sous ce rapport n'en avaient pas moins 168 écoles fréquentées par 6,229 enfants et coûtant annuellement 215,350 dollars, plus d'un million de francs ». — De Lamothe : *L'Avenir de la colonisation et la Question indigène en Algérie ;* « Bulletin de la Société de Géographie Commerciale de Paris. »

aujourd'hui la situation de la France en Afrique, combien plus avancée la « conquête morale » du pays, si plusieurs centaines de mille indigènes, étaient passés par nos écoles dans lesquelles ils auraient perdu quelque chose de leur fanatisme ou de leurs mœurs et pris un peu de nos idées et de nos usages ! Il est temps que les conseils locaux, le Gouvernement général, le Parlement, soient convaincus qu'il n'y a pas de dépenses plus nécessaires, plus urgentes en Algérie que les dépenses pour fondation d'écoles ; le crédit de 219,000 fr. porté au budget de 1887 devra être augmenté chaque année : il faut que dans deux ou trois générations la population indigène tout entière de nos possessions africaines parle le français comme aujourd'hui nos paysans des provinces les plus reculées [1].

Ce résultat si désirable sera obtenu en Tunisie bien

---

[1] Il serait désirable que l'on pût donner aux garçons dans quelques écoles une instruction agricole et industrielle élémentaire, et aussi que l'on essayât d'enseigner aux filles (aux Kabyles du moins) la couture et les petits travaux d'intérieur qui les prépareraient à la vie de ménage.

Une école pour les filles indigènes a été fondée à Bougie il y a quelques années et donne des résultats satisfaisants : « Deux institutrices laïques ont sous leur direction une trentaine de fillettes maures et même kabyles de six à douze ans. Elles leur apprennent à se tenir propres d'abord, à raccommoder haïcks, vestes, pantalons, burnous et gandourahs ; à faire la cuisine, à exécuter ces mille petits travaux d'intérieur qui donnent à la femme autorité dans le ménage. Ajoutez à cela la langue française qu'elles apprennent avec une étonnante facilité et parlent sans aucun accent ; la lecture, l'écriture, un peu de calcul, quelques éléments très succincts de géographie et d'histoire. La neutralité religieuse est respectée scrupuleusement, et aucun homme n'entre dans l'école, sauf le maire et l'inspecteur ; on fait cependant exception pour moi.

« Les résultats obtenus sont fort encourageants, mais leur influence ne pourra se faire sentir que dans quelques années et surtout lorsque les enfants sorties de l'école y enverront leurs filles ».

Paul Bert. *Lettres de Kabylie*, brochure. Lemerre, éditeur. Paris.

avant de l'être en Algérie, si l'on en juge par les faits constatés en ce moment. On comptait dans notre Protectorat en 1886, 59 écoles dans lesquelles notre langue était enseignée à 6,100 élèves sur lesquels 890 indigènes. A Tunis et dans les principales villes, les enfants témoignent de leur désir d'apprendre le français; les étudiants des mosquées, eux-mêmes, vont aux cours du soir, établis pour les adultes compléter leur éducation, avec l'agrément de leurs maîtres spirituels. La capitale de la Régence possède trois établissements d'enseignement supérieur : le collège catholique Saint-Charles, le collège Sadiki et le collège Alaoui, dans lesquels l'étude de notre langue et même de notre littérature sont obligatoires; les résultats obtenus sont très satisfaisants, le nombre des élèves augmente chaque année [1].

La constatation de ces faits est satisfaisante et donne foi en l'avenir : avec les maîtres que fourniront les collèges Sadiki et Alaoui, on pourra dans un laps de peu d'années entretenir des écoles françaises dans toutes les bourgades

---

[1] Sur les 57 établissements scolaires européens de la Régence, 34 sont destinés aux garçons et 25 aux filles. — Le nombre total des élèves qui les fréquentent est de 6,107 dont 3,865 garçons et 2,242 filles, sur lesquels 884 garçons musulmans et 5 filles musulmanes.

Un fait très digne de remarque, c'est qu'une partie de ces écoles est tenue par des frères de la doctrine chrétienne et des religieuses. La liberté de conscience des enfants est partout respectée et c'est ainsi qu'on rencontre sur les mêmes bancs des Catholiques, des Musulmans, des Israélites et des Protestants.

Des cours gratuits de dessin pour les garçons et les filles ont lieu à Tunis deux fois par semaine; — des cours gratuits destinés aux adultes européens qui désirent apprendre le français ont lieu à Tunis trois fois par semaine; — des cours de français destinés aux adultes indigènes sont faits à Tunis, à Bizerte, à Sousse, à Kairouan et à Sfax.

de la Régence et ainsi sera rapidement entreprise la « conquête morale » du pays.

Les différentes mesures qui ont été prises depuis 1830 pour substituer peu à peu les juges français aux juges musulmans en Algérie, ont heureusement contribué au développement de notre influence. Mais il importe d'ajouter qu'en cette matière, il est nécessaire de n'intervenir que progressivement, afin de ne pas blesser les sentiments religieux et sociaux des indigènes, aussi a-t-on eu soin de respecter leur *statut personnel* et de conserver, — en se bornant à la restreindre, — la juridiction des *cadis*[1] (juges musulmans). Toutefois, en Kabylie, la réforme a été plus complète : depuis le décret du 29 août 1874, la justice n'est plus rendue entre indigènes par les cadis, les djemaâ ou des arbitres, mais par les juges de paix et les tribunaux d'arrondissements ; les Kabyles ont conservé seulement le privilège d'être jugés d'après les règles du droit musulman ou kabyle. Une semblable mesure a pu être prise en Kabylie, parce que chez les Kabyles, l'organisation judiciaire n'est pas intimement liée à la loi religieuse. Il serait dangereux de vouloir l'introduire aujourd'hui chez les Arabes. On a pensé, toutefois, qu'il était possible d'étendre chez eux la compétence de nos magistrats en restreignant celles des cadis, et, un décret est intervenu dans ce but à la date du 10 septembre 1886. Désor-

---

[1] Les cadis nommés par le Garde des Sceaux doivent être pourvus d'un diplôme d'études juridiques. Ces études sont faites dans les « *medersas* » ou écoles musulmanes dirigées et surveillées par l'administration française.

Les tribunaux des cadis sont appelés « *mahakmas* ».

mais, les cadis connaîtront de tout ce qui touche au statut personnel des Musulmans et des questions relatives aux successions musulmanes, mais ils sont dessaisi des affaires relatives aux questions immobilières. On a représenté, avec raison, cette disposition comme un très grand progrès [1].

Il est inutile d'ajouter que les appels des jugements rendus en premier ressort par les cadis et toutes les affaires entre indigènes et Français ou étrangers, doivent être portées devant nos tribunaux. Ainsi, les tribunaux français sont sans cesse obligés de juger directement ou sur appel des affaires musulmanes, d'après le droit musulman [2].

[1] Parlant de la disposition du décret qui dessaisit les cadis de la connaissance des affaires relatives aux questions immobilières, M. Cammartin, premier président de la Cour d'appel d'Alger, disait au Conseil supérieur de l'Algérie (séance du 22 novembre 1886) : « C'est là un très grand progrès. Les jugements des cadis en matière immobilière, malgré les modèles fournis, ne sont presque toujours, en effet, que des documents informes, ne permettant en aucune manière, par suite d'énonciations incomplètes ou trop vagues, de déterminer la propriété objet du litige, circonstance qui a amené à plusieurs reprises de fâcheuses incertitudes dans les arrêts de la Chambre musulmane de la Cour d'appel. Il était indispensable de mettre fin aux difficultés qui naissaient de cette insuffisance des indications sur la propriété foncière, objet de décisions judiciaires qui demeuraient parfois sans exécution possible. — Aujourd'hui, les indigènes auront après un procès en matière immobilière des titres de propriété incontestables soumis à la loi française. Les tribunaux concourront ainsi à l'œuvre de la constitution de la propriété indigène et seconderont utilement l'action administrative dans la mise à exécution de la loi du 26 juillet 1873... On ne pourra plus dorénavant voir un titre français de propriété retomber dans le chaos de la propriété arabe à la suite d'un partage résultant d'un acte de cadi. C'est là un progrès qui s'est même fait trop longtemps attendre, car il comble une véritable lacune de la loi sur la propriété ». — *Procès-verbaux des délibérations du Conseil supérieur.*

[2] Pour la justice criminelle, il est une observation importante à faire. La loi renvoie les accusés indigènes devant un jury composé exclusivement d'Eu-

Nous avons indiqué parmi les mesures les plus nécessaires et les plus justes qui pourraient être prises pour hâter la « pénétration » des indigènes par les idées françaises, leur « fusion » avec la nation conquérante, le service militaire et le droit électoral. L'une et l'autre sont depuis longtemps réclamées par des hommes considérables, — militaires, hommes politiques, économistes, — mais elles rencontrent, il faut malheureusement le reconnaître, une grande opposition parmi les colons et leurs représentants. Opposition bien aveugle ! Pourquoi les Français d'Afrique, — ceux mêmes qui y sont nés, définitivement établis sans aucun esprit de retour, les Algériens, comme on les nomme, — ne voyent-ils pas le mal qu'ils font à leur patrie d'adoption, les sentiments de division, les dangers d'insurrections qu'ils y entretiennent en repoussant toutes les mesures de fusion, de « conquête morale » : l'école, l'armée, la vie politique ?

Les Arabes et les Kabyles ne sont aujourd'hui astreints à aucun service militaire ; ils peuvent seulement contracter des engagements volontaires : les tirailleurs algériens et les spahis sont des troupes indigènes encadrées dans des officiers français. Mais pour une population de plus de 3 millions d'individus, il n'est jamais reçu plus de 11,500 engagements[1].

---

ropéens. C'est là une chose regrettable. Trop souvent les colons, cédant à leurs préjugés ou à leurs passions — il y a encore des « arabophobes » ! — se montrent d'une sévérité excessive. Il conviendrait d'adjoindre aux jurés français des jurés indigènes. En cette matière comme en tant d'autres, il serait juste et utile de renoncer à tenir nos sujets algériens sous une législation d'exception.

[1] Ce chiffre représente le total des troupes indigènes : 3 régiments de tirail-

Un système aussi restrictif peut être présenté à la fois comme une faute militaire et une faute politique : une faute militaire car les tirailleurs algériens constituent une vaillante troupe dans laquelle on peut avoir toute confiance : en Crimée, en Italie, en France, au Tonkin les tirailleurs algériens se sont bravement battus, héroïquement, même, à côté des soldats français ; — une faute politique car il n'est pas de meilleure école que l'armée pour faire oublier aux indigènes leur fanatisme, leurs préjugés contre le vainqueur et les amener à connaître, à aimer leur nouvelle patrie.

Il y aurait témérité à vouloir exposer ici un projet de recrutement pour les indigènes, mais il est permis de dire que cette question s'impose à l'étude des pouvoirs publics. Les systèmes se présentent nombreux ; le Gouvernement choisira celui qui lui paraîtra le meilleur. En Tunisie l'administration du Protectorat a fait revivre il y a quelques mois, en la modifiant, une loi militaire que des officiers français avaient donnée au bey en 1860 pour établir dans ses États le régime de la conscription. Aujourd'hui, — décret beylical du 28 juin 1886, — tout sujet tunisien tire au sort, non comme en France une fois et à un âge déterminé, mais de 18 à 26 ans, une fois chaque année ; il sert pendant deux ans, à moins que huit fois de suite il n'ait eu la chance d'amener un bon numéro, après le huitième tirage il est libéré. Le remplacement est autorisé.

leurs algériens à 2,688 hommes chaque (officiers compris), et 3 régiments de spahis à 1,159 hommes.

Les engagements volontaires sont beaucoup plus nombreux parmi les Kabyles que parmi les Arabes.

Les cas d'exemption qui étaient autrefois illimités sont encore nombreux mais strictement définis : les prêtres et les juges, les professeurs de la grande Mosquée, les fonctionnaires et quelques autres personnes sont dispensés du service et même du tirage avec les Israélites et les nègres, les premiers parce qu'ils sont, paraît-il, de mauvais soldats, les seconds comme anciens esclaves.

Ce système que l'on essaye en Tunisie pourrait-il être étendu à l'Algérie? un autre est-il préférable? nous ne saurions le dire. Une seule chose nous paraît certaine : il conviendrait que l'on ne perdît pas de vue que le service militaire doit être pour les indigènes une « école française ».

Dans cette pensée il semble désirable que les recrues musulmanes soient solidement incorporées dans des cadres d'officiers, de sous-officiers et même de soldats français. Serait-il possible de faire plus? d'incorporer des Musulmans dans les régiments français, d'envoyer des troupes indigènes en garnison dans les villes du Midi de la France ou dans nos colonies? Ce sont là de grosses et délicates questions, qui, si elles doivent être résolues ne le seront pas en un jour, mais progressivement. L'incorporation des recrues musulmanes dans les régiments français, par exemple, ne serait pas sans présenter des difficultés, parmi lesquelles, l'observation des pratiques religieuses prescrite par le Koran et les règles de l'alimentation des disciples du Prophète. Mais ces difficultés seront-elles toujours insurmontables pour les Kabyles aussi bien que pour les Arabes? Les Kabyles qui cultivent la vigne sur les pentes du Djurdjura ne boiront-ils jamais le jus de la treille?

Les idées que nous venons d'exposer sur le service militaire des indigènes ne sont point nouvelles; peut-être cependant est-il bon, pour répondre par avance aux objections de certains esprits, de citer à titre d'exemples les mesures qui ont été prises par deux nations européennes qui possèdent des sujets musulmans.

La Russie est arrivée, par une législation très complexe et graduée d'après le dégré d'assimilation et les mœurs générales des divers peuples musulmans soumis à sa domination, à tirer un parti vraiment merveilleux au point de vue militaire et politique d'éléments qui semblaient devoir rester réfractaires. Les populations musulmanes de la Russie d'Europe et particulièrement celles du Volga sont assimilées de tous points à leurs concitoyens slaves et orthodoxes, elles doivent le service obligatoire, sont appelées dans les mêmes régiments; des Musulmans deviennent officiers supérieurs. D'autres populations mahométanes, celles du Caucase, ne sont pas encore soumises au service obligatoire, mais elles ne tarderont pas à l'être et déjà elles doivent fournir des milices en temps de guerre. Enfin, les tribus musulmanes du Turkestan sont tenues de fournir à toute réquisition des contingents irréguliers dont le nombre est déterminé par l'autorité militaire. Faut-il rappeler encore que la fameuse deuxième division qui s'illustra devant Plewna, sous la conduite du général Skobelef, renfermait 33 0/0 de son effectif de soldats musulmans?

L'Autriche à qui le traité de Berlin a confié l'administration de la Bosnie et de l'Herzégovine, a soumis les Mahométans de ces provinces au service militaire aussi bien que les Chrétiens. Ils forment une troupe spéciale désignée sous le nom de « Compagnies bosno-herzégoviennes », commandée par des officiers de l'armée de la monarchie. En outre, les jeunes Musulmans peuvent entrer dans les « Écoles des Cadets » pour apprendre le métier des armes ; ils sont ensuite envoyés à l'armée en qualité d'officiers.

L'étude des conditions dans lesquelles on pourrait appeler les Arabes et les Kabyles à la vie politique, ne s'impose pas moins à l'attention des pouvoirs publics que celle des mesures à prendre pour les soumettre au service militaire. Dans notre pays, d'ailleurs, l'accomplissement de ce premier devoir civique a pour conséquence, pour récompense, le « droit électoral ».

Le droit, pour les indigènes, d'avoir des représentants, d'être entendus dans les différents conseils où l'on règle les questions qui les intéressent, est aujourd'hui singulièrement restreint. A-t-on pensé qu'ils étaient des « mineurs » et devaient être traités comme tels? Ce serait là une opinion que rien ne justifie et, d'ailleurs, la présentation et la défense par le Gouverneur général et les députés de l'Algérie du projet des « 50 millions », la lenteur avec laquelle ont été jusqu'ici ouvertes les écoles, n'autoriseraient-elles pas à penser que les « tuteurs » des indigènes sont bien peu soucieux des intérêts dont ils devraient prendre la défense?

On sait que les Arabes et les Kabyles n'ont aucun représentant ni à la Chambre, ni au Sénat, aucun « délégué » auprès du ministre de l'Intérieur, qu'ils ne prennent aucune part à l'élection des députés et des sénateurs de la colonie. Le Conseil supérieur du Gouvernement général dont la principale attribution est la préparation du budget de l'Algérie et l'examen des projets de lois qui seront soumis aux Chambres est, comme le Parlement, fermé aux indigènes [1]. Ainsi, plus de 3 millions d'hommes n'ont pas un représentant, pas même une « voix consultative » dans une assemblée où sont discutés et à demi-résolus par quelques fonctionnaires et les élus de 225,000 colons, de nombreux et importants projets qui les intéressent et dont ils devront subir l'exécution !

La loi a été moins sévère en ce qui concerne la représentation des indigènes dans les assemblées locales ; elle est, toutefois, singulièrement restrictive : des « assesseurs musulmans » *à la nomination du Gouverneur* siègent dans les conseils généraux [2] ; des conseillers municipaux élus par leurs coreligionnaires, mais dont le nombre ne doit pas dépasser six, font partie des conseils municipaux dans les « communes de plein exercice [3] ».

[1] Voir ch. I, p. 116, la composition du Conseil supérieur de l'Algérie.
[2] Décret du 23 septembre 1875 sur l'organisation des Conseils généraux en Algérie :
Art. 5, § 2. — « Les assesseurs musulmans sont choisis parmi les notables indigènes domiciliés dans le département et y possédant des propriétés. Ils sont nommés par le Gouverneur général et siègent au même titre que les membres élus ».
[3] Décret du 7 avril 1884 sur l'organisation des conseils municipaux des « communes de plein exercice » :
Art. 1er. — « Les conseils municipaux des communes en plein exercice comprennent, outre les conseillers élus par les Français ou naturalisés, des conseillers élus par les indigènes, mais le nombre de ceux-ci ne peut jamais dépasser le quart de l'effectif total du conseil, ni dépasser le nombre de six.
Art. 2. — « Les indigènes musulmans, pour être admis à l'électorat muni-

On jugera combien cette législation est étroite si l'on songe que la ville d'Alger elle-même ne peut avoir que 6 conseillers musulmans contre 34 français, et qu'il est interdit aux conseillers indigènes de prendre part à l'élection des maires et adjoints. Il est permis de rappeler, en outre, pour montrer sous son véritable caractère le régime auquel sont soumis les indigènes algériens en matière électorale, les dispositions très libérales, — quelquefois même trop libérales, — qui ont été prises par le Gouvernement en faveur des habitants de la Guadeloupe, de la Martinique, de la Réunion et des Établissements de l'Inde. La comparaison est instructive. Aux Antilles et à la Réunion, les noirs importés des côtes d'Afrique pour cultiver la canne sur les plantations, émancipés en 1848, devinrent en même temps citoyens français et électeurs ; dans nos comptoirs de l'Inde, plus de 250,000 Indiens ignorant la langue française, conservant leur *statut personnel*, reçurent à la même époque le droit de prendre part à l'élection du dé-

cipal, doivent être âgés de 25 ans, avoir une résidence de deux années consécutives dans la commune et se trouver en outre dans l'une des conditions suivantes :

« Être propriétaire foncier ou fermier d'une propriété rurale ;
« Être employé de l'État, du département ou de la commune ;
« Être membre de la Légion d'honneur, décoré de la médaille militaire, d'une médaille d'honneur ou d'une médaille commémorative donnée ou autorisée par le Gouvernement français, ou titulaire d'une pension de retraite... »

Art. 5. — « Dans les communes de plein exercice, où la population musulmane est assez nombreuse pour qu'il y ait lieu d'exercer à son égard une surveillance spéciale, cette population est administrée sous l'autorité immédiate du maire, par des adjoints indigènes...

« Les titulaires de ces emplois sont nommés, le maire préalablement consulté, par le préfet ».

L'introduction dans les conseils municipaux de l'Algérie de conseillers indigènes élus, remonte au décret impérial du 27 décembre 1866. Il est curieux

puté de la colonie [1]. Enfin, les Musulmans de l'Algérie n'ont-ils pas vu en 1870 un décret du Gouvernement de la Défense nationale naturaliser « en bloc » les Juifs indigènes qui n'avaient certainement pas mérité une semblable faveur par des services militaires ou civils?

Cette situation tout exceptionnelle faite à nos sujets musulmans doit-elle être maintenue? Les membres des assemblées kabyles qui dirigeaient encore il y a quelques années les affaires de leurs petites républiques, les Arabes vivant autour des centres européens, doivent-ils être moins bien partagés que les noirs des Antilles ou les Indiens de nos Établissements? La législation sous laquelle vivent les Kabyles et les Arabes — on pourrait presque dire la mesure d'exception qui les frappe, — n'est-elle pas injuste et impolitique? Si une nation colonisatrice doit toujours chercher à « pénétrer » les populations au milieu desquelles elle est venue s'établir, à les élever, les « fondre », elle le doit faire surtout dans une colonie de peuplement. Là, en effet, il est nécessaire, indispensable même, pour la réussite de l'œuvre qu'elle entreprend, qu'une fusion s'opère entre les indigènes établis sur le sol et les colons qui viennent en grand nombre pour mettre le pays en valeur, s'y établissent sans esprit de retour, y fondent comme une seconde patrie.

de noter que le décret de 1884, rendu sous l'influence des députés de l'Algérie, apporte certaines restrictions à celui de 1886 et est moins libéral quant à la représentation des indigènes. C'est ainsi qu'il leur a enlevé le droit, qu'ils avaient précédemment, de prendre part à l'élection du maire et des adjoints.

[1] La loi électorale du 8 février 1849 fit perdre à l'Inde le représentant que lui avait donné le décret du 5 mars 1848, mais la Constitution du 24 décembre 1875 lui a assuré une double représentation : un sénateur et un député.

Observera-t-on que la voie de la naturalisation est ouverte aux indigènes, qu'elle est suffisamment large? Ce serait voir bien mal les choses. Nous avons dit plus haut que nos administrateurs, loin d'encourager les demandes en naturalisation des indigènes, les avaient quelquefois repoussées [1] ; nous avons montré que le Sénatus-Consulte du 14 juillet 1865 entourait les demandes de naturalisation de trop nombreuses formalités [2]. Il faut encore ajouter, — et ce n'est point là une raison sans valeur, — que la naturalisation oblige celui qui en est l'objet à renoncer à son *statut personnel*, afin de se soumettre à toutes les lois civiles de la France. Pour les Arabes et les Kabyles, les Arabes surtout, le *statut personnel* se confond avec la religion ; leur demander de renoncer au premier, c'est leur demander l'abandon des préceptes du « Livre », c'est exiger d'eux une sorte d'apostasie qui leur répugne et les fait passer auprès de leurs coreligionnaires comme des renégats lorsqu'ils y consentent.

Il faut donc souhaiter qu'une loi intervienne qui permette aux Musulmans de devenir citoyens français, électeurs, tout en conservant leur *statut personnel*. Cette loi ne devrait certainement pas avoir le caractère d'une mesure générale, s'appliquer aux 3,260,000 indigènes recencés en Algérie. Le jour n'est pas venu encore où nous pourrons sans danger accorder les droits électoraux à tous nos sujets africains. Il ne s'agit, en ce moment, que d'appeler à la vie politique quelques milliers d'indigènes, — qui se-

---

[1] V. dans ce chapitre, page 222.
[2] V. dans ce chapitre, page 238, note 2.

raient un « appoint » mais non une « majorité » dans les élections, — certaines catégories d'individus, par exemple, ceux ayant servi sous notre drapeau, les employés de l'État, des départements ou des communes, les propriétaires fonciers, les fermiers, les patentés, fixés dans une commune de plein exercice. Ce serait, en quelque sorte, un « *cens* » avec une « *adjonction des capacités* ». Il appartient aux pouvoirs publics d'examiner quelles « capacités » doivent être exigées des indigènes. Il en est une d'indispensable : une connaissance suffisante de la langue française.

L'adoption d'une semblable proposition de loi ne serait ni trop hardie, ni dangereuse. Bien au contraire. Donner aux indigènes des droits politiques est, parmi les différentes mesures qui doivent être prises dans le but de « pénétrer » les populations algériennes, de les « fondre » avec la race conquise, une des meilleures et des plus efficaces. Son résultat ne sera-t-il pas, en effet, de faire cesser l'antagonisme des races et des intérêts, d'élever les indigènes jusqu'à nous, — ils nous reprochent d'avoir accordé cette faveur aux Juifs qu'ils méprisent, — de les associer à notre vie politique, de leur donner quelqu'unes de nos idées, peut-être de nos passions, et ainsi, de les rendre indifférents aux mouvements, aux évolutions religieuses du Monde Islamique ?

V

CONCLUSIONS.

Nous n'avons pas hésité à donner dans cet ouvrage une aussi grande place à la « question religieuse » et à la « question indigène » parce que nous n'en voyons pas de plus importantes, de plus graves, se posant dans les colonies fondées par la France dans l'Afrique du Nord. Il faut qu'on le sache, tant que ces questions ne seront pas résolues ou tout au moins en bonne voie de résolution, notre pays n'aura pas fait œuvre définitive de colonisation sur les rivages africains de la Méditerranée.

Certes, les questions posées seront difficiles et longues à résoudre ; la « conquête morale » est une tâche singulièrement délicate et dont la durée dépasse de beaucoup le temps d'une vie humaine. Elle exigera pendant un siècle, deux peut-être, des efforts incessants, jamais découragés, l'adoption d'une ligne de conduite toujours fidèlement suivie. Ce que nous avons dit de l'étendue et de l'homogénéité du Monde Musulman, de la propagande des congrégations religieuses, des mœurs des Arabes — race si différente de la nôtre, — a montré la grandeur, la complexité du problème.

Il n'est cependant pas impossible à résoudre. Les faits que nous pouvons déjà observer en Algérie le prouvent : sans user de procédés violents, sans nous créer des difficultés trop grandes, nous avons pu séparer trois choses ordinairement confondues dans les pays musulmans : la justice, la religion et l'instruction ; sans le vouloir, sans le savoir même, nos administrateurs, nos colons, nos soldats, sont sur la terre d'Afrique un élément de « désagrégation » pour la société et la religion musulmane, — ils sont la force et la force pour les Mahométans c'est Dieu même. Nous ne pouvons non plus oublier que la masse de la population est plutôt berbère qu'arabe, qu'elle n'est pas insensible à tout progrès matériel, que le Kabyle a des affinités de race avec la nôtre, que le Tunisien est plus avancé, plus intelligent que les tribus nomades des Hauts Plateaux algériens ; enfin, les Arabes eux-mêmes nous paraissent irréconciliables surtout parce que la génération actuelle, témoin et victime de la conquête, ne peut en perdre le souvenir.

L'exemple des heureux résultats obtenus par la Russie à l'égard des Musulmans de ses provinces d'Europe et d'Asie est d'ailleurs la preuve qu'une nation civilisée parvient à « pénétrer » peu à peu et à « fondre » en elle-même les populations islamiques.

D'une part, les Tatares de la Russie d'Europe ne donnent guère plus d'embarras au Gouvernement russe que ses sujets juifs ou finois ; on l'a vu dans la guerre de Crimée : les Musulmans de Crimée et du Volga n'ont rendu presque aucun service aux envahisseurs parmi lesquels cependant étaient leurs coreligionnaires, presque leurs compatriotes, du Bosphore [1]. Ils fournissent même au Tzar quelques-uns de ses meilleurs soldats; nous avons rappelé plus haut la belle conduite des Musulmans commandés à Plewna par le général Skobelef. La conquête des Tatares par les Slaves remonte, il est vrai, à environ trois siècles, mais il est permis de penser qu'il ne faudra pas à la France un temps aussi long, avec ses routes, ses chemins de fer, ses écoles, le service militaire, la vie politique — tous ces éléments d' « assimilation intensive » — pour « pénétrer » les populations Berbères ainsi que celles des tribus Arabes qui ne fuient pas à notre approche mais plutôt renoncent peu à peu, dans notre contact, à la vie nomade et à quelques-unes de leurs coutumes.

D'autre part, les immenses progrès de la Russie dans l'Asie centrale datent de trente années à peine, l'expédition de Khiva a été faite en 1873, les populations du Turkestan sont ardemment musulmanes, 300 mosquées s'élèvent dans Tashkend, de nombreuses congrégations entretiennent le zèle des fidèles, — et cependant la plupart des voyageurs qui ont visité ces régions sont frappés de la « pénétration » rapide des tribus conquises. Dans tout ce vaste empire la Russie n'a jamais eu de grande insurrection à réprimer; elle a des égards pour les mœurs et les coutumes de ses sujets, s'appuie avec habileté sur les

---

[1] Anatole Leroy-Beaulieu : *L'Empire des Czars.*

Musulmans qui appartiennent au parti russe, choisit parmi eux les *mofti* et les *imam*, convoque les grands chefs aux cérémonies impériales et ne les laisse s'en retourner que comblés de prévenance, éblouis par la puissance du « tzar blanc ». Il convient d'ajouter, — car c'est là la raison principale de son succès — que la Russie entre en contact avec ses sujets musulmans par ses éléments les moins civilisés, les Kosaks, qui fondent en Asie des colonies agricoles, et qui, n'étant guère supérieurs aux premiers habitants du sol s'entendent facilement avec eux: il n'y a pas entre l'ancienne population et la nouvelle cet écart de sentiments, de culture intellectuelle, de régime de vie, qui ne va pas sans quelques dédains et quelques duretés du civilisé vis-à-vis de son inférieur [1]. Peut-être, cependant, ne serait-il pas sans intérêt et sans profit pour nous, de faire une sérieuse étude comparative de nos procédés de colonisation en Algérie et de ceux des Russes en Asie.

Les faits, les exemples, que nous rappelons ici, montrent que la tâche qui s'impose à la France dans l'Afrique du Nord, n'est pas au-dessus de ses forces; — mais cette tâche il faut résolûment l'entreprendre, trop d'années ont déjà été perdues! Le devoir qui incombe au Gouvernement est d'autant plus lourd qu'il rencontrera quelquefois et qu'il devra vaincre les préjugés, la prévention instinctive du colon contre l'indigène : il faut améliorer la situation matérielle et morale des populations, ouvrir partout des

---

[1] *L'annexion de Merw à la Russie*, article publié dans la « Revue des Deux Mondes » (numéro du 1er mars 1884) par M. E. Melchior de Vogüé.

écoles, appeler les Musulmans sous notre drapeau, leur donner des droits politiques. La lenteur avec laquelle viendront les résultats, les difficultés de la tâche, ne sauraient excuser son abandon.

Lorsque, dans quarante-trois ans, les membres du Gouvernement célébreront à Alger le centenaire de notre colonie, — qui sera presque le cinquantenaire de notre Protectorat en Tunisie, — il ne suffira pas qu'ils vantent avec orgueil le chiffre de la population européenne établie en Afrique, la part de l'élément français dans ce nombre, l'œuvre des travaux publics, l'importance du mouvement commercial entre la France et sa colonie; il faudra qu'ils puissent dire aussi les progrès obtenus dans la voie de l'apaisement de la « question religieuse » et de la « question indigène », le nombre des Musulmans ayant passé dans nos écoles et sous nos drapeaux, il faudra qu'ils montrent les populations de l'Algérie et de la Tunisie « pénétrées » par l'influence française, demeurées tranquilles pendant de longues années, insensibles aux appels du fanatisme.

Si de pareils résultats n'étaient pas acquis, comment devrait-on juger l'œuvre de colonisation entreprise par la France sur la terre africaine? Quelle confiance pourrait-on avoir dans la solidité de notre installation sur une terre habitée par 7 à 8 millions de Musulmans?

FIN.

ERRATA

Page 48. — La note 1 doit être remplacée par la suivante :

[1] Le Gouvernement a songé d'autre part à compléter et à corriger la loi de 1873. Un projet dû à son initiative a été récemment voté par les Chambres ; c'est la loi du 28 avril 1887. Elle dispose qu'il « sera procédé administrativement et dans le plus bref délai » à la délimitation du territoire des tribus, et « en cas d'indivision entre plusieurs familles... à la répartition entre ces familles des immeubles commodément partageables ». Il est douteux que cette loi — quelque simplification qu'elle puisse apporter à celle de 1873, — ait pour résultat de hâter sensiblement la constitution de la propriété individuelle chez les indigènes.

Page 106, cinquième ligne. — Au lieu de :

l'*achour* et le *zekkat,* auxquels sont soumis les Arabes, paraissent plus lourds que la taxe de capitation payée par les Kabyles.

Lire :

la taxe de capitation due par les Kabyles, et qui a été augmentée au commencement de 1887, est peut-être trop élevée.

ERRATA.

Page 162, quatrième ligne. — Au lieu de :

C'est ainsi que 100 kil. de blé payent 1 fr. 40 en Italie contre 5 fr. en France, les bœufs 10 fr. par tête contre 38 fr., les moutons 5 fr. contre 0,20 cent.

Lire :

C'est ainsi que 100 kil. de blé payent 3 fr. en Italie contre 5 fr. en France, les bœufs 15 fr. par tête au lieu de 38 fr.; les moutons 0 fr. 20 cent. contre 5 fr.

TABLE DES MATIÈRES

I. — L'ALGÉRIE.

Doctrine.

Des différentes sortes de colonies. — Colonies de commerce, colonies de plantations et colonies de peuplement 4

I. — Du développement de l'Algérie et de l'Australie.

L'Algérie est une *colonie mixte*. — Principales causes du rapide développement des colonies australiennes. — « L'Assignement ». — La vente des terres. — La découverte des mines d'or. — Difficultés rencontrées par la France en Algérie. — Vingt-sept années de guerres. — Erreurs administratives : l'immigration et les concessions. — Le climat de l'Australie et celui de l'Algérie.. 7

II. — Le peuplement. — La naturalisation. — L'immigration.

Superficie de l'Algérie. — Le recensement de 1886. — Européens, Arabes et Kabyles.

La race française. — Difficultés d'acclimatation pendant les premières années. — L'augmentation de la population française a aujourd'hui une quadruple cause : l'excédent des naissances sur les décès; — les croisements amenés par les mariages; — la naturalisation; nécessité de faire une loi pour naturaliser les étrangers; — l'immigration. — L'immigration française est trop lente; il faudrait la hâter. — Exemple donné par les colonies australasiennes. — Les espaces à peupler sont considérables.. 14

III. — **Le régime des terres. — Les concessions et la vente.**

Importance du mode d'appropriation des terres. — Formes de la propriété arabe. — Biens *arch* et biens *melck*. — Nécessité qu'il y avait à constituer la propriété individuelle.
Le « cantonnement » et la « confiscation. »— Le Sénatus-Consulte de 1863.
La vente des terres ou les concessions gratuites. — Avantages du système de la vente. — On a abusé du système des concessions. — Conséquences de cette erreur; le village officiel et le « cantonnement » des colons.
La colonisation officielle après 1870. — La législation en vigueur. — Ce que coûte la colonisation officielle. — Le projet des « 50 millions », son rejet.
Le système de la vente enfin adopté; ses premiers résultats. — Le projet de loi sur l'aliénation des terres soumis aux Chambres. — La loi du 26 juillet 1873 sur la constitution de la propriété individuelle. — La loi du 23 mars 1882 dans la constitution de l'état civil des indigènes.
L'*act Torrens*. — Il assure la mobilisation du sol et le crédit agricole. — De l'urgence de son application en Algérie. 28

IV. — **Les cultures. — Les richesses de l'Algérie.**

Étendue des terres possédées par les Européens. — Population agricole. . . . .
La culture de la vigne. — Ses progrès. — Espérances qu'elle donne. — Le phylloxéra.
L'élevage.
La culture des céréales. — La production indigène. — Les forêts.
Multiplicité des productions agricoles de l'Algérie. — Les mines. . . . 53

V. — **Le régime douanier et le mouvement commercial.**

Importance qu'une législation douanière libérale a pour une colonie. — Le régime de 1867 et celui de 1884.
Mouvement commercial de l'Algérie en 1885. — Excédent des importations sur les exportations.
Mouvement de la navigation. 65

VI. — **Les travaux publics.**

Les travaux publics dans une colonie de peuplement. — Il faut suivre en Algérie une « politique hydraulique ». — Les barrages. — Les puits de l'Oued-Righ.
Les routes et les chemins de fer.
Il faut poursuivre l'œuvre commencée. 72

VII — Les institutions de crédit.

Le prix de l'argent est toujours plus élevé dans les pays neufs que dans les vieilles sociétés. — Raisons que l'on peut donner de ce phénomène économique.
Les principales sociétés financières établies en Algérie.
La Banque de l'Algérie. — Le taux de l'escompte.
Le Crédit foncier et agricole d'Algérie. — Les prêts hypothécaires.
La Compagnie algérienne.
Le Crédit Lyonnais.
Les Comptoirs d'escompte locaux.
Le prix de l'argent en Algérie et dans les provinces australasiennes.
Intérêt qu'il y aurait à voir baisser le prix de l'argent pour le commerce et l'agriculture. — La fusion de la Banque de France et de la Banque d'Algérie. — Les prêts hypothécaires sous le régime de l'*act Torrens*. . 79

VIII. — Ce que l'Algérie a coûté à la France. — Le budget de la colonie.

De 1830 à 1886, la France a dépensé 4,764,336,754 fr. en Algérie. — Pendant cette même période les recettes du Trésor dans notre colonie ont été de 1,164,612,503 fr. — Comparaison entre les dépenses faites par la France en Algérie et les dépenses faites par l'Angleterre en Nouvelle-Zélande. — L'Angleterre n'a dépensé que 168,347,525 fr. dans sa colonie. — Les emprunts de la Nouvelle-Zélande. — Elle paye 40 millions par an en Angleterre. — L'Algérie coûte plus de 20 millions en 1886 pour ses seules dépenses civiles.
Étude du budget de l'Algérie. — Les impôts arabes et les impôts européens. — Les recettes du Trésor en Algérie en 1886 ont été de 42,088,000 fr. — Critique des impôts indigènes et européens. — L'état de prospérité de l'Algérie autorise l'établissement de nouveaux impôts. — Introduction de l'impôt foncier et d'une taxe spéciale personnelle dans notre colonie. — Les ressources nouvelles pourraient constituer la dotation des travaux publics. 91

IX. — L'administration de l'Algérie.

Le Gouverneur général. — Le Conseil supérieur de l'Algérie. — Le « territoire civil » et le « territoire militaire ». — Trois sortes de communes. 116

X. — Conclusions.

Il faut un siècle pour qu'une colonie de peuplement parvienne à son entier développement. — Sérieux et importants résultats acquis en Algérie dans les cinquante premières années. — Ce que l'on doit espérer du second demi-siècle de notre colonie. 119

II. — LA TUNISIE.

I. — Le traité de Kasr Saïd.

La Tunisie est une dépendance naturelle de l'Algérie. — Utilité de sa possession pour la France. — Anciennes relations de la France avec la Régence. — Le traité du 12 mai 1881 126

II. — Des conditions dans lesquelles se développe la colonisation. — Le régime des terres.

Superficie et population de la Régence. — L'Algérie et la Tunisie. — Différences entre les conditions dans lesquelles se développe la colonisation dans ces deux provinces.

Formes de la propriété indigène. — La propriété individuelle. — Nécessité qu'il y avait de la mieux organiser. — La loi immobilière du 1er juillet 1885. — Ses principales dispositions sont empruntés à l'*Act Torrens*. 130

III. — Les richesses de la Tunisie. — Les premiers colons.

La Tunisie est comme l'Algérie une *colonie mixte*. — Fertilité du sol; ses produits. — Étendue des terres possédées par les Européens. — La grande et la moyenne propriété. — Intérêt que présenterait l'installation de petits colons français.

La culture de la vigne. — Espérances conçues. — Premiers résultats.

L'élevage et la culture des céréales.

Les oliviers.

Les forêts.

Les alfas.

La région du Sud et les palmiers dattiers.

Les gisements miniers 138

IV. — Le Régime Économique.
Les impôts. — Les tarifs douaniers. — Les travaux publics.

Les impôts. — La France a trouvé en Tunisie un mauvais système d'impôts et de douanes. — La *medjeba*. — L'*achour*. — Le *kanoun*. — Les taxes de marchés ou *mahsoulats*. — Les « droits de sortie ». — Critique de ces impôts injustes et trop lourds. — Les réformes à entreprendre. — Ce qui a déjà été fait.

Les tarifs douaniers. — Entraves apportées au développement naturel du commerce entre la France et la Tunisie. — Les produits tunisiens soumis à notre « tarif général ». — Les produits français soumis aux droits d'importation de la Tunisie. — Anomalies résultant d'un pareil état de choses. — Il faut assimiler les produits tunisiens aux produits algé-

riens à leur entrée en France. — Le traité de Kasr Saïd n'interdit pas à la France de faire entrer ses produits en franchise en Tunisie. — Le « précédent » des mesures adoptées par l'Autriche en Bosnie et en Herzégovine. — Urgence et avantages des réformes demandées.
Les travaux publics. — Il y a une grande tâche à accomplir. — Les routes et les chemins de fer. — L'insuffisance des moyens de communication entrave le développement de la colonisation. — Le port de Tunis. — Les lignes stratégiques. — Une « politique hydraulique ». . . . 152

V. — Le mouvement commercial.

Le commerce de la Tunisie en 1885-1886. — Part de la France dans ce commerce. — Mouvement de la navigation. 170

VI. — Les Institutions de crédit.

La Banque de Tunisie et la succursale de la Compagnie algérienne. — Ces deux établissements ne peuvent satisfaire à toutes les exigences économiques de la Régence. — Nécessité d'installer en Tunisie une Banque d'émission. — Les prêts fonciers sous le régime de la nouvelle loi mobilière. 174

VII. — Ce que la Tunisie a coûté à la France. Le budget de la Régence.

De 1881 à 1886 la France a dépensé 152,996,000 fr. en Tunisie. — Les dépenses militaires s'élèvent à 141,995,000 fr.
En 1886, les dépenses supportées par le Trésor sont de 10 millions.
Étude du budget tunisien de l'exercice 1886-1887. — Les recettes s'élèvent à 25,853,000 fr. et les dépenses à 25,852,000 fr. — Part faite aux travaux publics dans ce budget. — Elle est très insuffisante. — Il faut que l'administration du Protectorat assure au pays des ressources extraordinaires pour mener à bien l'œuvre des grands travaux . . . 177

VIII. — L'administration de la Tunisie.

Le Traité de Kasr Saïd complété par la Convention du 8 juin 1883. — Fonctionnaires indigènes et fonctionnaires français. — Les contrôleurs civils. — Principales réformes. — La suppression des Capitulations et la conversion de la dette. 183

IX. — Conclusions.

L'annexion administrative et *l'annexion morale.* — Avantages présentés par cette dernière. — Mesures par lesquelles on doit tendre à la réaliser. — Espérances données par la Tunisie. 189

III. — LA FRANCE EN PAYS MULSUMAN.
LA QUESION RELIGIEUSE ET LA QUESTION INDIGÈNE.

I. — Vue générale sur le Monde Musulman.

La France est devenue par son établissement en Afrique une puissance musulmane et une puissance arabe. — Étendue du Monde Musulman. — Le Koran. — Progrès de la religion Islamique dans le monde. — Les associations religieuses musulmanes. — Leur organisation. — « *Cheikh* », « *moqaddem* » et « *khouan* ». — Les « *Zaouïa* ». — Puissance des associations religieuses. — Elles rayonnent dans tout le Monde Musulman. — La *politique panislamique*. — Part de la religion dans les derniers événements qui se sont produits en Afrique. — La France ne peut se désintéresser des évolutions religieuses du Monde Musulman. 196

II. — Les associations religieuses en Algérie et en Tunisie.

Importance de la « question religieuse » dans nos possessions africaines. — Caractère religieux de la défense et des insurrections en Algérie. — La « guerre sainte ». — Les insurrections de 1871 et de 1881. — Nombre et force des congrégations religieuses établies en Algérie et en Tunisie. — Les Senoûsîyâ. — La doctrine de l'Ordre. — Son rayonnement en Afrique. — Forces dont il dispose. — Faits qui témoignent de son hostilité à notre établissement en Afrique. 211

III. — Politique suivie à l'égard des indigènes.

Nécessité d'une *conquête morale* après la conquête militaire. — La *question religieuse* et la *question indigène*. — La *politique de pénétration*.
Les Berbères et les Arabes. — Les Kabyles; leurs mœurs. — Les Arabes ; leurs mœurs. — Proportion entre ces deux races.
L'administration française a longtemps confondu les Berbères et les Arabes. — Sévérité dans la répression au temps de la conquête. — La politique d'extermination et la politique du « refoulement ». — Tristes conséquences de la politique du « refoulement ». — L' « expropriation pour cause d'utilité publique ». — Erreurs de ce système. — Il est encore suivi. — Le « projet des 50 millions » ; son injustice. — La naturalisation des Juifs ; mécontentement que cette mesure a causé parmi les indigènes. — Le « Code de l'indigénat ». — La France a-t-elle deux poids et deux mesures ?. 222

IV. — Politique à suivre à l'égard des indigènes.

Les résultats de la politique suivie jusqu'à ce jour. — La *conquête morale* des indigènes est encore à faire. — Lignes générales de la *politique de pénétration* qui devrait être suivie pour résoudre la *question religieuse* et la *question indigène*.

La question religieuse. — Le clergé musulman officiel. — Les associations religieuses amies. — Les marabouts. — Services religieux que les uns et les autres peuvent rendre à notre influence. — Services que le clergé nous a rendus en Tunisie. — Le clergé officiel et les congrégations religieuses amies pourraient être opposés aux congrégations hostiles. — Le Koran peut être enseigné aux fidèles dans un esprit favorable à notre civilisation. — Importance de l'interprétation dans la religion musulmane.

Utilité de l'établissement de postes militaires dans le Sud et de la construction de lignes stratégiques. — Nos ennemis du Sud : Touareg et Arabes. — Intrigues des Senoûsîya. — Routes par lesquelles l'Algérie et la Tunisie peuvent être attaquées. — Points occupés et à occuper en Tunisie et dans nos trois provinces.

La question indigène. — Ce qu'il faut faire pour améliorer la situation matérielle des indigènes. — 7,000 enfants seulement fréquentent les écoles et apprennent notre langue. — Les colons ne font rien pour l'instruction des indigènes. — Plus de 16 millions d'impôts directs payés par les indigènes en regard d'une dépense de 79,000 fr. pour leurs écoles. — Une faute à réparer. — L'instruction primaire des indigènes en Tunisie. — Résultats satisfaisants déjà obtenus. — Les tribunaux français et les *cadis*. — Les Kabyles et les Arabes justiciables de nos tribunaux.

Les indigènes doivent être appelés à servir sous nos drapeaux. — Utilité militaire et utilité morale de cette mesure. — Le système de la conscription en Tunisie. — Exemples donnés par la Russie et l'Autriche qui soumettent leurs sujets musulmans au service militaire.

De la justice et de l'utilité qu'il y aurait à donner aux indigènes des droits politiques. — Ils ne sont représentés actuellement que dans les assemblées locales. — Pourquoi les traiter moins favorablement que les noirs des Antilles, les Indiens ou les Juifs d'Algérie ? — Il convient de leur donner des droits politiques en leur laissant leur statut « personnel ». — Il ne s'agit pas d'une « mesure générale », mais de l'établissement d'un « cens » et de « l'adjonction des capacités ». 241

V. — Conclusions.

L'œuvre de colonisation entreprise par la France en Afrique ne sera pas achevée tant que la « question religieuse » et la « question indigène » ne seront pas résolues. — Gravité de ces problèmes. — La Russie les a rencontrés dans ses provinces d'Europe et d'Asie. — Heureux résultats qu'elle a obtenus. — Il faut que la France entreprenne la tâche qui s'impose. — Le centenaire de l'Algérie et le cinquantenaire de la Tunisie. 276

ERRATA. 281

FIN DE LA TABLE DES MATIÈRES

Saint-Denis. — Imprimerie Ch. LAMBERT, 17, rue de Paris.

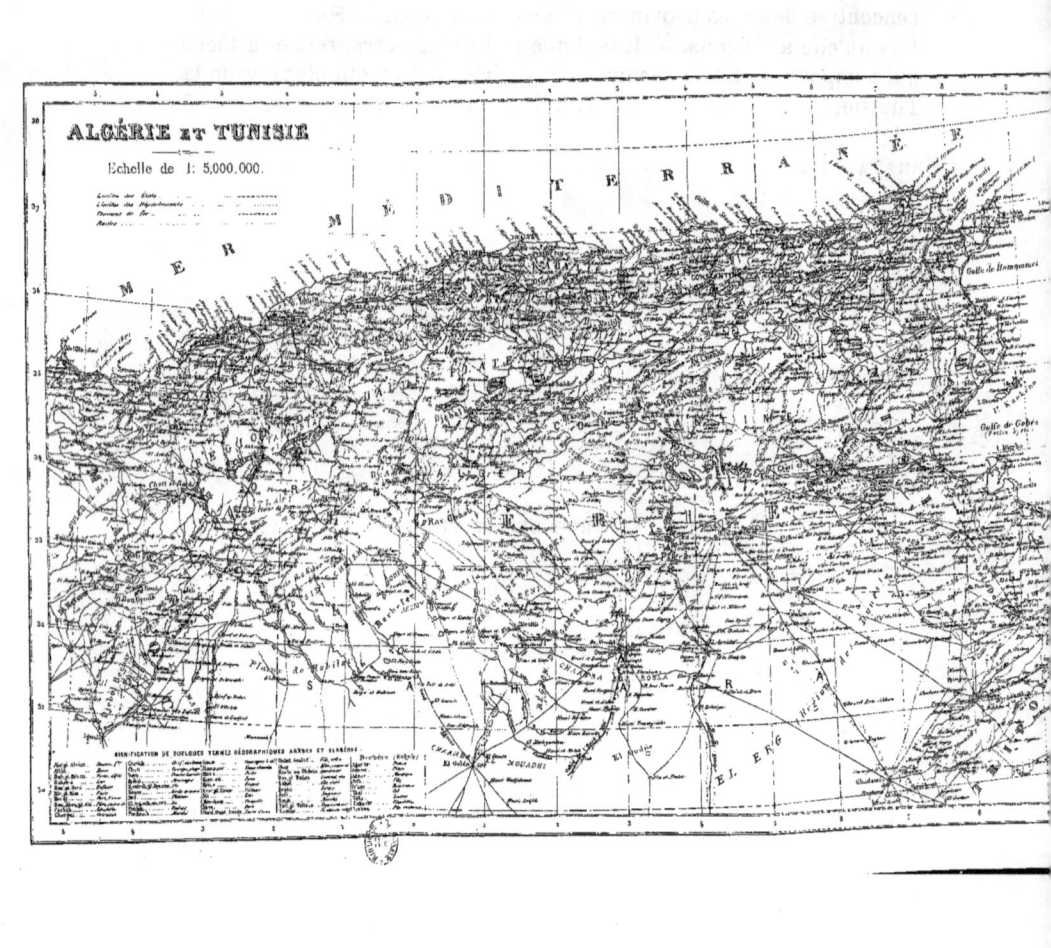

www.ingramcontent.com/pod-product-compliance
Lightning Source LLC
Chambersburg PA
CBHW071531160426
43196CB00010B/1740